CW00392704

Le pacte immoral

Sophie COIGNARD

Le pacte immoral

DOCUMENT

« Que nul ne puisse se plaindre
d'avoir été écarté. »

CONDORCET

Introduction

Le 13 octobre 2009, Nicolas Sarkozy reçoit à l'Élysée proviseurs, recteurs et quelques élèves pour présenter la réforme des lycées. Dans son discours, il fait référence à la création des premiers établissements préparant au bac par Napoléon Bonaparte, en 1802 : « C'est un geste qui signifiait, très concrètement, la fin des privilèges et de la naissance. Cela voulait dire : désormais, en France, pour réussir, c'est de l'école que sortiront les élites, et pas de la naissance. » On imagine le frémissement de satisfaction qui parcourt l'assistance. La suite est de la même facture : « Cela voulait dire : désormais, ce qui compte en France pour réussir, ce n'est pas d'être "bien né" ; pour réussir, il faut travailler dur, et avoir fait la preuve, par ses études, par son travail, de sa valeur. » Le Président s'est toujours fait le chantre intraitable de l'élitisme républicain. Du moins sur les estrades et les plateaux de télévision.

Dans la vraie vie, c'est différent. Tandis que ces belles paroles sur le mérite, l'égalité des chances et le refus de l'échec scolaire sont prononcées dans la salle des fêtes de l'Élysée, les journaux consacrent leurs gros titres à un jeune garçon qui fait scandale. C'est un étudiant de 23 ans, plein de bonne volonté même s'il peine à venir à bout de sa deuxième année de droit. Son objectif du moment ? En toute simplicité, présider sans attendre aux destinées de La Défense, le plus grand quartier d'affaires d'Europe. Avec l'appui de son père, bien sûr, le Président qui pourfend les privilèges de naissance.

Sans ce moment surréaliste, qui a marqué un tournant du règne, je n'aurais sûrement pas décidé de consacrer plus d'un an à enquêter sur un ministère qui a concerné, concerne ou concernera personnellement chaque citoyen, comme élève, étudiant, enseignant, parent ou futur parent (voire comme employeur potentiel). Mais ce jour-là, j'ai voulu comprendre. Comprendre les raisons de l'échec répété, les sources de l'hypocrisie, l'égoïsme de caste, le cynisme d'État, l'incapacité à réformer et, plus encore, à faire exécuter les décisions. L'éducation comme priorité absolue : la réalité, depuis plus de vingt ans, dément ce discours.

Un exemple, un seul. À peine arrivé à l'Élysée en 2007, Nicolas Sarkozy décide de tenir une de ses promesses de campagne : la gratuité des lycées français de l'étranger. Coût annuel de l'opération, en cours de réalisation : plus de 100 millions d'euros en 2010, et 700 millions à terme, lorsqu'elle ne concernera plus le seul lycée mais sera généralisée à toutes les classes depuis la maternelle. 700 millions ! En juin 2010, un rapport parlementaire, signé par des députés UMP, demande que l'on arrête cette folie. Après le bouclier fiscal, les Français, assurément, vont adorer ce bouclier scolaire, qui permet à des expatriés gagnant parfois plus de 100 000 euros par an de faire prendre en charge par l'État la scolarité de leurs enfants.

Dans le même temps, une agence gouvernementale décide de réduire sa subvention à un programme d'aide à la lecture en cours préparatoire pour les élèves en difficulté. Le montant de cette aide ? Un peu plus d'un million par an. Les pouvoirs publics se montrent ainsi incapables de trouver les moyens d'éradiquer l'illettrisme dès son apparition. Combien ce chantier salutaire coûterait-il ? Environ 100 millions d'euros par an, jamais débloqués par aucun pouvoir. Bien moins que le bouclier scolaire inventé par Nicolas Sarkozy, pour lequel le financement a été trouvé sans difficulté.

Le télescopage de ces deux histoires illustre des années de renoncement, de lâcheté, et pour tout dire de mensonge des élites françaises sur l'éducation. Celles-ci déplorent, dans des envolées auxquelles nous sommes parfois sensibles, que les pauvres n'accèdent pas à l'excellence scolaire, que les inégalités se creusent et que le déterminisme social règne en maître. Ces contritions ne coûtent pas cher et plaisent à tout le monde : syndicats, apparatchiks de la rue de Grenelle, enseignants, parents...

Elles évitent pourtant d'aborder la question essentielle : pourquoi et comment, depuis plus de vingt ans – et à l'exception de rares parenthèses –, nos dirigeants font, en cette matière essentielle, le contraire de ce qu'ils disent ? De Mitterrand à Sarkozy, de Jospin à Chirac, tous, de droite comme de gauche, répètent que l'éducation est la priorité ab-so-lue. L'« investissement » qui garantit, à terme, le rang de notre pays, son efficacité économique et sa paix sociale. Mais tous, en réalité, s'enferrent dans la résignation. Énarques ou autodidactes, spécialistes ou non, ils ont fini, chacun à sa manière, par baisser les bras. D'où vient ce mystère ?

Ministre de l'Éducation nationale ? Ce n'est pas un métier, encore moins une vocation. À peine un sacerdoce. La plupart des « heureux » élus rejoignent la rue de Grenelle en pénitents inquiets : comment échapper à la lapidation par la rue, à l'usure politique, à la déconsidération face à l'impuissance qu'ils incarneront tôt ou tard ? Alors, les ministres font semblant. Semblant de réformer, semblant d'avoir du courage, des idées, des convictions.

Mais ce jeu de dupes n'est pas tenable. Malgré les efforts de communication pour humaniser le décor, les gesticulations pour occuper le public, le maquillage pour enjoliver les acteurs, le constat est terrifiant : plus de 150 000 jeunes sortent chaque année du système scolaire sans formation ni diplôme. Le système français, notre système, qui a longtemps été une référence, fabrique ainsi, chaque année, des dizaines de milliers d'exclus potentiels. La bombe à retardement est amorcée.

Les responsables de cette banqueroute, du président de la République aux apparatchiks de la rue de Grenelle, ne vont pas pouvoir dissimuler très longtemps leur vraie nature de pompiers pyromanes. Les résultats des évaluations nationales comme des enquêtes internationales se détériorent, et les arguments commencent à manquer pour nier la réalité.

La réalité, c'est le pacte immoral que les élites ont passé depuis des années avec les idéologues de l'éducation. Une alliance contre nature forgée dans le lointain sillage de Mai 68.

D'un côté, les dirigeants politiques. Ils doivent démocratiser l'enseignement. Mais le dossier ne les intéresse guère. Les syndicats sont en embuscade, les parents jamais contents, les élèves toujours prêts à se mettre en grève. Donc, prudence, d'autant que leurs propres enfants, eux, puisent leur savoir aux meilleures sources, dans les écoles d'excellence et les lycées d'élite.

De l'autre, des militants convaincus de pouvoir éradiquer l'inégalité des chances. Un bel objectif, en apparence, mais qui a conduit aux pires débordements. « Au nom du bien », il faut détruire l'école de la société bourgeoise, celle qui cimente les inégalités et favorise la reproduction sociale. À bas l'instruction, place à l'éducation ! Sus à la transmission des savoirs, bienvenue à l'autoapprentissage ! Au revoir les élèves, bonjour les enfants !

Dans la « rupture » promise en 2007 par Nicolas Sarkozy, l'éducation figurait en bonne place. Le bon sens, l'égalité républicaine, la transparence allaient triompher. Malgré les discours, les déclarations, les réformes annoncées, le pacte immoral n'a jamais été rompu. Car les apparatchiks du système veillent à sa perpétuation, gage de leur propre survie.

Les inspecteurs en tous genres[1] tirent leur pouvoir du catéchisme pédagogique qu'ils transmettent et font appliquer. Que deviendraient-ils si les enseignants

1. Pour le premier degré, il s'agit des inspecteurs de l'Éducation nationale (IEN), pour le second degré, des inspecteurs d'académie, inspecteurs pédagogiques régionaux (IA IPR).

étaient jugés en fonction de leurs résultats et non suivant leur conformité à la doctrine du moment ? Alors, une part non négligeable d'entre eux s'assoient confortablement sur les instructions ministérielles, quand celles-ci leur déplaisent. Et – lâcheté du ministre et de son entourage – ils ne sont pas sanctionnés. Pourquoi se gêner, dans ces conditions ? Quant aux instances chargées d'évaluer l'école, tel le Haut Conseil de l'Éducation, elles sont peuplées des créatures qui ont contribué à la dévaster. Certaines de ces « personnalités qualifiées », qui ont occupé tous les hauts postes rue de Grenelle, continuent sans la moindre vergogne à présider les comités de pilotage, à hanter les commissions de réforme et, jaloux de leur coupable monopole, à froncer les sourcils dès qu'un nouveau venu se permet de formuler la moindre critique.

Une telle insulte au bon sens serait inconcevable dans un autre secteur ministériel. Imagine-t-on Michel Garretta, l'ancien directeur du Centre national de transfusion sanguine (CNTS) au cœur du scandale du sang contaminé, siégeant au Haut Conseil de la santé publique ? Mais la politique de l'éducation, en France, est régie par une règle immuable : celle de l'impunité. Car il faut des années voire des décennies pour évaluer les conséquences désastreuses d'une réforme. Et encore ! Les experts ne sont pas d'accord, leurs études se contredisent et nourrissent des débats sur le sexe des anges qui masquent les vrais sujets.

Au fil de l'enquête, je n'ai pas pu m'empêcher de penser à une série télévisée de mon enfance. Dans *Les Envahisseurs*, David Vincent est l'unique témoin de la présence d'extraterrestres qui veulent prendre le pouvoir sur Terre. Pour combattre ces êtres qui ont pris

14

une apparence humaine, il dispose d'un seul indice : ces créatures ont toutes l'auriculaire rigide. Comme David Vincent, je devais détecter au plus vite à quelle espèce appartenait mon interlocuteur. Adepte de l'école républicaine ou partisan d'une pédagogie expérimentale ? Il ne fallait pas plus de quelques minutes pour connaître l'appartenance de l'intéressé. Plus il s'était tenu éloigné d'une salle de classe et des élèves, plus mon interlocuteur se montrait intraitable sur les principes. C'est aussi cela, l'exception éducative française : un univers où deux camps irréconciliables se regardent en chiens de faïence, inaptes au dialogue et virtuoses de l'anathème.

L'école, le collège, le lycée et l'université sont donc devenus des trompe-l'œil où se joue la comédie de la réussite. Le Président, les ministres de l'Éducation, les responsables de commissions en tous genres font semblant de réformer – les plus sincères y croient, mais cela leur passe vite – et l'appareil bureaucratique fait semblant de leur obéir. Le constat d'échec est si cruel que, depuis des années, la rue de Grenelle abrite le ministère du mensonge. Comment pourrait-il en être autrement ? Dans une société où l'espérance de vie augmente, où la croissance demeure la norme, comment tolérer que le niveau de connaissances des jeunes générations régresse ?

Devant cette faillite, les élites se protègent. Face au jugement public, elles gesticulent, instaurent des quotas de boursiers pour les grandes écoles, des internats de la quatrième chance, des passerelles jalonnées de planches pourries, des états généraux, comités Théodule et autres inventions cosmétiques destinées à maquiller la vérité. Dans la sphère privée, elles ont les moyens de sauver les leurs. Le réseau social, la connaissance d'un système opaque pour le commun des mortels et, dans une moindre mesure, l'argent leur permettent d'échapper au lot commun.

Dans leur sillage, les enseignants, eux aussi initiés, connaissent les méthodes de survie scolaire à l'usage de leurs propres enfants. Un réflexe parental destiné à protéger les siens du naufrage. Un signe de désaveu, sinon de désespoir, aussi. Les professeurs ont dû accueillir les « nouveaux publics », digérer des réformes absurdes, subir des heures de formation surréaliste, voir leur niveau de vie stagner et leur image sociale se détériorer, tandis que des syndicats, arc-boutés sur les privilèges illusoires de la cogestion, les défendaient comme la corde soutient le pendu. Des syndicats qui n'ont par ailleurs rien entrepris, dans les faits, pour combattre les inégalités ou dénoncer l'intrusion de l'argent dans ce sanctuaire républicain.

Depuis plus de vingt ans, les élèves sont tenus en otages par ceux qui prétendent faire progresser l'école. Le résultat est consternant. Jamais les performances n'ont été aussi médiocres et les inégalités aussi criantes. Non seulement l'Éducation nationale ne parvient pas à « élever », mais elle a perdu le pouvoir d'ouvrir les esprits et de faire fonctionner l'ascenseur social.

Si l'école tient encore debout, c'est grâce à ses missionnaires et à ses résistants – enseignants, mais aussi hauts fonctionnaires parfois : au gré des réformes qui s'annulent et se contredisent, ils tiennent le cap de leurs convictions, de leur vocation. Mais combien de temps un système peut-il parier sur la seule abnégation ? Aussi longtemps que le cynisme régnera en maître au sommet de l'État.

1

Le bermuda et le Président

« Que le respect est incommode
Avec son air précieux
Mon Dieu que ce respect est vieux !
Sera-t-il toujours à la mode ? »

Gilles BOILEAU

— Gilles, tu vas à l'Éducation…
— Pourquoi moi, Dominique ?
— Tu es la bonne personne…
— Mais je n'ai pas fait d'études…
— Aucune importance.
— Et puis j'étais mauvais élève…
— Je suis persuadé que tu es fait pour ce poste…
C'est ainsi que Gilles de Robien apprend, de la bouche de Dominique de Villepin, sa nomination rue de Grenelle, au lendemain du référendum désastreux sur la Constitution européenne. « J'ai persisté un moment dans mon refus, j'ai argumenté sur mes piètres performances scolaires, moi qui n'ai pas mon bac et qui ai choisi des chemins de traverse, se souvient-il. Puis j'ai fini par capituler : "Puisque tu insistes, j'accepte, ai-je dit au Premier ministre. Mais

retire-moi de ce poste dès que tu es convaincu que j'avais raison..." »

Gilles de Robien est alors ministre de l'Équipement. Depuis le lundi 30 mai 2005, il attend comme tous ses collègues de connaître son sort. À l'hôtel Matignon, Jean-Pierre Raffarin peut compter les heures qui lui restent. Dans les salles de rédaction et les arrière-salles de cafés, les pronostics abondent sur le nom de son successeur : Sarkozy ou Villepin ? Déjà !

Vingt-quatre heures plus tard, peu avant midi, Dominique de Villepin, le nouveau Premier ministre, doit composer son gouvernement. Il pense à Gilles de Robien pour l'Éducation nationale parce que celui-ci a su se faire apprécier des syndicats dans le secteur sensible des transports. À quoi tiennent les destins politiques !

Et que pensent les collaborateurs du ministre de l'Équipement sortant de cette « promotion » ? Comment tous ces ingénieurs des Mines et des Ponts, ces surdiplômés de la filière scientifique, ces « alphas » de la sélection à la française, accueillent-ils ce changement de portefeuille ? Ils présentent presque des condoléances à leur ministre. « C'est effrayant, ce qui vous arrive », lui dit l'un d'entre eux, tandis qu'un autre lui assure d'un ton lugubre : « L'Éducation nationale, c'est ce qu'il y a de pire. »

Le message est reçu cinq sur cinq. « C'est un ministère où il est impossible de se mettre en valeur sauf en pratiquant la démagogie, comme Lang qui crée 5 000 postes non budgétés ou Bayrou qui ne fait rien d'autre que répéter "Enseignants je vous aime", décrypte Gilles de Robien avec un franc-parler peu commun. Tout le monde, dans la sphère politique, pense que la rue de Grenelle est ingouvernable, irréformable et donc très nuisible à une carrière. Moi, j'ai pris cette proposition comme une marque de confiance[1]. » Face à une fausse bonne nouvelle, mieux vaut, en effet, se montrer positif.

Mais il est extraordinaire de constater que l'Éducation, présentée dans tous les discours comme la priorité absolue, provoque l'effet répulsif du cadeau empoisonné sur celui qui en hérite. La plupart des nouveaux titulaires y vont à reculons, de peur d'en ressortir laminés politiquement, et les rares qui entrent rue de Grenelle de gaieté de cœur en repartent en courant. Comme si s'investir dans cet « enjeu majeur », au service de l'intérêt général, était finalement le pire des boulots.

Punitions

Rue de Grenelle, Gilles de Robien succède à François Fillon, qui n'y est pas arrivé non plus la fleur à la boutonnière. « Il a vécu sa nomination, en 2004, comme une véritable punition, se souvient un de ses proches collaborateurs. Il venait de perdre les régionales dans les Pays de la Loire, où son département, la Sarthe, avait voté massivement à gauche et fait basculer la région. C'était son premier échec électoral en vingt-trois ans de carrière. Chirac l'a donc mis en pénitence, alors que, sortant des Affaires sociales, il voulait le portefeuille de la Défense. »

Pour toute feuille de route, en dehors du « grand débat » sur l'école lancé par Jacques Chirac en septembre 2003, l'Élysée lui demande de fabriquer une loi

---

1. Entretien le 18 mars 2010.

qui réconcilie les enseignants avec la droite. Selon quelles lignes directrices ? Ce n'est pas précisé.

Pendant son court passage[1], où il ne ménage pas sa peine, ses visiteurs remarquent que François Fillon les reçoit assis d'une fesse sur le siège de son bureau, comme s'il était en visite et pressé de quitter les lieux. Un langage corporel qui en dit long. Quatorze mois plus tard, en mai 2005, il sera tout de même remercié et sortira du gouvernement. Le ministre de l'Éducation sert de fusible, comme s'il était responsable de l'absence d'adhésion du peuple enseignant – un million d'électeurs tout de même – à l'intégration européenne. Un drôle de raisonnement, mais la rue de Grenelle est experte pour produire des boucs émissaires.

L'un des hiérarques de la maison considère que tous les ministres qui s'y sont succédé depuis vingt ans sont soit des punis, soit des illuminés. Dans la seconde catégorie, il classe Claude Allègre et Luc Ferry. Ce qui est un peu injuste. Claude Allègre a tenté l'épreuve de force. Le mammouth a eu raison de lui. Ce personnage atypique était sûrement galvanisé par la haute idée qu'il a de lui-même d'une part et inspiré par le passage musclé de Jean-Pierre Chevènement, entre 1984 et 1986, d'autre part. L'idée d'un bras de fer avec les syndicats et les bureaucrates n'était pas pour lui déplaire. En vérité, il a laissé s'affirmer l'idéologie en vigueur, bénissant ainsi une réforme du français au lycée dont pâtissent, aujourd'hui encore, les élèves.

Jean-Pierre Chevènement, lui, a marqué son passage rue de Grenelle et a toujours maintenu son intérêt

---

1. François Fillon reste exactement quatorze mois rue de Grenelle. Arrivé le 31 mars 2004, il en part le 31 mai 2005, et vit cette éviction du gouvernement, dont il est le numéro deux, comme un affront.

pour l'Éducation nationale. Lors de sa nomination, ce socialiste aux idées très républicaines bénéficiait d'un atout : il arrivait sur le champ de ruines de la grande querelle scolaire initiée par la loi Savary sur l'enseignement privé, qui avait jeté des foules dans la rue en 1984. Et encore, avec le recul, celui-ci relativise-t-il : « Le ministre est en situation, au mieux, de faire la synthèse. Et parfois de remporter une bataille. Je me souviens que le patron du Syndicat national des instituteurs (SNI) ne voulait pas des nouveaux programmes. Il est parti se reposer aux Antilles pendant que je les imposais[1]. »

Quant à Luc Ferry, il a été desservi par son physique et sa réputation de mondain. Ce philosophe n'a pourtant rien d'un illuminé, n'en déplaise aux grands prêtres du ministère. Il avait été président du Conseil national des programmes et connaissait bien son sujet. Ce qui n'a pas empêché les vieux batraciens de l'enterrer avant même qu'il ait ouvert son premier dossier. « Je me souviens qu'au moment de sa nomination, j'ai croisé Jack Lang à la Gay Pride, raconte Gérard Aschiéri, l'ancien secrétaire général de la FSU qui a "usé" cinq ministres[2]. Lang m'a dit : "Ce n'est pas un mauvais bougre, c'est un garçon valable, mais il va se faire avaler tout cru." Il avait raison. Ferry cumulait les handicaps : il ne bénéficiait d'aucun appui au Parlement, n'avait aucune expérience politique et un entourage pas assez fort pour résister aux injonctions de Bercy. Et en prime, son ministre délégué lui tirait dans les pattes. »

Son ministre délégué à l'enseignement scolaire, c'était Xavier Darcos. Jusqu'au dernier moment, cet

1. Entretien le 21 avril 2010.
2. Entretien le 14 avril 2010.

ancien professeur de lettres classiques pensait décrocher le portefeuille. Il n'a pas supporté de devenir l'adjoint. La doublure, en quelque sorte, d'un philosophe médiatique qui n'avait jamais gâché un seul dimanche dans un comice agricole.

Ministres Kleenex

Luc Ferry a toujours soupçonné Xavier Darcos, qui s'en défendait, d'avoir contribué aux multiples échos souvent mensongers sur les goûts de luxe de sa jeune épouse, la salle de gym qu'ils auraient fait installer au ministère ou la voiture de nabab dans laquelle ils auraient roulé. Des années plus tard, cet homme qui cultive l'humour et la litote semble toujours meurtri par le traitement qu'il a subi pendant deux ans. « Comment la mission éducative peut-elle être assurée alors que cinq titulaires différents se sont succédé en sept ans ? s'indigne-t-il. Quand le ministre arrive, en général au printemps, la rentrée suivante est bouclée depuis plusieurs mois. Les postes sont implantés, les programmes verrouillés, les dotations horaires calculées à la virgule près. Je suis resté deux ans, c'est juste le temps nécessaire pour ne rien faire. D'ailleurs, une telle valse ne se pratique dans aucun autre pays au monde. Le ministre de l'Éducation, en vérité, est un ministre Kleenex que l'on jette quand il est usé[1]. »

Et le philosophe, de fait, s'est « usé » assez vite. Il a dû assumer la réforme des retraites (déjà !) portée par François Fillon et celle sur la décentralisation qui touchait une partie des personnels. Des dommages

---

1. Entretien le 17 février 2010.

collatéraux inévitables et très lourds à porter. L'un de ses principaux « tortionnaires », pendant ces deux années, fut Gérard Aschiéri, qui garde un souvenir précis des taquineries souvent cruelles infligées à l'auteur de *La Révolution de l'amour*. « Une scène m'a frappé, ce devait être peu après sa prise de fonction car il n'avait pas encore fait changer les meubles, raconte l'ancien patron de la FSU, le puissant syndicat défenseur des avantages acquis. Luc Ferry était assis sur un canapé Empire très fatigué, et il avait l'air aussi avachi que son siège, comme terrassé par le découragement et le sentiment d'impuissance. En fait, je pense que c'était du désespoir. »

En 2003, pendant le conflit sur les retraites, les enseignants multiplient les manifestations et le rapport de force se dégrade au détriment du ministre de l'Éducation. Jugé entêté par le président Chirac – on dit en général : « pas assez politique » –, coincé par Xavier Darcos à ses côtés, Luc Ferry se voit imposer la tutelle de son collègue de l'Intérieur, Nicolas Sarkozy, qui prend les choses en main à sa manière. Récit de Gérard Aschiéri : « Un dimanche soir, au plus fort du conflit, Claude Guéant[1] m'appelle : "Pouvez-vous venir vers 22 heures au ministère de l'Intérieur ?" Puis il ajoute : "Est-ce que cela vous dérangerait si le ministre de l'Éducation nationale assiste à cette réunion ?" C'était une question un peu surréaliste. Une fois tous ses "invités" arrivés, Sarkozy a proposé à boire à tout le monde. Ferry a été le seul à prendre un whisky. Il avait vraiment besoin d'un remontant. »

---

1. Claude Guéant est alors le directeur de cabinet de Nicolas Sarkozy, ministre de l'Intérieur.

À peu près à la même époque, le secrétaire général de la FSU reçoit un coup de téléphone d'un ancien condisciple de la rue d'Ulm qu'il n'avait pas vu depuis longtemps : l'auteur à succès André Comte-Sponville, coauteur de plusieurs livres avec Luc Ferry. Il accepte bien volontiers une invitation à dîner et son interlocuteur ajoute : « Est-ce que ça t'ennuierait si Luc Ferry était présent ? » Bien sûr que non ! « Au cours du dîner, je ne sais si c'était un trait d'humour ou une manifestation de l'inconscient, mais Ferry nous a dit : "Jacques Chirac a bien compris que ce n'était pas ma faute puisque j'ai été autorisé à redoubler" », raconte Gérard Aschiéri. Mais c'était redoubler... pour mieux sauter, un an plus tard !

Naufragé volontaire

Luc Ferry est parti à son corps défendant en mars 2004, considérant qu'on ne lui avait pas laissé le temps d'accomplir ses réformes. Son ancien rival Xavier Darcos, une fois nommé au poste tant convoité, ne restera que deux ans, lui aussi, dans ses fonctions[1]. Il finira par choisir l'exfiltration.

Arrivé rue de Grenelle dans l'euphorie de l'élection présidentielle de 2007, il s'attaque à la réforme du primaire et à celle du lycée professionnel, lance la réforme du recrutement et de la formation des maîtres, puis s'empare du lycée, alors qu'on l'attendait sur le collège[2]. Mais les grèves et les blocages d'éta-

---

1. Exactement du 18 mai 2007 au 23 juin 2009.
2. Le primaire comprend : le CP, le CE1, le CE2, le CM1, le CM2. Le collège va de la sixième à la troisième. Le lycée englobe les classes de seconde, première et terminale.

blissements se multiplient à partir de l'automne 2008. Sur les conseils d'un gourou de la communication, le ministre choisit de descendre dans l'arène le samedi 15 novembre. Ce jour-là, il se rend à Palaiseau, dans l'amphithéâtre de l'École polytechnique, pour clôturer les Ateliers du nouveau lycée, qui ont réuni toute la journée 600 représentants lycéens. L'ambiance est chaude, et Xavier Darcos se fait huer par une partie de l'assistance. Certains de ses proches se sont demandé s'il n'avait pas fait exprès de descendre dans la fosse aux lions, d'aller au-devant de l'incident pour rendre son départ de la rue de Grenelle inéluctable à court ou moyen terme. Ils le disent alors psychologiquement fatigué par la répétition des mêmes confrontations avec les mêmes partenaires, qu'il s'agisse du Snes ou des syndicats de lycéens. Lui aussi a été dépossédé de son sujet. C'est également l'époque où cet ancien professeur de lettres, dûment encensé par le chef de l'État, se voit déjà Premier ministre. Pour viser plus haut, il lui faut se débarrasser de ce maudit mistigri qu'est l'Éducation nationale.

Si sa capacité à réformer est visiblement entamée, le transfert vers un autre ministère deviendra encore plus inéluctable. Et c'est, semble-t-il penser, une étape incontournable sur la route de Matignon.

Mais les meilleurs plans explosent parfois au contact de la réalité. Début janvier 2009, Nicolas Sarkozy organise une réunion à l'Élysée à laquelle participent notamment son conseiller aux affaires sociales Raymond Soubie, le secrétaire général de la présidence Claude Guéant, le conseiller éducation Dominique Antoine, Jean-Paul Faugère, le directeur de cabinet de François Fillon à Matignon (qui l'était déjà à l'Éducation), Xavier Darcos enfin et son directeur de cabinet Philippe Court. Le Président annonce, avec diplomatie, mais tout de même, que Martin Hirsch, haut-commissaire aux solidarités actives, sera également en charge de la Jeunesse, et que Richard Descoings, le patron de Sciences-Po, est investi d'une mission sur les lycées. C'est un désaveu pour Xavier Darcos, qui rejoint le lot commun des ministres sous tutelle.

L'intéressé ne désarme pas, néanmoins. Le soir même, il téléphone à Martin Hirsch, qui a rendez-vous le lendemain matin avec le Président à l'Élysée. Il tente de lui vendre l'invendable : « J'ai une très bonne idée, lui dit-il avec entrain et bonne humeur. Il faudrait que tu sois nommé secrétaire d'État à la Jeunesse auprès de moi[1]. » Son interlocuteur n'est pas du tout enthousiaste. Il a réussi à préserver sa singularité, avec un poste de haut-commissaire, et n'entend pas la brader. Mais Darcos insiste : « Pour la Jeunesse, c'est mieux d'être dans la forteresse, là où se trouvent les services. Et puis, cela te préparera pour devenir ministre de l'Éducation nationale, car je ne vais pas tarder à partir et tu seras mon successeur naturel. » Voilà comment un ministre de l'Éducation peut aussi essayer de vendre chèrement son poste, clés en main. Essayer seulement...

---

1. Entretien avec Martin Hirsch, le 28 octobre 2010. Après m'avoir fixé plusieurs rendez-vous, tous annulés, Xavier Darcos n'a pas répondu à mes sollicitations. Après son départ du gouvernement, en mars 2009, il ne souhaitait plus, d'après son entourage, s'exprimer sur les questions d'éducation. C'est regrettable pour un enseignant, haut fonctionnaire et homme politique qui s'était un temps engagé à faire preuve d'énergie et de courage sur ce sujet difficile et essentiel.

Le week-end passe et le lundi 12 janvier 2009, la nomination de Martin Hirsch est officiellement annoncée. Une journée difficile pour Xavier Darcos, qui doit s'accrocher un sourire jusqu'aux oreilles puisqu'il accompagne Nicolas Sarkozy dans la Manche, à Saint-Lô. Ce déplacement en province doit être l'occasion pour le président de la République de reprendre en douceur la main sur l'éducation, thème principal de sa visite. Celle-ci se passe mal. Des manifestants se trouvent partout sur son passage malgré les légions de CRS déployées dans toute la ville. Le préfet et le directeur de la sécurité publique seront d'ailleurs limogés dès le lendemain.

Mais c'est surtout dans une école élémentaire que le Président reçoit un accueil très personnalisé. Une longue station y est en effet prévue pour assister à une séance de soutien, l'un des piliers de la réforme du primaire élaborée au pas de charge par Xavier Darcos. Elle doit se prolonger par une discussion informelle avec quelques enseignants du cru.

Dès les premiers instants, tout dérape. L'institutrice qui anime le groupe de soutien, composé de cinq élèves, ne s'est pas mise sur son trente-et-un pour recevoir le premier personnage de l'État. Elle arbore une mine renfrognée et répond au mieux par des monosyllabes aux questions pourtant enjouées de Nicolas Sarkozy. Tournant le dos à ce mur d'hostilité, celui-ci s'adresse à une fillette : « Comment t'appelles-tu ? » Intimidée, la petite ne répond pas. Mais la maîtresse, elle, a retrouvé sa langue : « Elle s'appelle Svetlana, et ses parents sont dans une situation difficile. Ils attendent toujours leur titre de séjour », lâche-t-elle d'un ton sentencieux. Bon, bon, bon…

L'entourage écourte autant qu'il peut ce petit calvaire et l'on rejoint la salle des maîtres. Là, debout, se trouve un instituteur[1]. Dans cette profession fortement féminisée, le casting est réussi en termes de diversité. Mais cet enseignant est en bermuda. En plein mois de janvier, au cœur de la Basse-Normandie, il a choisi de se geler les mollets pour bien montrer au Président ce qu'il pense de lui, de sa visite et de ses claques dans le dos. En bermuda ! Dans le cortège de costumes-cravates qui assiste à la scène, certains ont les yeux qui leur sortent de la tête. Ce type a osé. Osé se moquer de la plus haute autorité de l'État mais aussi, d'une certaine manière, de l'école elle-même. L'équivalent vestimentaire, en la circonstance, du bras d'honneur ou de l'attitude désobligeante qui avait suscité la célèbre saillie : « Casse-toi pauvre con ! »

Il serait injuste de penser que la personne de Nicolas Sarkozy, certes génératrice de comportements agressifs ou moqueurs de la part de nombreux citoyens anonymes, soit seule en cause dans ce cas précis. En effet, les incidents de ce genre, ignorés car tenus secrets, se multiplient. Cette scène inouïe relève plutôt d'une sorte de « hooliganisme institutionnel » dans lequel excelle une partie du corps enseignant. Le ressort en est double. Nombre d'entre

1. Depuis la Loi Jospin de 1989, les instituteurs sont officiellement supprimés, et remplacés par le corps de « professeurs des écoles ». La plupart d'entre eux, néanmoins, continuent de se nommer « instituteur » ou « institutrice ». C'est la raison pour laquelle nous employons aussi ce terme, immédiatement compréhensible par tous.

eux, d'une part, ont compris depuis longtemps ce qu'il faut penser de la fameuse « priorité absolue » donnée à l'Éducation nationale. Ils ont vu des ministres éphémères donner leur nom à des lois qu'ils n'ont pas eu le temps de mettre en œuvre avant qu'un autre arrive et reprenne tout à zéro. Ils ont pu mesurer, aussi, le cynisme qui règne dans les hautes sphères, où le pilotage tient compte du climat politique, des risques d'image, des impératifs de communication plus que de l'efficacité de leur mission. Ils savent, d'autre part, qu'un ministre – et s'il s'agit du Président, c'est encore mieux – peut trébucher sur ce sujet au point d'y laisser sa santé politique. Alors, quand une illustre victime passe à portée de main, pourquoi se priver de lui faire sa fête ?

2

L'école des fous

« Hé ! Dieu, si j'eusse étudié
Au temps de ma jeunesse folle. »

François VILLON

Ce 2 septembre 2010, c'est la rentrée. Ils sont 16 000 nouveaux professeurs qui accueillent des élèves sans avoir reçu de formation pédagogique. Leurs prédécesseurs, eux, passaient auparavant une année à l'IUFM[1], avec seulement quelques heures de cours à dispenser chaque semaine. Les commentateurs autorisés pleurent à chaudes larmes, prévenant les parents que les nouveaux profs sont lâchés dans les classes « sans aucune compétence ». Face à cette vague de critiques, le ministre, Luc Chatel, se fait discret (comme à son habitude). Ni mensonge ni plaidoyer, le silence !

Il y aurait pourtant de quoi répondre. Car cette lamentation médiatique relève de la supercherie. Que faisaient tous ces défenseurs de « l'enseignement

---

1. Les instituts universitaires de formation des maîtres ont remplacé les écoles normales à partir de 1990, pour former les professeurs des écoles, collèges et lycées.

de qualité » quand, jusqu'en 2009, on envoyait dans les classes, sans aucune formation, les recalés les « moins mauvais » de l'IUFM ? Cela s'appelait la « liste complémentaire ». Elle était composée de candidats admissibles au concours de professeurs des écoles mais qui n'avaient pas passé la barrière de l'oral. Recalés, donc ? En apparence seulement. Ils servaient de variable d'ajustement et étaient envoyés directement, à temps plein, dans les classes. Sans aucune préparation. Ceux qui avaient réussi le concours allaient, pendant un an, fréquenter l'IUFM. Pas eux. Eux étaient là pour « boucher les trous » sur le terrain et fréquenteraient l'IUFM plus tard, après une année complète passée sous la mitraille. Mais personne n'a trouvé utile de dénoncer cette situation choquante, qui a duré des années.

Il y aurait aussi à redire sur la manière dont se passe, concrètement, la rentrée pour ces nouveaux enseignants cuvée 2010, et surtout pour leurs élèves. Mais personne, parmi les pleureuses, ne souligne le point le plus noir de cette réforme de la formation. Pour l'observer, il suffit… de se placer du point de vue de l'élève. Celui-ci, grâce à une usine à gaz comme seule la rue de Grenelle sait en fabriquer, voit défiler devant lui, entre septembre et juin, au moins trois professeurs différents. Exagération ? Provocation ? C'est pourtant ce que révèlent, entre les lignes, des documents internes du ministère.

Un fauteuil pour trois

À la base de ce système ubuesque, le principe, vénéré au ministère, de la complication bureaucratique.

En pratique, les nouveaux professeurs, ceux qui viennent de réussir le concours – appelés professeurs stagiaires parce qu'ils n'obtiendront leur titularisation qu'au bout d'un an – sont affectés à un plein temps. C'est ainsi que l'administration a réussi à répondre aux impératifs de réduction des effectifs imposés par Bercy. Sur le papier, les affectations sont claires. Un problème toutefois : ces « professeurs stagiaires » doivent également recevoir une formation. Des cours mais aussi des heures d'observation auprès d'un enseignant plus chevronné – un « tuteur » – qui doit leur transmettre les ficelles du métier. Comment concilier les deux ? Comment être à la fois ici et ailleurs ? L'équation paraît surréaliste. Mais les différentes académies, dans leur immense sagesse, ont trouvé une « solution ».

De la rentrée aux vacances de la Toussaint, les élèves ne voient pas leur nouveau professeur « à temps plein ». Pourquoi ? Celui-ci est dans la classe de son « tuteur » pour une période d'observation. Ils sont donc confiés à un remplaçant. Après la Toussaint, ils font enfin sa connaissance, puisque le stagiaire prend en charge « le service sur lequel il a été implanté », pour reprendre le beau langage de la rue de Grenelle.

Mais après Noël, ils voient apparaître un troisième personnage. Son appellation exacte ? « Stagiaire étudiant en master deux ». Ouf ! Cet être hybride est un peu moins expérimenté que leur professeur débutant puisqu'il s'apprête à passer les concours. Pendant une semaine, le professeur stagiaire pilote le stagiaire étudiant. Le document distribué aux « tuteurs » par l'académie de Montpellier emprunte au vocabulaire maçonnique et appelle cela le

« tuilage[1] » : l'étudiant stagiaire, comme l'apprenti franc-maçon, est en période d'observation. Ensuite, il prend seul la classe en main. Pour toujours ? Non : pour une durée d'un mois. Que fait le professeur stagiaire pendant ce temps ? Il va suivre une formation. Mauvaise plaisanterie ? Non, la stricte réalité.

De mars jusqu'à la fin de l'année scolaire, les élèves ont le plaisir de retrouver le professeur qui leur est officiellement affecté, ce stagiaire qu'ils ont déjà aperçu en novembre et décembre, puis très brièvement pendant le « tuilage ». Ils auront donc vu défiler – hors remplaçant éventuel pour congé maladie – pas moins de trois enseignants différents pendant l'année scolaire !

Qui sont les belles âmes qui ont proclamé il y a une vingtaine d'années que l'élève devait être au centre ? Au centre de quoi ? Qu'en pense Lionel Jospin qui, à partir de 1989, comme ministre, se réclamait de cette noble philosophie ? Cet élève ne serait-il pas plutôt devenu une variable d'ajustement, un petit cobaye sur lequel on teste de nouvelles dispositions qui ne dureront guère plus longtemps que le ministre qui les a imaginées ?

Armée en déroute

Une autre réforme inaugurée en cette rentrée 2010, celle du lycée, donne lieu à des applications concrètes assez pittoresques. Elle prévoit en effet dans l'emploi du temps des élèves deux heures hebdomadaires

---

1. Cadre général des missions et conditions d'exercice des professeurs tuteurs dans l'académie de Montpellier pour la rentrée 2010.

d'accompagnement personnalisé, grâce auquel « l'élève bénéficie d'un soutien individualisé, perfectionne ses méthodes de travail et gagne en autonomie », selon les termes officiels du ministère. Sur le terrain, certains enseignants consacrent ces créneaux à l'aide aux devoirs. Dans les « bons lycées », les professeurs des matières importantes, constatant que le temps d'enseignement dont ils disposent a diminué, font simplement cours. Mais ailleurs, d'autres encore se montrent beaucoup plus imaginatifs.

Des séances sont ainsi consacrées au sens que chacun utilise plus volontiers pour mémoriser : le toucher, l'ouïe, la vue ? C'est la pédagogie de « l'apprentissage multisensoriel », qui laisse de nombreux lycéens entre le fou rire et le désarroi. À défaut de s'impliquer dans cette démarche novatrice, ils apprennent à tenir leur rôle dans ce qu'ils considèrent comme une arnaque orchestrée par des adultes « limite dingues ». Une démarche proche de celle de la « métacognition » exposée par Philippe Meirieu, l'un des théoriciens du mouvement de la nouvelle pédagogie, auteur de nombreux ouvrages, ancien conseiller de Claude Allègre rue de Grenelle et aujourd'hui vice-président du conseil régional de la région Rhône-Alpes. De quoi s'agit-il ? De « stabiliser des procédures dans des processus », et, « pour l'élève, avec l'aide du maître, de se mobiliser sur la genèse de ses propres acquisitions, de se faire véritablement épistémologue de ses propres connaissances pour inventer, avec le maître, de nouvelles procédures à acquérir[1] ». L'élève comme épistémologue de ses

1. Extraits de Philippe Meirieu, *Apprendre, oui mais comment ?*, ESF, 16e éd., 1997, cités dans l'excellent livre du professeur de philosophie Denis Kambouchner, *Une école contre l'autre*, PUF, 2000.

propres savoirs, pourquoi les professeurs en difficulté dans leurs classes n'y pensent-ils pas plus souvent ? Ce concept effrayant, qu'on croyait passé de mode, a été – involontairement – remis au goût du jour par la réforme de Luc Chatel. Le ministre ignore-t-il l'existence de ces pratiques ? Pas du tout. « Mais je ne peux pas à la fois donner leur autonomie aux établissements et exiger que les pratiques soient partout identiques[1] », répond-il. C'est logique, en effet. Mais pour les élèves comme pour leurs parents, est-ce une bonne nouvelle ?

Avec un mélange de bonne volonté, de désinvolture et de fatalisme, les ministres, pris en main par les experts, les syndicats et quelques apparatchiks très prolixes, empilent, depuis vingt ans, les réformes, les expérimentations, les plans, les programmes, les directives qui paraissent chaque semaine dans le Bulletin officiel. De cette accumulation est née une forme de chaos où plus grand-chose n'est compréhensible par ceux qui se trouvent sur le terrain.

L'Éducation nationale, aujourd'hui, ressemble un peu à une armée en déroute : ce sont les planqués qui définissent la stratégie, rendent les arbitrages et font la loi, tandis que ceux qui sont au front, les professeurs, n'ont pas voix au chapitre. Plusieurs instituteurs m'ont raconté leur frustration durant les stages de formation permanente qu'ils effectuent. Les conseillers pédagogiques se comportent pour moitié en garants sourcilleux de la bonne parole officielle, et pour moitié en prédateurs. À court d'idées, ils vampirisent celles que leur apportent les enseignants qui, eux, sont sur le terrain toute l'année, pour mieux les resservir doctement à la prochaine

---

1. Entretien le 4 novembre 2010.

session. On est bien loin de l'intérêt supérieur des élèves. Au collège ou au lycée, les professeurs sont invités chaque année à plancher sur un « projet d'établissement », obligatoire depuis la loi Jospin de 1989. Dans les textes, il est dit que ce projet doit « relever les points forts/points faibles et les singularités de l'établissement dans son contexte particulier, faire s'approprier le diagnostic par la communauté éducative et lui proposer une réflexion sur les valeurs éducatives mises en tension ».

Diagnostic, contexte, communauté, valeurs... Des mots pleins de bonnes intentions et vides de sens. Sur le terrain, l'omertà prévaut le plus souvent. Pas question de traiter les vrais sujets. « Je suis depuis dix ans dans un des lycées les moins bien classés de France, raconte ce professeur d'histoire. Tous les ans, le contenu du projet d'établissement est le même : l'absentéisme, l'apprentissage de la citoyenneté, l'intégration de la réforme du moment... Bref, une série de thèmes bateaux sur lesquels on brode un peu. Mais jamais, jamais on n'évoque le sujet essentiel : l'échec scolaire qui prévaut dans notre lycée, où quatre élèves sur dix échouent au bac. Comme ce n'est pas un établissement où il y a des problèmes graves, de violence par exemple, aucune instance ne vient nous demander des comptes sur nos résultats. »

Stig-ma-ti-sa-tion

Voilà l'un des mots prononcés avec gourmandise par les gardiens de l'école des fous. Définition, dans *Le Robert*, du verbe « stigmatiser » : « Dénoncer comme infâme, condamner avec force. » Pour ne pas faire connaître aux élèves des tourments comparables à ceux de François d'Assise ou de Catherine de Sienne, les seuls « stigmatisés » reconnus par l'Église catholique, l'école a inventé toutes sortes de procédures destinées à préserver, en apparence seulement, l'égalité entre tous les élèves. Ignorant la réalité, cette démarche relève du monde enchanté des Bisounours, ces gentilles peluches qui aident les enfants à s'endormir et leur servent de super copain.

D'abord, pas de classes de niveaux, parce que l'hétérogénéité est la meilleure garantie du succès pour tous, assurent les sociologues. Sur le papier, c'est vrai, bien entendu. Mais en pratique ? Dans les collèges à forte mixité sociale, soit en banlieue, soit en milieu rural, le zèle d'un principal résolu à appliquer à la lettre les directives conduit aux plus grandes absurdités. Les élèves qui ont choisi l'allemand en première langue et pratiquent le latin sont souvent parmi les plus brillants. Il faudrait donc les répartir dans les différentes classes. Mais la réalité rattrape ces belles résolutions : pour des raisons d'emploi du temps, il est souvent impossible de ne pas les regrouper. Alors ? Pour ne pas déroger à l'absurde règle de la moyenne, on complète leur classe avec les collégiens le plus en difficulté. Arithmétiquement, c'est impeccable. Concrètement, c'est un cauchemar pour tous : dans un univers où l'élève moyen n'existe pas, les professeurs ne savent pas pour qui faire cours ; les plus faibles sont dépassés et perturbent les cours ; les meilleurs se plaignent de cette ambiance détestable. Est-ce cela, ne pas « stigmatiser » les élèves ?

Vraisemblablement pour Philippe Meirieu, qui invite à renoncer aux tentations improductives de l'homogénéité. Sa préconisation ? Les « réseaux d'échange réciproque des savoirs » afin de « faire travailler ensemble des personnes qui sans cela ne se rencontreraient jamais ». Exemple : « Je t'explique le livre que j'ai lu ou le film que j'ai vu, et tu m'apprends telle nouvelle recette de cuisine ou tu me racontes les rites qui se transmettent dans ta famille depuis des générations […]. Je te dis qui est Averroès ou saint Thomas d'Aquin et tu me dis comment se forment les nuages... Tu m'apprends la proportionnalité, je t'enseigne les pronoms relatifs[1]. » Angélisme ou aveuglement ?

Ne pas stigmatiser, c'est aussi, assurent les experts, ne pas faire redoubler les élèves. Mais, faute de solution concrète, il n'est pas rare de rencontrer, en début de collège, des adolescents qui ont deux ans de retard. En grave échec scolaire, ils sont aussi les plus faibles de leur classe. Pourtant, en fin d'année, impossible de les faire redoubler une fois encore : trois ans de retard, cela devient ingérable. Alors, ils passent dans la classe supérieure. Résultat ? Le « système » attendra patiemment qu'ils aient seize ans pour les éjecter et leur faire rejoindre le bataillon des non-diplômés sans qualification. Grande réussite. « Le pire, c'est que l'on propose souvent au redoublement ceux qui ont encore une chance de s'en sortir, soupire un professeur de collège. Évidemment, c'est toujours difficile de leur expliquer que de plus mauvais qu'eux sont admis dans la classe supérieure... »

Lorsque, dans sa réforme de l'école primaire, Xavier Darcos a institué l'aide individualisée, toutes les bonnes âmes ont hurlé. Quelle abomination ! Des élèves allaient retourner travailler tandis que leurs camarades rentreraient chez eux ou resteraient en

---

1. Ces citations sont extraites de Denis Kambouchner, *Une école contre l'autre, op. cit.*

récréation. Personne ne sait quels résultats produit cette aide personnalisée[1], mais ces récriminations sont bien étranges. Ce sont les mêmes, en effet, qui défendaient avec force les fameux maîtres itinérants spécialisés, dits Rased[2]. Ces intervenants, eux, viennent extraire les élèves en difficulté de leur classe pour leur faire suivre un programme spécial, tandis que les autres restent avec leur instituteur. Mais là, pas de stigmatisation ! Il s'agit donc, à l'évidence, d'un concept à géométrie variable.

Bien avant que les Rased soient inventés, les bonnes consciences de la rue de Grenelle avaient, il est vrai, accouché, dans les années soixante-dix, d'un dispositif encore plus surréaliste. Baptisé « Elco », pour Enseignement des langues et cultures d'origine, il s'adressait aux élèves issus de l'immigration. Sur le temps de la classe, ceux-ci devaient rejoindre un enseignant. Un professeur de l'Éducation nationale ? Pas du tout : une personne choisie et payée par le pays d'origine. Sa mission ? Enseigner à ces jeunes la langue parlée par leurs parents. Pendant que les autres faisaient des maths ou du français, ces enfants, eux, apprenaient l'arabe, le portugais ou le turc. À quoi pensaient les génies qui avaient inventé cette formule ? À les armer pour un éventuel retour au pays, évidemment ! « C'était un scandale absolu, puisque l'un des handicaps de ces élèves était justement qu'on ne leur parlait pas français à la maison. Là, l'institution en rajoutait une couche », raconte

---

1. Les évaluations de CE1 réalisées en 2010, pour des élèves qui ont donc pendant deux ans suivi cet accompagnement personnalisé, signalent une très légère amélioration des résultats, inflexion que personne, au ministère, n'ose, pour l'heure, interpréter positivement.
2. Réseaux d'aide spécialisée pour les élèves en difficulté ; voir le chapitre 8 : « Vraies fausses réformes ».

Alain Seksig, ancien instituteur, ancien directeur d'école, ancien conseiller au cabinet de Jack Lang et inspecteur de l'Éducation nationale, qui a dénoncé cet accroc très choquant aux principes républicains[1]. Cette insulte au bon sens et à l'idée même d'intégration a duré pendant trente ans (trente ans !), avant d'être progressivement abandonnée à partir de 2004. A-t-on jamais entendu un syndicaliste défenseur de l'égalité ou un ministre Bisounours (il y en a eu quelques-uns !) dénoncer cette stigmatisation, bien réelle pour le coup ? Non, bien évidemment.

À l'école des fous, pas de notes non plus. « Dans l'école de M. Meirieu, d'où toute forme de sanction a disparu, il ne peut plus être question de soumettre le travail des élèves à une évaluation qui ait valeur de *sanction* », écrit Denis Kambouchner, qui poursuit, citant abondamment Philippe Meirieu (pour tous les passages en italique) : « De même qu'un *échec d'éducation* ne peut être attribué *exclusivement à la responsabilité de l'éduqué, en dégageant complètement celle de l'éducateur*, de même *la mauvaise note signe aussi l'échec du professeur*[2]. » Tout n'est pas faux dans ce constat. Mais il présente le défaut d'envisager les élèves comme de petites victimes d'un système destiné, implacablement, à les broyer. Étrange vision de l'école, que défendent aujourd'hui encore des acteurs influents. Certains syndicats, par exemple. Pour Thierry Cadart, secrétaire général du

1. Entretien le 19 mars 2010. Alain Seksig a dirigé un livre collectif intitulé *L'École face à l'obscurantisme religieux*, Max Milo, 2006, dans lequel il détaille l'histoire de ce scandale.
2. Denis Kambouchner, *Une école contre l'autre*, op. cit.

Sgen-CFDT et professeur de mathématiques, « il n'y a aucune raison que, dans une classe, tout le monde n'ait pas, parfois, plus de 15 sur 20. Mais en France, toute la communauté éducative se soumet à cette "constante macabre" : les notes doivent être réparties autour de la moyenne arithmétique : 10 sur 20. Cela casse beaucoup de jeunes[1] ».

La théorie de la « constante macabre » dénonce le fait que les enseignants, sous la pression de la société, mettent un pourcentage de mauvaises notes identique en toutes circonstances, et sélectionnent ainsi, de manière plus ou moins inconsciente, par l'échec[2]. Son application pratique, à l'école primaire, a commencé depuis longtemps. Elle se traduit par des livrets scolaires où les notes chiffrées ont disparu, remplacées par des codes couleurs ou des acronymes tels que A (pour acquis), AR (à renforcer), ECA (en cours d'acquisition) ou, dans les cas extrêmes, NA (non acquis).

Il arrive fatalement un moment où cette gentillesse institutionnelle de façade disparaît. Interrogé par des parents sur les critères à réunir pour être admis en classe préparatoire, le lycée Louis-le-Grand répond sans ambages : « Être dans les tout premiers de sa classe avec de très bonnes appréciations de ses professeurs. »

Ceux qui sont passés par l'école des fous n'ont aucune chance. Car la barre y est placée de plus en plus bas. L'orthographe, par exemple, est considérée comme une violence à l'encontre des élèves. Les

---

1. Entretien le 19 mars 2010.
2. *La Constante macabre* est aussi le titre d'une livre écrit par André Antibi, professeur de didactique à l'université Paul-Sabatier de Toulouse et inventeur de cette théorie, publié aux éditions Math'Adore en 2003.

IUFM ont ainsi inventé une nouvelle discipline : l'atelier de négociation orthographique. Mode d'emploi : on dicte un texte court aux élèves répartis en petits groupes, et leurs « productions d'écrits » sont affichées comme support à une discussion. « L'objectif principal n'est pas de trouver la bonne orthographe, mais d'exposer les raisonnements qui ont permis de choisir la graphie retenue, bonne ou mauvaise, énonce très sérieusement une étude universitaire. L'élève n'est plus seul devant son erreur, il découvre qu'il y a d'autres possibilités d'erreurs que la sienne [...]. L'orthographe devient matière à discussion, ce n'est plus une fatalité[1]. »

Le français défiguré

La révolution est arrivée en 1996 pour le collège et en 2000 pour le lycée. Comment ? Avec l'entrée en vigueur des nouveaux programmes de français. Concoctés par une petite équipe d'universitaires et d'experts, ceux-ci se veulent à la pointe de la modernité. La « grammaire de phrase », celle que tous les élèves ont apprise jusqu'alors : sujet, verbe, complément, semble bien datée. Il faut désormais lui adjoindre, sinon lui substituer, la « grammaire de texte », discipline réservée auparavant aux études universitaires. Il n'est plus question, dans les manuels, que de « situation d'énonciation », d'« adjuvant », d'« adjuvé », de « schéma actantiel », de « schéma narratif », bref, un vocabulaire de cuistre issu du

---

1. « Apprendre, comprendre l'orthographe autrement », Document, actes et rapports sur l'éducation, Centre régional de documentation pédagogique (CRDP) de Bourgogne, IUFM de Dijon, 2002.

structuralisme qui ne parle pas, mais alors pas du tout, aux collégiens et lycéens. Cette réforme tend même à détruire leur aptitude à apprendre et par conséquent à les dégoûter de l'école.

Dans cette optique essentiellement idéologique, l'accent porte sur le discours et sur l'argumentation. D'où la possibilité de mettre sur un pied d'égalité un passage de Voltaire et le tract d'un parti politique. Dans les deux cas, ne s'agit-il pas de convaincre ? De ce point de vue, le célèbre poème de Rimbaud, *Le Dormeur du val*, est réduit à un manifeste antimilitariste puisque, à la fin du sonnet, on découvre que le jeune soldat endormi est mort de deux balles dans la poitrine.

Pas question non plus de relier une œuvre à la biographie de son auteur. À moins que l'on ne se situe dans une séquence sur le « récit de vie ». Auquel cas les Mémoires d'un célèbre footballeur et *À la recherche du temps perdu* peuvent être également étudiés en étant mis sur le même plan. Novateur, non ?

Dans ce feuilleton de nature à inquiéter les parents, l'un des changements acceptés par le ministère était l'appauvrissement, de fait, des programmes. Ainsi, jusqu'en 2006, le roman en tant que tel n'était plus enseigné en classe de première, à l'issue de laquelle les lycéens passent le bac de français. La littérature ? Une lubie archaïque. Il a fallu attendre 2006 pour que le nouveau doyen de l'inspection générale de lettres, Philippe Le Guillou, soutenu par des écrivains et des académiciens horrifiés, ajoute « le roman et ses personnages » au programme obligatoire.

Depuis, tout le monde, rue de Grenelle, parle du « retour au bons sens » qui anime les modifications de ces programmes. Il est vrai que divers ajustements, tel l'enseignement du roman l'année du bac de français, vont dans cette direction. Mais à la rentrée 2010, les élèves de quatrième, de troisième et de première étaient toujours sous le régime des programmes de 1996 pour le collège et 2000 pour le lycée. Dix ans après les premiers cris d'alarme, la « situation d'énonciation » et la « focalisation interne » sévissaient toujours !

Exemple : pour préparer le baccalauréat de français 2010, un module de révision sur le théâtre n'hésitait pas à apprendre ce qui suit aux élèves de première : « La structure dramatique d'une pièce peut être analysée selon un "schéma actantiel", c'est-à-dire une même situation fondamentale, dont la cellule de base est la suivante : un sujet désire un objet (ce n'est pas nécessairement un objet réel, il peut s'agir d'une idée, d'une valeur) ; ce sujet est contrarié dans son désir par des opposants et, en même temps, aidé par des adjuvants ; l'objet est promis par un destinateur à des destinataires. Dans une même pièce, il arrive que les figures varient, les fonctions restant les mêmes[1]. » Ce morceau de bravoure se passe de commentaires…

Mais le scandale, c'est que tous les élèves ne sont pas exposés de la même façon à ces délires. Dans les établissements privés ou les lycées de bon niveau, les professeurs ont l'expérience et l'autorité nécessaires pour choisir des manuels et organiser des cours adaptés à l'apprentissage traditionnel. Les autres sont bien obligés de subir les conséquences de l'idéologie ambiante.

---

1. Rue des écoles, site de ressources pour les élèves et les enseignants, réalisé en collaboration avec la MAIF, module de révision « théâtre » pour le bac de français 2010.

Tout commence à l'IUFM...

Les IUFM ? Ces instituts de formation, où les cuistreries pédagogiques étaient transmises aux légions de jeunes professeurs, ont officiellement disparu. Faux ! Ils se portent mieux que jamais[1]. Ces établissements destinés à armer les enseignants dans leur pratique quotidienne laissent pourtant des souvenirs plus que mitigés à ceux qui y ont effectué leur période d'apprentissage. Les récits, nombreux, se recoupent sur de multiples points. Les « formateurs » infantilisent non seulement les enseignants stagiaires mais aussi ceux, plus chevronnés, qui viennent y suivre des stages ponctuels. Les séances ressemblent parfois à celles des Alcooliques anonymes où chacun doit raconter une expérience difficile ou, mieux, traumatisante, de « gestion de classe ». Le message délivré est désespérant : il faut se résigner, s'adapter au monde tel qu'il est, au niveau très bas des élèves, à leur supposée réticence à fournir le moindre effort.

Les anecdotes ne manquent pas et prêteraient à sourire, si le sujet était moins grave. Une enseignante confirmée se rend à un stage dans un IUFM situé à des dizaines de kilomètres de son domicile. Le thème de la formation ? Internet et les nouvelles technologies. Rompue depuis longtemps à l'usage de l'ordinateur, elle doit étudier, pendant une journée entière, l'art... d'envoyer un courrier électronique ! Une autre, agrégée d'histoire, se morfond à l'IUFM de Paris pendant sa première année. Les « formateurs », puisqu'on devait les appeler ainsi, n'étaient pas un exemple de motivation. « Ils arrivaient en

---

1. Voir le chapitre 8 : « Vraies fausses réformes ».

retard, confie-t-elle, alors qu'une des dernières exigences que l'école prétend avoir est la ponctualité. Certains s'apercevaient alors qu'ils avaient perdu la clé de la salle. Ils disparaissaient un quart d'heure pour résoudre ce problème logistique. Puis ils nous distribuaient des photocopies, se rendaient compte qu'elles étaient en nombre insuffisant et repartaient en salle des machines pour assurer le complément. »

Pour le cours de français donné aux plus grandes classes de l'école primaire, les consignes sont claires : « Attention ! dit une formatrice, je ne veux pas voir dans vos emplois du temps : grammaire, orthographe, conjugaison, lecture ! Ça, c'est l'école du passé, nous, nous sommes l'école de la modernité et donc ces catégories ne doivent plus exister. Désormais, nous faisons de l'observation réfléchie de la langue. »

Ah ! l'observation réfléchie de la langue, ou ORL ! Cette trouvaille prétentieuse a fait son apparition dans les programmes en 2002. Comme l'expose un document officiel du ministère datant de 2005, « l'ORL, ce n'est pas une série d'exercices répétitifs hors contexte ; une leçon, une règle, une application ; une analyse grammaticale des compléments avec comme seule finalité la distinction COD, COI[1]. C'est avant tout un moment de découverte du fonctionnement de la langue ; un travail de comparaison des éléments linguistiques[2] ». Bref, comme c'est écrit en très gros caractères, « l'ORL n'est pas

---

1. Compléments d'objet directs et indirects, qu'il est pourtant bien utile de savoir distinguer…
2. La maîtrise de la langue, les programmes 2002 de l'école élémentaire. L'observation réfléchie de la langue française, inspection académique de l'Essonne, groupe opérationnel départemental maîtrise de la langue.

une discipline, c'est une démarche ». Tout est dit ou presque. C'est aussi « une progression "spiralaire" ».

Grâces soient rendues à toutes les institutrices, à tous les instituteurs qui ont préféré à la « progression spiralaire » la bonne vieille définition du verbe (interdite !) et l'apprentissage des tables de conjugaison (un péché auquel il convient – c'est imprimé en toutes lettres – de « renoncer »).

À l'IUFM, les nouveaux venus découvrent avec effarement le principe de la « dictée à l'adulte ». Pour éviter d'infliger aux élèves la supposée « violence » de l'orthographe, ce sont eux qui dictent un texte de leur cru à l'enseignant. Un document de l'académie de Poitiers détaille cet intéressant dispositif : « La dictée à l'adulte va permettre aux enfants de travailler à leur vrai niveau de compétence puisqu'ils ne sont plus contraints par les difficultés. Ils peuvent se concentrer avant tout sur le fond, la forme étant en partie traitée par l'adulte. » Selon ce document, « il serait même souhaitable de pratiquer la dictée à l'adulte jusqu'à la terminale, cela devient un excellent entraînement à l'argumentation ».

Rachel Boutonnet, jeune professeur des écoles auteur du *Journal d'une institutrice clandestine*[1], résume ainsi ce qu'elle a entendu à l'IUFM sur ce que l'on doit enseigner à l'élève : « L'objectif n'est pas de lui apprendre des choses mais de l'aider à construire ses savoirs en les faisant émerger. Attention donc à ne pas apporter de savoirs puisque, quand on dit quelque chose à un enfant, ça ne sert à rien. Partez de son vécu, sinon il n'aura rien à faire de ce que vous direz. Attention à ne pas l'ennuyer,

---

1. Rachel Boutonnet, *Journal d'une institutrice clandestine*, Ramsay, 2003.

soyez communicateur, amusez-le. Attention à ne pas le traumatiser par des notes ou des sanctions, demandez-lui de s'évaluer lui-même, ou d'être évalué par des camarades. »

Un jeune diplômé du Capes de lettres modernes a écrit un livre décapant sur son expérience en IUFM[1]. Trop insolent, il n'a jamais été titularisé et a fait sa vie professionnelle ailleurs que dans l'enseignement. Dans une interview diffusée sur Internet en mai 2010, il reflète une opinion partagée par beaucoup : « Les IUFM, tels qu'ils existent actuellement, oui, autant les supprimer. Ils sont complètement noyautés et irréformables. Pour autant, je me garde de crier à la bonne nouvelle, parce qu'il est évident qu'il faut une formation pour apprendre à enseigner. C'est à ce besoin réel que répondent très mal les IUFM. Donc la question est : par quoi et surtout par qui va-t-on les remplacer ? Si on récupère les mêmes abrutis pour les coller dans une structure avec un sigle différent, on n'aura pas avancé beaucoup[2]. »

Problème : les IUFM, contrairement à ce qui est dit et répété, n'ont pas été supprimés. Intégrés désormais aux universités, ils continuent d'être peuplés des mêmes créatures que par le passé. La lâcheté des élites – incarnées par les ministres qui se sont succédé – ne s'arrête pas là. Les nouveaux professeurs vont, au cours de leur première année, bénéficier de plusieurs semaines de formation. Le ministère a-t-il donné des directives claires sur la forme qu'elles devraient revêtir et le fond qu'elles devraient transmettre ? Pas du tout. Au nom de la « déconcentra-

1. François Vermorel, *La Ferme aux professeurs, journal d'un stagiaire*, Les éditions de Paris-Max Chaleil, 2006.
2. Génération 69, Nouvelobs.com, 16 mai 2010.

tion », la liberté est laissée aux recteurs. À qui ceux-ci délèguent-ils la tâche de choisir les formateurs ? Aux inspecteurs. Et vers quels établissements ces derniers aiguillent-ils très majoritairement les nouveaux venus ? Vers les IUFM, c'est tellement plus simple. On ne change pas une équipe qui perd.

3

Le clergé

> « Tout dogme est ridicule, funeste ;
> toute contrainte sur le dogme est abominable. »
>
> Voltaire

En 2010, une copie de français d'un élève admissible à l'École normale supérieure, dans une filière scientifique certes, contenait soixante fautes d'orthographe. « Domaine », sous la plume du candidat, était devenu « dommaine », « il préfère » était écrit « il préfert », et « analyser » transformé en « annaliser ». Le devoir était par ailleurs émaillé de platitudes telles que cette phrase de transition : « Et cela est la vie. »

Quelques années auparavant, en 2005, l'Association des professeurs de lettres (APL) publiait, dans un rapport sur l'enseignement du français au collège[1], les « productions écrites » d'élèves de sixième scolarisés dans un collège de ZEP, un de ces établissements fuis par les familles informées et que le génie administratif a situés, avec un talent certain pour

---

1. Association des professeurs de lettres, Rapport sur l'enseignement du français au collège rédigé par Mireille Grange, Jean Happel, 2005.

l'antiphrase, en « zone d'éducation prioritaire ». Morceaux choisis : « Bob appelle sont chien. banbou, banbou net il ne revint pas. alors il vat le chercher, celce ninute il adercu un batar alonge Bob le leve mele batard ce reconcha aussi tôt il avait un patte brisé il etait jéne bob le porta 10 minites il retroves les trotriester du chiens apre il reprar 10 ninutes plus tard il retrouve son acie acote d'une toite en fer sete le tresors », ou encore : « Bob en le suivant soit perdue. Il trebuchas sur une espespese de grosse pier lourde. En nolent en nariere il retenbas une fois de plus. Alors en se dement de quoit peut-il sagire. Il dessidat de crese. En cresent il tapa sur une boite en boie. Il la sorta du trous, la pousa et louvra. » La suite ? « Il en prena 3 et met tout le tresore dans le plastique. Coudin, il entendie un haboiment tout près. Il cria "banbou, banbou" et bonboux revena à lui. Il étais cachais dans les buisons. Grasse au bijoux les parent de bob le retrouva avec leur brience s'est normal et le tresor est mantenent au muse mais bob a gardes celque bijoux. »

On est au-delà des éternelles lamentations sur la baisse de niveau, éternel sujet de polémique et d'invectives. Le constat est bien plus simple à établir : du haut en bas de l'échelle scolaire, du sommet de la sélection élitiste au plus modeste collège de banlieue, rédiger un texte d'une qualité convenable est devenu un exploit.

La genèse d'un tel désastre se trouve au cœur de ce pacte que les élites ont conclu avec ce qu'il faut bien appeler un clergé tout-puissant. Un clergé baroque constitué par les chanoines bien-pensants de la nouvelle orthographe, les archevêques de la « créativité », désireux de conserver leur mitre à tout prix et les prédicateurs laïcs du « apprendre à apprendre » plus zélés que les grands prêtres. Bref, une sacrée équipe !

Naissance d'un ordre

Vue à travers le prisme de l'école, la société française ressemble à celle de l'Ancien Régime, divisée en trois ordres : le clergé, chargé de dire le dogme et de le faire respecter ; la noblesse, dotée de privilèges tels que fréquenter les meilleures écoles ; le tiers-état, bien plus important numériquement, mais tenu de subir les règles édictées par les deux catégories précédentes, inférieures en nombre mais supérieures en pouvoir.

Ce clergé possède sa liturgie (l'égalité des chances, la primauté du « savoir être » sur le « savoir faire », l'impératif de « citoyenneté » à inculquer aux élèves, la grande espérance placée dans « l'autonomie » donnée à chacun) ; ses interdits (la culture dite « patrimoniale », le cours magistral, la mémorisation et le « par cœur ») ; son latin (le vocabulaire emprunté au structuralisme, à la linguistique, mais aussi à une vision à la fois idyllique et techniciste de l'éducation : « remédiation », « autoévaluation », « communauté éducative », « déclencheurs d'écrits », « ouverture au monde », « décloisonnement », « transversalité »)...

Sa fondation remonte à la fin des années soixante. « Il existait alors un problème assez aigu d'image de l'enseignement humaniste et les lettres étaient plus spécialement visées. L'argument consistait à dire, d'une manière ou d'une autre, que la culture classique était coupable de l'Allemagne nazie et de Vichy, ou à tout le moins qu'elle n'avait pas pu les empêcher, explique Denis Kambouchner, professeur de philosophie à la Sorbonne[1]. Les "modernes", que l'on appellerait aujour-d'hui les "pédagogistes", étaient eux-mêmes les produits de cette culture qu'ils voulaient dynamiter. Ils disposaient pour ce faire de plusieurs atouts : les tenants d'un classicisme poussiéreux s'opposaient de façon opiniâtre à la moindre évolution ; l'insouciance était de mise dans une école où, globalement, tout allait bien ; la pédagogie militante offrait, de prime abord, un visage inventif et flamboyant. » Elle s'appuyait aussi sur une réalité : l'école des « méchants conservateurs » produisait et reproduisait les inégalités.

En mars 1968, la nomenklatura de l'Éducation nationale – qui n'a pas encore atteint la dimension qui est la sienne aujourd'hui – est réunie pour deux jours à Amiens, où se tient un important colloque. Le mot « réforme » est sur toutes les lèvres. Même celles du ministre Alain Peyrefitte, célèbre pour sa rigidité. Celui-ci préconise néanmoins, dans son discours, une « réforme des méthodes d'enseignement » et retient « pour caractériser l'esprit nouveau le mot "animateur" ». « Nous voulons, dit-il, des maîtres qui soient moins les serviteurs d'une discipline que les serviteurs des enfants, des maîtres qui sachent, certes, de quoi ils parlent, mais aussi et surtout à qui ils parlent. »

C'est parti ! Le pacte immoral n'est pas encore entré en application, mais Alain Peyrefitte vient de le sceller sans en imaginer toutes les conséquences. Pour faire moderne, à l'heure où le malaise de la société française est tangible même dans les palais de la République, le très gaullien ministre délivre

---

1. Entretien le 15 septembre 2010. Denis Kambouchner est l'auteur, déjà cité, de *Une école contre l'autre*.

aux pédagogistes une sorte de licence, de franchise sur les grandes options éducatives. Ils n'en demandaient pas tant.

« Les années soixante-dix ont vu se consommer, dans le monde de l'éducation, le mariage contre nature des cathos de gauche, fidèles au précepte biblique "les premiers seront les derniers", et des communistes, pris dans le fantasme de l'inversion des rôles, raconte Marc Le Bris, directeur d'école à Médréac, en Bretagne, ancien militant et auteur de *Et vos enfants ne sauront pas lire... ni compter !* Les uns comme les autres avaient à cœur de déconstruire le système scolaire pour mettre fin aux inégalités produites, selon eux, par la transmission des savoirs. Pour mener à bien cette mission, toute innovation était la bienvenue[1]. »

La pédagogie militante était née, et s'installait dans quelques fortins. Les syndicats, bien entendu, mais aussi des associations telles que les CEMEA[2], la Ligue de l'enseignement et surtout l'OCCE[3], qui fédère l'ensemble des coopératives scolaires de l'école primaire ainsi que la plupart des foyers des collèges et lycées. Impossible pour un enseignant de gérer cette « cassette » que représente la coopérative, alimentée par les dons des parents, les kermesses et autres fêtes de soutien, sans en passer par cet organisme.

Les syndicats, les associations... la logistique existe. Reste à lui fournir un contenu. C'est l'occasion pour la psychologie, discipline à la traîne, d'asseoir une nouvelle légitimité sur le front de l'éveil

---

1. Stock, 2004. Entretien le 11 septembre 2010.
2. Centres d'entraînement aux méthodes d'éducation active.
3. Office central de la coopération à l'école.

de l'enfant. Son influence croît, notamment au Bureau international de l'éducation (BIE), un organisme créé en 1925 sur le modèle du Bureau international du travail (BIT) et placé sous l'égide de l'Unesco. « C'est un peu comme si l'on avait confié la direction de l'Organisation mondiale de la santé à l'association des homéopathes », ironise Marc Le Bris.

Prise de pouvoir

Assez rapidement, la brèche est ouverte. Le clergé s'infiltre à tous les étages de l'édifice. Il est vrai que ce n'est pas très compliqué, tant les tenants de la tradition font office de repoussoir. Partout les « momies » règnent en maîtres. À l'inspection générale de lettres, des mandarins amidonnés se battent entre eux pour savoir s'il faut ou non « juponner » les textes, autrement dit en cacher la traduction. Les « rénovateurs » ricanent, se disant qu'il ne serait pas difficile de faire vaciller l'ordre ancien.

Les syndicats sont à la manœuvre. Ils obtiennent la création d'un nouveau corps, celui des conseillers pédagogiques. Pourquoi une telle revendication ? Pour accroître leur influence sur les cadres intermédiaires de la rue de Grenelle. Qui sont ces nouvelles créatures ? Le plus souvent d'anciens instituteurs choisis parmi les militants de la cause. Leur rôle ? Prêcher la bonne parole auprès des enseignants, participer à leur formation continue, encourager les « réussites pédagogiques » et contribuer à leur diffusion.

Avec le temps, ces conseillers pédagogiques ont pris du galon. Ils ont été promus inspecteurs. Et ne se contentent plus de suggérer, de former, de lancer des idées nouvelles. Ils règnent sur la carrière des enseignants. Parce que, le hasard fait bien les choses, le mode de recrutement des inspecteurs a changé lorsque ceux-ci ont commencé à postuler pour obtenir une promotion. Parmi les principales épreuves de sélection : un entretien portant sur… la pédagogie. Il suffit de savoir réciter le nouveau catéchisme pour obtenir les félicitations du jury !

Le rouleau compresseur ne s'arrête pas. En 1982, le ministre de l'Éducation nationale Alain Savary, grand militant du pédagogisme, crée les Mafpen. Les quoi ? Les Missions académiques à la formation des personnels de l'Éducation nationale. Ce sont les ancêtres des IUFM. « Certains foyers étaient plus actifs que d'autres, témoigne un membre éminent de l'inspection générale qui les a vus prospérer. C'était le cas de Toulouse, par exemple, où des irréductibles, des préfigurateurs de l'école de demain s'enivraient de didactique. » Les formateurs des Mafpen, ainsi que des écoles normales, viendront peupler les IUFM, ce nouveau cadre de formatage des esprits contrôlé par le clergé grâce au laxisme du ministère.

Plus haut dans la pyramide, la création de ce que les hiérarques appellent l'« agrégation interne », en 1989, répond à une légitime préoccupation de diversité : que des professeurs certifiés, ayant déjà une expérience d'enseignement, puissent accéder à cette haute distinction, qui procure de nombreux avantages en termes de carrière et de rémunération. Dans les faits, le résultat est plus mitigé. L'une des deux épreuves de ce concours interne n'est pas disciplinaire, mais didactique. Elle avantage, mécaniquement, les membres du clergé. L'itinéraire, ensuite, est balisé. En route vers un poste d'inspecteur. La boucle est bouclée.

La bonne parole

Les conseillers pédagogiques, les IUFM, les inspecteurs, les associations satellites, les syndicats, une poignée d'experts : tous les rouages sont donc prêts pour diffuser la bonne parole. Ils disposent apparemment d'un argument de poids : avec la démocratisation de l'enseignement, collèges et lycées accueillent « les nouveaux publics », comme le dit la novlangue de la rue de Grenelle ; à ces élèves issus de milieux défavorisés, autrefois relégués dans l'enseignement court et les filières professionnelles dès 11 ans, il faut apprendre autrement. Un grand numéro d'illusionnisme. Les enfants d'origine modeste, les plus exposés à l'échec, n'ont le plus souvent pas d'autres moyens que l'école pour accéder aux savoirs que les plus chanceux socialement trouvent à leur disposition dans leur environnement familial. Mais le clergé ne s'embarrasse pas de ces objections, tout occupé qu'il est par ses douteuses expérimentations.

À l'école primaire, il s'agit, selon les expressions de Philippe Meirieu, de remplacer le « frontal » par le « coude à coude », de privilégier les activités d'éveil, de bannir les exercices de mémorisation et, bien entendu, de continuer à promouvoir les « méthodes actives » : lecture globale[1] ou semi-globale et mathématiques

---

1. La méthode globale consiste à soumettre aux élèves des phrases entières, parmi lesquelles ils doivent apprendre à reconnaître des mots entiers, par opposition à la méthode syllabique, qui part du plus simple (l'assemblage de deux lettres pour former une syllabe) pour arriver au plus complexe.

modernes. Dans les années 2005-2009, les injonctions fermes de Gilles de Robien sur la lecture, les nouveaux programmes de Xavier Darcos se veulent des signes forts du « retour au bon sens ». Mais rien n'y fait. Certains inspecteurs, en 2010, continuent d'organiser pour les professeurs des écoles des conférences au cours desquelles ils expliquent que l'apprentissage de la lecture par les lettres – donc la méthode syllabique – est insuffisant. Certains présentent comme référence un livre de Roland Goigoux. Qui est-ce ? L'un des fondateurs, avec Jean Foucambert, de l'Association française pour la lecture (AFL), le foyer le plus actif de promotion de la méthode globale. Professeur en sciences de l'éducation à l'IUFM d'Auvergne, il était chargé jusqu'en 2006 de la formation des inspecteurs de l'Éducation nationale. Un poste à haute responsabilité dont il a été écarté pour avoir persisté à dispenser ouvertement, dans ses cours comme à l'extérieur, le caté-chisme de la méthode globale après la diffusion de la circulaire Robien. En témoignent des articles publiés en ligne sur le site du Café pédagogique, dont les intitulés sont sans ambiguïté : « L'obligation de la méthode syllabique est scientifiquement injustifiée », ou encore : « La syllabique, c'est pas automatique ! Parlez-en à votre instit' ». Quatre ans plus tard, alors que, depuis l'élection de Nicolas Sarkozy, les ministres successifs ont clamé à tous vents le retour du bon sens, certains inspecteurs continuent à promouvoir les œuvres de Roland Goigoux.

En histoire, c'est à peine mieux. En 2005, pour pallier l'absence de repères chronologiques dans les programmes, une cinquantaine d'historiens prestigieux prennent l'initiative de publier, sous la direction d'Alain Corbin, un livre intitulé *1515, les grandes dates de l'histoire de France revisitées par les grands historiens d'aujourd'hui*[1]. « La valse des programmes et des instructions, depuis qu'en 1969 l'histoire a cessé d'être une discipline autonome de l'enseignement primaire pour devenir une partie des "activités d'éveil", écrit l'historien et académicien Pierre Nora, prouve assez la trappe qu'a ouverte sous les pieds des professeurs d'histoire la disparition apparemment innocente et libératrice d'une liste obligatoire de dates sèches, sans chair et sans vie. »

Le résultat ? Une défiance maladive envers la transmission des savoirs qui laisse des cicatrices profondes dans le comportement de certains enseignants.

Hélène Merlin-Kajman, professeur de littérature française à la Sorbonne, a écrit en 2003 un remarquable témoignage, qu'elle a intitulé *La langue est-elle fasciste ?*[2] en référence à la phrase prononcée par Roland Barthes lors de sa leçon inaugurale au Collège de France. Elle montrait comment l'idéologie dominante conduit à traiter les élèves comme des victimes potentielles de l'autorité parentale et professorale prompte à transmettre des valeurs qu'il convient de combattre et les encourage à se méfier systématiquement des œuvres, considérées comme l'un des chaînons de l'aliénation. Dans un article de la revue *Le Débat*[3], elle relate l'histoire terrifiante d'une candidate au Capes de lettres – qui a été reçue.

---

1. Le Seuil, 2005.
2. Hélène Merlin-Kajman, *La langue est-elle fasciste ?*, Le Seuil, 2003.
3. *Le Débat*, n° 159, mars-avril 2010.

Pour l'épreuve de littérature, l'étudiante doit commenter un passage de *La Princesse de Clèves* mettant en scène Mme de Chartres, la mère de l'héroïne qui, avant de mourir, fait d'ultimes recommandations à sa fille, qu'elle sait amoureuse du duc de Nemours sans que celle-ci en soit encore consciente. « L'explication de l'étudiante s'organisait comme une dénonciation : celle de Mme de Chartres, coupable d'un véritable chantage affectif sur sa fille ; celle de la bienséance classique, hostile au plaisir, à la sexualité, à la liberté féminine ; celle de cette langue ordonnée, manipulant le lecteur comme Mme de Chartres manipulait sa fille. »

Par une ironie extraordinaire, les « progressistes » les plus radicaux, soucieux d'arracher les élèves au charme vénéneux de la lecture, ont fini par faire cause commune avec Nicolas Sarkozy, qui déclarait pendant la campagne présidentielle, devant un parterre de fonctionnaires, à Lyon, le 23 février 2007 : « L'autre jour, je m'amusais – on s'amuse comme on peut – à regarder le programme du concours d'attaché d'administration. Un sadique ou un imbécile, choisissez, avait mis dans le programme d'interroger les concurrents sur *La Princesse de Clèves*. Je ne sais pas si cela vous est souvent arrivé de demander à la guichetière ce qu'elle pensait de *La Princesse de Clèves*... Imaginez un peu le spectacle ! En tout cas, je l'ai lu il y a tellement longtemps qu'il y a de fortes chances que j'aie raté l'examen ! »

Terrible convergence, qui a eu une conséquence cocasse : jamais *La Princesse de Clèves* n'a eu autant de succès auprès des professeurs de français révulsés par les programmes et directives venus d'en haut – ils sont nombreux. En faisant étudier ce grand texte classique à leurs élèves, ils ont le sentiment de résister à cette haine de la culture qu'expriment, pour des motifs différents, les révolutionnaires en pantoufles de la pédagogie et le président de la République qui préfère Bigard à Julien Gracq.

Car, heureusement, il y a des fonctionnaires qui résistent. Des instituteurs qui ont continué à faire faire des dictées régulières à leurs élèves, quand les consignes, au début des années 2000, leur prescrivaient le contraire. Les plus prudents les faisaient écrire sur des feuilles volantes, afin qu'elles ne figurent pas dans le cahier du jour en cas d'inspection.

Les nouveaux programmes de français, qui se mettent progressivement en place depuis 2009 et jusqu'en 2013, sont censés, eux aussi, marquer la fin des excès. Sur le terrain, c'est contestable, car certains professeurs, encouragés par les inspecteurs, persistent dans le relativisme (Harry Potter vaut bien Balzac, si les enfants aiment cela) et le formalisme qui leur donne un peu d'autorité (vive la progression spiralaire !).

Tout change pour que rien ne change. Ou si lentement.

Les amis du pacte

En 2002, Jacques Chirac vient d'être réélu président de la République. Luc Ferry devient ministre de la Jeunesse, de l'Éducation nationale et de la Recherche. Il a pour directeur de cabinet Alain Boissinot. Xavier Darcos est son ministre délégué. La doyenne de l'inspection générale de lettres se nomme Katherine Weinland. Voilà les quelques personnes qui partagent alors les pleins pouvoirs sur l'éducation en France.

Que faisaient tous ces promus de la République entre 1995 et 2000, lorsque ont été concoctés les si meurtriers programmes de français du collège et du lycée ? Ils tenaient déjà de très solides positions dans la place.

Luc Ferry était président du Conseil national des programmes et avait à ce titre la haute main sur le contenu de l'enseignement.

Xavier Darcos, qui fut d'abord directeur de cabinet de François Bayrou puis doyen de l'inspection générale, était en grande partie issu du groupe technique disciplinaire chargé de repenser de fond en comble l'enseignement du français dans le second degré. Un petit comité qui a engendré un grand gâchis.

Katherine Weinland était l'une des personnalités de ce groupe présidé par Alain Viala, professeur d'université parti, peu après, enseigner les charmes de la tragédie racinienne à l'université d'Oxford.

Alain Boissinot, agrégé de lettres et inspecteur général, occupait le poste de directeur des lycées et collèges au ministère. Il était aussi l'un des dirigeants de l'Afef, l'Association française des enseignants de français, créée en 1967 pour en finir avec la littérature « patrimoniale », promouvoir le langage de communication (émetteur-récepteur, destinataire-destinateur et autre vocabulaire abscons) et introduire les « contenus objectivables » (focalisation, schéma actantiel, etc.). Autrement dit, réduire en cendres l'enseignement traditionnel du français. Étrange itinéraire que celui de cet ancien professeur de lettres dans les classes préparatoires les plus élitistes de France, qui se coulait dans le moule de l'excellence le jour et tentait de le détruire la nuit.

Le blanchiment des carrières

La plupart de ces personnages n'ont pas de mots assez durs, désormais, pour condamner les dérives technicistes dans l'enseignement du français et, plus généralement, les excès des pédagogistes, déterminés à réduire les inégalités, et qui ont réussi l'exploit de les creuser un peu plus. Même Katherine Weinland, célèbre pour son franc-parler et son entêtement, incrimine aujourd'hui certains manuels, qui ont relayé de manière excessive, assure-t-elle, le langage techniciste réservé aux « experts ». « Toute la bagarre, explique-t-elle, peut se résumer ainsi : sommes-nous là pour faire étudier la langue ou la littérature ? Je réponds : les deux[1]. » Une manière facile de noyer le poisson. Car Katherine Weinland, lorsqu'elle organisait des séminaires de formation de professeurs pour les classes de quatrième, expliquait le plus doctement du monde tout l'intérêt qu'il y avait à faire étudier, en classe, le mode d'emploi de la pile Volta ! Une démarche cohérente pour celle qui déclarait en 1997 : « Les textes peuvent tous se transformer en discours argumentatif[2]. » Proust argumente, le rédacteur de la notice explicative aussi.

Philippe Meirieu, toujours aussi offensif devant son « cœur de cible », édulcorerait-il ses propos lorsqu'il s'adresse à un public plus sceptique ? Les lecteurs du *Figaro*, par exemple[3]. « Il y a quinze ans, je pensais que les élèves défavorisés devaient apprendre à lire dans

1. Entretien le 14 septembre 2010.
2. Katherine Weinland, *Le Français au collège*, Éditions Bertrand-Lacoste, 1997.
3. *Le Figaro*, 18 janvier 2005.

des modes d'emploi d'appareils électroménagers plutôt que dans les textes littéraires. Parce que j'estimais que c'était plus proche d'eux. Je me suis trompé. Pour deux raisons : d'abord, parce que les élèves avaient l'impression que c'était les mépriser ; ensuite, parce que je les privais d'une culture essentielle. C'est vrai qu'à l'époque, dans la mouvance de Bourdieu, dans celle du marxisme, j'ai vraiment cru à certaines expériences pédagogiques. Je le répète, je me suis trompé. » Philippe Meirieu ne se reconnaît pas dans ces propos de pénitent. « Cette citation qui me poursuit est inexacte. Elle a bien été publiée dans *Le Figaro* dont j'ai tenté d'obtenir en vain un démenti, mais elle est fausse ! Et un certain nombre de mes adversaires ne retiennent de moi que cette citation. Or, ce que j'ai dit est – à peu près – ceci : "Il y a quinze ans, certains pensaient que les élèves défavorisés devaient apprendre à lire dans des modes d'emploi d'appareils électroménagers plutôt que dans les textes littéraires. Parce qu'ils estimaient que c'était plus proche d'eux. Je n'ai jamais été d'accord avec cela. Pour deux raisons : d'abord, parce que les élèves avaient l'impression que c'était les mépriser ; ensuite, parce que cela les privait d'une culture essentielle. C'est vrai qu'à l'époque, dans la mouvance de Bourdieu, dans celle du marxisme, une telle conception pouvait, peut-être, se justifier. Mais je ne l'ai jamais partagée." L'histoire de cette citation – et de son usage contre moi – mériterait, à elle seule, un article ! Je mets d'ailleurs quiconque au défi de trouver le moindre écrit de moi ou le moindre enregistrement où je dis quelque chose de ce type[1]. » Pourtant, dans un autre écrit, assez abscons, sur « la mutation des

---

1. Entretien le 4 décembre 2010.

métiers de l'éducation et de la formation », Philippe Meirieu se montre plus complaisant envers la didactique de la notice d'utilisation : « La pédagogie ne doit pas se limiter à permettre à des élèves de lire les modes d'emploi d'appareils électroménagers, de décrypter des comptes rendus de comités d'entreprises ou de trouver un numéro dans l'annuaire de téléphone. » Ouf : on apprendra aussi autre chose à l'école. Mais quoi, et comment ? C'est à ce moment-là que tout se complique. « Elle [la pédagogie] doit chercher à dégager un sens qui renvoie aux questions fortes et essentielles que les enfants peuvent se poser. Et le savoir et le sens ont quelque chose à voir avec la transgression puisque l'accès au savoir représente l'accès à un pouvoir et la possibilité d'accéder à un autre statut. » Conclusion ? « Dans le rapport au savoir, nous nous situons dans une affaire où le désir est à retrouver, à restaurer et à réinventer. » Avec un tel programme de « transgression » dans la « réinvention du désir », nul doute que les professeurs vont trouver des réponses concrètes à leurs difficultés quotidiennes !

Xavier Darcos, qui a jadis aidé son ami et confrère Alain Boissinot à gravir les premières marches du pouvoir éducatif avant de se brouiller avec lui, a rompu avec le clergé lors de son bref règne sur la rue de Grenelle. Il a tenté, en effet, d'inverser la tendance qu'il avait sinon accompagnée, du moins tolérée avec une grande désinvolture lorsqu'il a dirigé le cabinet de Bayrou puis l'inspection générale.

Luc Ferry, lui, voudrait bien être ami avec tout le monde. Dans un article publié par *Le Figaro* à la rentrée 2010, il dénonce les excès de langage et d'indignation des « républicains ». Les « républicains » ? C'est ainsi que sont désignés les membres du « camp d'en face », qui veulent restaurer la transmission des savoirs et en finir avec les activités d'éveil et l'auto-apprentissage. « Comment expliquer qu'avec tant de beaux principes, écrit-il, malgré cet universalisme dont la France est si fière, cette admirable valorisation de l'effort, des livres et du mérite personnel, notre école républicaine se soit engluée dans un tel Himalaya d'ennui et de souffrances, sous une couche si épaisse de dogmatismes de tous ordres que, sans être le moins du monde soixante-huitard, on ne pouvait s'empêcher d'applaudir lorsque le couvercle enfin fut soulevé[1]. » Cela, c'était avant 1968. C'est-à-dire il y a plus de… quarante ans. D'ailleurs, Luc Ferry reprend : « La rénovation pédagogique post-soixante-huitarde fut, je l'ai dit et écrit mille fois, une authentique catastrophe, et s'il fallait choisir entre "pédagos" et républicains, j'irais sans la moindre hésitation du côté des seconds. »

Luc Ferry a raison : cette haine inextinguible entre les deux camps est absurde et contre-productive. Elle fige et caricature les positions des uns – qui ne veulent pas comprendre que le monde a changé, que le temps des blouses grises ne reviendra pas, qu'Internet et les jeux vidéo sont une réalité quotidienne pour les élèves – et les autres – qui ne veulent pas assumer le constat d'échec de leurs pratiques et considèrent trop souvent que la révolution pédagogique a échoué… parce qu'elle n'est pas allée assez loin. Cette guerre de tranchées laisse indifférents la plupart des enseignants qui, chaque jour, se retrouvent devant les élèves et ont d'autres préoccupations, autrement plus concrètes. Mais elle a provoqué des ravages sur le terrain.

---

1. *Le Figaro*, 9 septembre 2010.

Quant à Luc Ferry, il oublie, peut-être volontairement, de s'interroger sur la puissance et la longévité de ce clergé. Le 14 septembre 2010, le très chic Institut Montaigne organise un grand colloque consacré à l'échec scolaire, avec, en intervenant vedette, le ministre Luc Chatel. Exceptionnellement, l'événement ne se déroule pas dans les locaux d'Axa, avenue Matignon[1], mais au Conservatoire national des arts et métiers (CNAM), dont l'administrateur général est Christian Forestier, l'un des archevêques de la rue de Grenelle. Ce personnage était directeur de cabinet de Jack Lang entre 2000 et 2002, lorsque les programmes de français au lycée imaginés par Alain Viala et son groupe de travail sont entrés en application avec les résultats que l'on sait.

Christian Forestier est donc la puissance invitante. Aussi bardé de titres qu'un maréchal de l'Armée rouge l'était de médailles – inspecteur général de l'Éducation nationale, ancien recteur, ancien directeur des lycées et collèges, ancien directeur de l'enseignement supérieur, ancien président du Haut Conseil de l'évaluation de l'école, président du comité de pilotage sur les rythmes scolaires installé par Luc Chatel en juin 2010... –, il prononce une allocution de bienvenue qui commence ainsi : « Monsieur le ministre, décidément nous ne nous quittons plus puisque ce matin j'étais votre hôte pour parler des rythmes scolaires... » Le ministre, le clergé et... le pacte, toujours.

---

1. Le fondateur de l'Institut Montaigne, organisme de réflexion privé, est le président d'honneur d'Axa, Claude Bébéar.

4

Ministres et otages

« Le courage est une chose qui s'organise,
qui vit et qui meurt, qu'il faut entretenir
comme les fusils. »

André MALRAUX

Lorsqu'ils s'éloignent des colloques feutrés, des quartiers chic pour se rendre sur le terrain, les hauts personnages du gouvernement sont alors partagés entre deux tentations : organiser des visites-surprises en toute discrétion, afin d'éviter les comités d'accueil en tenue provocante. Ou embarquer avec eux journalistes accrédités et caméras, pour ne pas se priver des retombées médiatiques de leur brève incursion dans la vraie vie. Évidemment, ils se rallient presque toujours à la seconde solution. Et connaissent alors des moments pénibles.

En septembre 2010, les ministres de l'Intérieur, Brice Hortefeux, et de l'Éducation, Luc Chatel, se rendent ensemble dans un lycée de Seine-et-Marne, à Moissy-Cramayel. Ils doivent y installer le premier des cinquante-trois « policiers réfé-rents » chargés d'assurer la sécurité dans les établissements difficiles. Il s'agit, en l'occurrence, d'une policière, armée et en tenue, qui assurera une permanence d'une demi-journée par semaine. Le simple bon sens le suggère : c'est trop ou trop peu. Mais il fallait bien lancer médiatiquement l'opération. Pourquoi avoir choisi ce lieu ? Parce que, pensaient les entourages, il est assez tranquille. Un ministre, aujourd'hui, ne peut venir promouvoir son action anti-violence que dans un endroit... pas trop violent. À Moissy-Cramayel, des incidents graves se sont déroulés... en 2005. La riposte de l'autorité publique a mis un peu de temps à s'exprimer !

Quand ils arrivent devant les grilles du lycée, les deux ministres se font copieusement huer et insulter par un comité d'accueil composé d'élèves du cru et de militants de la Fidl[1]. Une vingtaine de professeurs ont entamé une grève-surprise contre la « stigmatisation » de leur établissement et agitent des banderoles par les fenêtres. Mais le chahut a été anticipé : service d'ordre abondant, filtrage des entrées, bouclage des classes... Une visite ministérielle dans un lycée s'organise presque comme une revue des troupes combattantes en Afghanistan.

Comment en est-on arrivé à cette situation navrante ? Parce qu'à trop gesticuler autour d'une « priorité absolue » – l'Éducation nationale –, les élites ont fini par se déconsidérer. Si bien que syndicats, apparatchiks et autres experts se sentent autorisés à leur confisquer le dossier et à leur mener la vie dure par médias interposés.

---

1. Fédération indépendante et démocratique lycéenne, proche du Parti socialiste.

L'impuissant du gouvernement

Les ministres passent, les permanents de l'institution restent. Le match semble perdu d'avance. Et c'est grave, dans un ministère où les décisions ne peuvent être appliquées d'emblée, puisque tout est rythmé par l'année scolaire et que la rentrée de septembre est écrite dès le mois de janvier.

François Fillon a pu constater l'impuissance dans laquelle le ministre est tenu quand, occupant ce poste à haut risque durant quatorze mois, il avait voulu donner des directives sur la dictée.

Ce n'était pas un luxe à cette époque, puisque beaucoup d'inspecteurs sanctionnaient les instituteurs qui persistaient dans cet exercice jugé archaïque. Des dictées ? Quelle horreur ! On se croirait revenu au temps des blouses grises. Seuls des tire-au-flanc rétrogrades peuvent s'en accommoder ! Voilà le catéchisme alors en vigueur.

François Fillon, donc, décide d'imposer la dictée, la vraie, pas celle qui est autoproduite par les élèves dans des séances de créativité ludique. Il attend un mois, puis deux, et ne voit rien venir. Il s'adresse à l'un des directeurs les plus puissants de son administration, pour lui demander où en est la rédaction de ce texte. Et se voit répondre qu'elle n'en est... nulle part. Pour quelles raisons ? Aucune. Simplement, dans les bureaux, on n'est pas d'accord, on trouve que ce n'est pas bien, et donc on ne le fera pas. Le futur Premier ministre a dû prendre un décret de réquisition nominatif pour obliger le récalcitrant fonctionnaire de catégorie A à s'exécuter.

Depuis quelques années, les obstacles se multiplient devant ceux qui représentent l'autorité en matière d'éducation. Luc Ferry et Xavier Darcos sont aux affaires depuis un an lorsqu'ils se trouvent, un jour de mai 2003, dans une mauvaise situation. Le contexte ? Une visite officielle à Rodez. Ils devaient animer une table ronde sur l'éducation, mais l'affaire a mal tourné. Aux cris de « Ferry Darcos démission », des professeurs en colère brûlent le livre *Lettre à tous ceux qui aiment l'école* que le ministre de l'Éducation, philosophe de formation, a écrit et adressé à chaque enseignant. Des professeurs qui brûlent un livre ! Cela rappelle des souvenirs pénibles. Retranché dans une salle de la mairie, Luc Ferry se tourne alors vers son ministre délégué, qui, maire de Périgueux, a plus d'expérience que lui dans l'art du maniement des électeurs mécontents :

— On y va ou pas ? demande-t-il.

Xavier Darcos se marre franchement :

— Mon pote, si tu veux sortir, je te laisse faire. Mais moi, je n'y vais pas...

Les deux ministres seront exfiltrés piteusement par l'arrière du bâtiment municipal, un peu comme les derniers Occidentaux le furent de l'ambassade américaine au moment de la prise de Phnom Penh par les Khmers rouges.

Des années plus tard, Luc Ferry est toujours aussi choqué d'avoir vu un livre brûlé en place publique par ceux-là mêmes qui sont censés susciter la passion de la connaissance. Les incendiaires lui reprochaient d'accepter des suppressions de postes, notamment chez les surveillants, et de dépenser dans le même temps des sommes inconsidérées pour publier et expédier un livre à 900 000 exemplaires. « Même *Le Figaro* s'y est mis, se souvient-il, en titrant un article "Ferry publie à compte d'auteur". » L'opération avait le tort de sortir l'institution de la routine des figures imposées. Car ce n'était pas un problème d'argent. Grâce à un astucieux montage avec l'éditrice Odile Jacob, la fabrication n'avait pas coûté un centime et le financement de l'opération, frais d'envoi compris, s'était élevé à moins d'un million d'euros, un budget raisonnable. « La moindre plaquette dans ce ministère mobilise 500 000 euros, soupire Luc Ferry. Le Noël organisé quelques mois avant mon arrivée en avait coûté 3 millions, sans parler des tarifs prohibitifs des agences de communication avec lesquelles nous avons été obligés, par contrats signés par mon prédécesseur, de travailler pour organiser le grand débat sur l'école. »

Luc Chatel a tiré les leçons de ces mésaventures. « À ce poste, il faut parler aux professeurs, mais il est difficile de s'adresser à eux directement, explique-t-il. L'impair à ne pas commettre, par exemple : leur envoyer un message du ministre sur leur boîte mail. Ce serait considéré comme une intrusion. Je préfère les rencontrer là où ils enseignent. Mais il faut éviter que la réunion ait lieu en présence de la presse, pour qu'ils ne se sentent pas instrumentalisés[1]. » Et aussi – mais cela, le ministre ne le dit pas – pour éviter que d'éventuels débordements ne se déroulent en présence de témoins. Le ministre de l'Éducation nationale, c'est un peu l'impuissant du gouvernement…

L'affaire des couches-culottes

Quand il reprend le ministère en 2007, Xavier Darcos ne tient pas longtemps avant d'être obligé

---

1. Entretien le 4 novembre 2010.

d'aller à Canossa. En septembre 2008, il commet une bévue. Devant la commission des Finances du Sénat, il déclare que les maîtresses de petite section de maternelle ne sont pas payées pour changer les couches-culottes. Il sait de quoi il parle : comme maire de Périgueux, il voit passer les factures de couches pour les tout-petits inscrits dans les écoles de la ville ! L'expression n'est pas très heureuse, puisque les réductions d'effectifs commencent à affecter la scolarisation des bambins de deux ans, considérée comme un atout pour les enfants issus de milieux défavorisés.

Pourtant, dans les jours qui suivent, il ne se passe rien, au grand soulagement du cabinet où l'on voyait déjà les ravages médiatiques que pouvait provoquer cette petite phrase. C'est au bout de quelques semaines que surviennent les représailles. La vidéo de l'intervention du ministre commence à circuler sur Internet. « Je ne sais pas comment c'est arrivé, assure Gérard Aschiéri, soucieux de se disculper dans cette affaire. Cette campagne sur Internet, à ma connaissance, n'était pas de source syndicale, en tout cas cela ne venait pas de la FSU au niveau national. C'était d'ailleurs assez malhonnête de sortir sa réponse du contexte, car la question posée induisait une réponse de ce type. Darcos s'est excusé et a fait des gestes envers la maternelle. Mais c'était comme le sparadrap du capitaine Haddock. Cette phrase lui collait à la peau et il n'a jamais réussi à s'en débarrasser. »

Ce que Gérard Aschiéri ne dit pas, mais que savent tous les connaisseurs du dossier, c'est que la scolarisation en maternelle à partir de deux ans n'a pas démarré pour répondre à un impérieux besoin de justice sociale. Elle a commencé lorsqu'il a fallu occuper les enseignants de maternelle qui se trouvaient en surnombre, à la suite, notamment, des embauches massives réalisées par Jack Lang. Le pompier volant de l'Éducation avait débarqué rue de Grenelle, en 2000, pour réconcilier le peuple de gauche avec Lionel Jospin après le sanglant épisode Allègre et préparer dans de bonnes conditions l'élection présidentielle de 2002. On a vu le résultat.

Jack Lang ! Voilà un personnage qui n'a pas eu à souffrir des bras d'honneur adressés à ses collègues. Et pour cause. Sa feuille de route était des plus simples : surtout, ne rien faire. Son action ? Créer des postes, augmenter les subventions aux associations et prononcer des discours rassurants. Rien qui fâche. Mission accomplie, puisqu'il a créé 50 000 nouveaux postes en... deux ans. Ce qui n'a pas remonté pour autant le niveau scolaire. Cette popularité a tout de même été chèrement acquise.

Mais Jack Lang, lui non plus, ne voulait pas du job, du moins pas la première fois, en 1992 : « Moi, je n'étais pas candidat, surtout pas pour remplacer Lionel Jospin, que je respecte... Et quand il m'a présenté cette proposition, j'ai dit oui à condition que je puisse rester ministre de la Culture... pour des raisons psychologiques. J'avais besoin, pour affronter cette grande institution de la rue de Grenelle, d'être encore arrimé à ma maison première, voilà[1]... »

À ce niveau de perfection, l'art de ne rien faire déployé par Jack Lang a suscité l'admiration jusqu'au sommet de l'État. Quand Luc Ferry a été nommé ministre de l'Éducation nationale, en 2002, Jacques Chirac, réélu président de la République dans les conditions que l'on sait, lui a donné une

---

1. Entretien le 2 juillet 2010.

feuille de route explicite : être une espèce de « Jack Lang de droite »...

Le ministère de la peur

François Bayrou, qui a occupé les fonctions de 1993 à 1997, écrit avec un enthousiasme apparent sur son blog : « Je suis devenu ministre, quatre années durant, de l'Éducation nationale : sans conteste le plus difficile, mais le plus beau ministère de la République[1]. » Peu de temps après son arrivée, il a pourtant dû affronter une tempête. Voulant modifier la loi Falloux qui régit notamment le financement de l'enseignement privé, dans le but d'améliorer la sécurité des bâtiments, parfois délabrés, il réussit surtout à faire descendre près d'un million de personnes[2] dans la rue en janvier 1994. Une épreuve du feu dont il saura se souvenir... pour surtout ne rien faire lui aussi.

Le président du MoDem dément aujourd'hui avec vigueur cette réputation d'inaction qui reste attachée à son passage rue de Grenelle. « Mes réformes n'ont pas fait de bruit, alors on croit se souvenir qu'il n'y en a pas eu, assure-t-il. J'ai mis en place le bac général qui est toujours en vigueur, les études dirigées au collège, la restauration des grandes figures en histoire à l'école primaire, le latin et le grec en cinquième, la réforme des classes préparatoires aux grandes écoles, la possibilité d'effectuer un semestre à l'étranger à l'université... Ce qui est vrai, c'est que

---

1. http://www.bayrou.fr/portrait/ministre_education_nationale. html.
2. Selon les organisateurs.

je n'ai pas modifié, comme c'était nécessaire, l'enseignement de la lecture à l'école primaire[1]. »

Il est une réforme que François Bayrou ne mentionne pas : celle du français au collège, adoptée quand il était ministre, et qui figure parmi les plus néfastes réalisées au cours des vingt dernières années. Pourquoi ? « C'est mon administration qui l'a faite. » Étrange aveu de la part d'un homme qui assure par ailleurs que non, le ministre de l'Éducation nationale n'est pas impuissant !

François Bayrou avait, il est vrai, un adversaire supplémentaire à affronter à partir de 1995 : le président de la République en personne. Il fut, entre 1993 et 1995, chargé de l'Éducation dans le gouvernement Balladur. Après l'élection de Jacques Chirac, il est reconduit à ce poste et fait partie des rares rescapés, puisque tous les balladuriens de stricte obédience sont écartés. « À l'époque, je fais deux choses qui déplaisent à Jacques Chirac, se souvient-il. Je crée Force démocrate afin de fonder un centre indépendant qui fédère loin à droite comme à gauche. Et puis je résiste à l'Élysée qui veut faire nommer une bande de réactionnaires à tous les hauts postes de la rue de Grenelle. » Alors ? Chirac se venge. Lorsque François Bayrou doit prononcer à la Sorbonne un grand discours sur la réforme des universités, le Président le convoque le week-end qui précède. En tenue de sport – en l'espèce un maillot de rugby –, il dit à son ministre qu'il n'y aura pas de réforme, un point c'est tout. François Bayrou résiste : tout est prêt, les invitations sont lancées, il n'est plus question de reculer. « Je lui ai dit que dans ce cas, je serais obligé de m'en aller, raconte François Bayrou.

---

1. Entretien le 25 novembre 2010.

Finalement, c'est le Premier ministre, Alain Juppé, qui m'a aidé. »

La pensée de Jacques Chirac sur l'Éducation nationale était assez proche de zéro. Mais il avait une dent contre son ministre, ce centriste qui revendiquait son autonomie politique, et il ne manquait pas une occasion de le flinguer. Celui-ci lance un plan anti-violence ? Le Président, en déplacement en province, profite des micros qui lui sont offerts pour évoquer un « énième plan anti-violence ». Il est sûr qu'avec un ami pareil au sommet de l'État, on n'a pas besoin d'ennemi !

François Bayrou, en tout cas, aura tenu plus de quatre ans d'affilée dans ce poste à haut risque – de mars 1993 jusqu'à la dissolution de 1997. Un record inégalé depuis un quart de siècle. A-t-il pour cela dû céder à l'immobilisme ? Les témoins de l'époque se souviennent que le locataire longue durée du « plus beau ministère de la République » s'était mis aux abris au sens figuré, certes, mais aussi au sens propre. Pour passer le temps en ne fâchant personne, il lui arrivait de jouer au ping-pong dans l'abri antiaérien de la rue de Grenelle !

Il est de bon ton de penser qu'il suffit d'un peu de courage pour réformer l'Éducation nationale. Une telle qualité est sûrement nécessaire. Il faut ainsi savoir faire abstraction, de temps à autre, de l'énorme dimension clientéliste de ce ministère. « C'est la seule administration qui reçoive quotidiennement tout son public, soit 12,5 millions d'élèves. Un petit tract glissé dans le cahier de liaison touche 9 millions de parents, donc 9 millions d'électeurs potentiels », calcule David Teillet, qui fut chef de cabinet de Xavier Darcos à l'Éducation nationale puis aux Affaires sociales[1]. Cette variable peut tempérer la bravoure de beaucoup d'audacieux.

En vérité, l'incitation à l'inaction est énorme, assurent de nombreux membres de cabinets ministériels, de gauche comme de droite. Chaque mouvement risque, comme au jeu de go, de déséquilibrer la partie au détriment du ministre. Et celui-ci n'est pas éternel : cinq titulaires en sept ans ! Une volatilité unique dans toute l'Europe ! Dans de telles conditions, quel héros moderne serait prêt à sacrifier son avenir politique pour engager des réformes qu'il a toutes les chances de ne pas pouvoir mener à leur terme ? Quel pur esprit n'aurait pas envie d'agir comme au rodéo et d'essayer de tenir sur le cheval jusqu'à la fin de la démonstration ? Beaucoup se contentent finalement de rester en vie et ne pas perdre la face. Celui qui se montrerait exagérément intrépide serait, de toute façon, remis à sa place. Lors de la réforme du lycée concoctée par Xavier Darcos, les blocages de lycées furent nombreux, parfois spectaculaires, et toute la nomenklatura dirigeante n'avait qu'une obsession en tête : le syndrome Malik Oussekine, du nom de ce jeune homme tué par des policiers voltigeurs motocyclistes en décembre 1986, en marge des manifestations contre le projet de réforme universitaire mené par le ministre de l'Enseignement supérieur de l'époque, Alain Devaquet, qui y a laissé son poste et son avenir politique.

Pendant les manifestations contre la réforme du lycée, à l'automne 2008, le cabinet de Xavier Darcos a donc les yeux rivés sur la moindre situation dangereuse. L'équipe du ministre se souvient d'un inci-

---

1. Entretien le 17 février 2010.

dent survenu trois ans auparavant, au moment du vote de la Loi Fillon, quand une cinquantaine de manifestants lycéens avaient grimpé un jour sur la terrasse sans garde-corps d'un bâtiment dépendant du ministère, près du boulevard des Invalides. Panique : et si l'un d'entre eux passait par-dessus bord ? L'espace de quelques heures, cette perspective avait suscité un effroi qui effaçait les constatations rationnelles que l'on fait chaque jour en réunion : le taux de grévistes ne cessait de diminuer. L'équipe Darcos, et plus spécialement ses conseillers en communication, est hantée par le spectre de la bavure. Et c'est finalement Nicolas Sarkozy qui sonne la fin de la partie. Après les violentes émeutes en Grèce, en décembre 2008, il préside le dernier Conseil européen sous présidence française[1], en marge duquel les chefs d'État et de gouvernement évoquent les événements meurtriers d'Athènes. De retour à Paris, le Président redoute que la jeunesse française se soulève à son tour. Et ordonne à son ministre de tout lâcher.

Les désirs venus de l'Élysée sont en effet des ordres. Même lorsqu'ils concernent, non plus des décisions politiques, mais des mesures plus techniques. Après l'abandon du projet Darcos pour le lycée, Luc Chatel présente, un an plus tard, une version allégée de la réforme. Économique, consensuelle, cosmétique, celle-ci a tout pour ne pas – trop – déplaire à l'opinion. Problème : quelques semaines seulement après sa mise en application, à la rentrée 2010, il faut déjà la retoucher. Pourquoi ? Pour tenter d'introduire la philosophie au lycée dès la classe de seconde. Cette hypothèse avait été écartée mais

---

1. La France a présidé l'Union européenne du 1er juillet au 31 décembre 2008.

elle revient au galop. Quand le ministre en parle à son cabinet, ses conseillers haussent les épaules. Le débat a été tranché, n'est-ce pas ? Comme il faut faire des économies, il n'est pas question de recruter un professeur supplémentaire dans cette discipline. Les lycées qui le veulent peuvent proposer la philo dès la seconde, mais sur la base du volontariat, donc sans un centime de plus. Ouf ! La « bonne idée » du ministre est évacuée. Les conseillers passent au dossier suivant.

Mais Luc Chatel insiste. Il s'obstine tant et tant que cela intrigue. Alors, il finit par avouer la cause de son entêtement. Il s'agit, en fait, d'une requête venue directement de l'Élysée. Ah ! Et de qui, à l'Élysée ? Du Président en personne, poussé par son épouse. Depuis quand Nicolas Sarkozy s'intéresse-t-il de près à l'enseignement de Platon et de Kant ? Depuis que Raphaël Enthoven, agrégé de philosophie et ancien compagnon de Carla, qui lui a donné un fils, fait campagne pour que sa matière préférée ne soit plus réservée aux seules classes terminales. Or l'Élysée est un merveilleux bras de levier.

Raphaël en a rêvé, Carla en a parlé, Luc s'est exécuté. En à peine un mois, l'affaire est bouclée. Le ministre annonce la bonne nouvelle lors de la cérémonie d'ouverture de la Journée mondiale de l'Unesco : « Maintenant qu'avec la réforme du lycée nous disposons de bases assurées, je crois que nous pouvons aller plus loin, envisager de développer un enseignement de la philosophie avant la classe de terminale et, avec le président de la République, nous avons décidé d'explorer de nouvelles pistes pour un enseignement anticipé de cette discipline. » Voilà, c'est dit. Le président de la République s'intéresse tant à la métaphysique qu'il veut y donner accès aux jeunes générations le plus tôt possible.

À quoi tiennent les programmes scolaires ! Au bon plaisir de l'épouse du Président, convaincue (pour la bonne cause !) par son ancien compagnon... Il n'y a pas plus diligent qu'un ministre de l'Éducation nationale.

5

Le pacte clandestin

« On ne sort jamais de l'ambiguïté qu'à
son détriment. »

Cardinal DE RETZ

À Paris, pour recruter leurs élèves en classe de
seconde, tous les lycées sont soumis au même
régime, celui du moulinage informatique d'un logiciel appelé Affelnet. Tous ? Non. Il subsiste au cœur
de la capitale deux îlots d'exception, où l'on cultive
l'excellence comme un conservatoire préserverait les
espèces rares. Henri-IV et Louis-le-Grand, deux lycées
prestigieux, bénéficient en effet d'un régime dérogatoire, qui leur permet de sélectionner eux-mêmes
leurs élèves. Encore faut-il le savoir ! Car cette procédure ne fait l'objet d'aucune publicité. Elle est totalement dérogatoire dans un système qui ne parle que
d'équité. Et les ministres se gardent bien d'évoquer
l'affaire et même, le plus souvent, de s'en mêler. Il
faut dire que ce circuit parallèle fonctionne dans la
plus grande discrétion.

Officiellement, les parents qui ont un enfant en
troisième sont informés de la marche à suivre. En

fin d'année scolaire, ils doivent transmettre six vœux d'affectation pour la rentrée suivante. Leur dossier se verra doter d'un certain nombre de points, selon le barème suivant : 600 points de bonus si l'on choisit un lycée de son district[1], 600 autres maximum qui sont attribués en fonction des résultats scolaires, 300 pour un élève boursier, 50 si l'on a déjà un frère ou une sœur dans l'établissement demandé. Voilà pour l'usager lambda, soumis à la neutralité aveugle des algorithmes informatiques.

Les initiés, eux, savent qu'il existe une autre solution, moins anonyme, plus humanisée. Henri-IV et Louis-le-Grand se sont affranchis de la règle commune et recrutent selon leurs propres critères. Entre les mois de février et d'avril, ces deux lycées qui font fantasmer beaucoup de parents demandent aux familles de remplir des « dossiers informels ». Évidemment, ceux qui ne sont pas prévenus de cette petite astuce laissent passer les délais.

Cette démarche parallèle est peu connue du grand public. « Le lycée Henri-IV recevant un très grand nombre de demandes, les familles sont invitées à solliciter un avis préalable de Monsieur le proviseur avant la constitution définitive du dossier sur Affelnet. » Le même argument du « grand nombre de candidatures » est également employé par Louis-le-Grand.

Avant la mi-avril, les parents doivent donc envoyer les bulletins des années précédentes et remplir une fiche de renseignements. Rien de très indiscret n'est demandé sur ce document, si ce n'est l'adresse professionnelle du père et de la mère. En quoi cette information – discriminante socialement – a-t-elle

---

1. Il y a en a quatre à Paris : est, ouest, nord et sud.

son importance, dans une logique purement mérito-cratique, pour donner un avis éclairé sur l'orientation d'un candidat ? Mystère...

Cette phase, en réalité, correspond à une véritable présélection. Si l'avis du proviseur est favorable, la famille peut inscrire Henri-IV ou Louis-le-Grand comme premier vœu d'affectation. Celui-ci sera alors intégré dans le logiciel Affelnet. Fin du parcours déro-gatoire ? Pas du tout ! Le passage par l'informatique du ministère est pure comédie bureaucratique. À la sortie, en effet, les dossiers se trouvent de nouveau sur le bureau des proviseurs. Pour sauver les apparences, il est bien précisé que « l'affectation des élèves dans les classes de seconde est prononcée par Monsieur l'inspecteur d'académie dans le cadre d'une procédure informatisée ».

En réalité, une commission d'affectation se réunit fin juin dans chacun de ces lycées. Sous l'autorité du proviseur, elle valide et affine les choix opérés entre février et avril. Mais, officiellement, c'est « Monsieur l'inspecteur d'académie » qui prend la décision.

Pourquoi avoir ainsi déconnecté deux lycées de la procédure normale ? Réponse d'un ancien conseiller de Xavier Darcos rue de Grenelle : « Grâce au ciel, cela permet de préserver quelques lieux d'excellence. » Plus prosaïquement, le directeur général de l'enseignement scolaire au ministère, Jean-Michel Blanquer, y voit le résultat « du grand nombre de demandes » que reçoivent les deux lycées. Quant au ministre de l'Éducation Luc Chatel, il répond dans un sourire : « Disons que Louis-le-Grand et Henri-IV ont inventé avant l'heure la suppression totale de la carte scolaire[1]. »

---

1. Entretien le 4 novembre 2010.

Les élites, en réalité, ont obtenu une sorte de dérogation de la part du clergé de l'Éducation nationale. D'accord pour expérimenter les nouvelles pédagogies et l'école citoyenne un peu partout, à condition de sauver l'essentiel : les lieux de reproduction qui fabriquent les meilleurs de demain, ceux qu'il n'est pas question d'instruire à grand renfort d'autodictées. Les « avis informels » et autres « commissions d'affectation », en outre, permettent de faire jouer le piston en cas de besoin. Hélène Ahrweiler, recteur de l'Académie de Paris dans les années quatre-vingt, avait appris l'existence de Mazarine, la fille cachée du président Mitterrand, lorsqu'elle avait reçu trois appels de personnalités (dont le couple Badinter) pour inscrire cette jeune personne au lycée Henri-IV. Affelnet n'existait pas, à l'époque. Mais les privilèges réservés aux initiés ont survécu à tout, même au règne de l'informatique.

C'était une condition essentielle pour que les élites échappent aux effets du pacte immoral : la baisse générale de niveau.

La fable du niveau qui monte

En 1989, deux sociologues, Christian Baudelot et Roger Establet, se font connaître grâce à un livre intitulé *Le niveau monte*[1]. Leur thèse est vraiment très simple : l'idée d'une baisse du niveau scolaire est une vieille idée, puisque le premier rapport alarmiste sur le sujet remonte à... 1835 ; ce fantasme réactionnaire est démenti par les tests réalisés lors de l'incorporation

---

1. Christian Baudelot, Roger Establet, *Le niveau monte*, Le Seuil, 1989.

au service militaire, qui montrent une nette amélioration des résultats entre le début des années soixante et la fin des années quatre-vingt. Or comme les filles sont en moyenne meilleures que les garçons, la démonstration est faite...

Vingt ans plus tard, ces deux normaliens, disciples d'Althusser – ce grand philosophe marxiste qui régna pendant vingt ans sur la rue d'Ulm –, sont, aujourd'hui encore !, considérés comme des références en matière de sociologie de l'éducation. Dans un livre paru en 2009, ils décortiquent les résultats des enquêtes Pisa de l'OCDE[1], peu flatteuses pour la France, dans un ouvrage intitulé *L'Élitisme républicain*[2]. Leur thèse, assez tortueuse, peut se résumer ainsi :

Axiome numéro un : ***Pas question de se contredire ; le niveau monte.*** « Quoi qu'on en pense, le niveau a monté (sinon la crise serait bien pire)[3]. »

Axiome numéro deux : ***Il faut bien tenir compte de la réalité***. Et c'est là que tout se gâte : comment faire entrer le réel dans l'hypothèse de base ? Nos deux spécialistes sont décidés à prouver qu'ils ne se sont pas trompés. « En somme, tous les indicateurs convergent. D'un côté, le niveau ne cesse de monter, mais de l'autre, une part des jeunes, qui oscille entre 10 et 20 % d'une classe d'âge, se situe en dessous du niveau minimal auquel l'école a pour mission de

---

1. L'enquête Pisa (Programme for International Student Assessment : Programme international pour le suivi des acquis) est réalisée tous les trois ans par l'OCDE, depuis 2000, pour mesurer les performances des systèmes éducatifs de ses pays membres.
2. Christian Baudelot, Roger Establet, *L'Élitisme républicain : l'école française à l'épreuve des comparaisons internationales*, Le Seuil, coll. « La République des idées », 2009.
3. Toutes les phrases entre guillemets sont extraites de cet ouvrage.

conduire tous les élèves d'une génération [...], écrivent-ils avec un aplomb confondant. Ainsi, dans le domaine des compétences en compréhension de l'écrit, la part des élèves obtenant des scores égaux ou inférieurs à 1 (ce qui correspond à une très faible maîtrise de la lecture) a augmenté : elle est passée de 15 % en 2000 à près de 22 % en 2006. »

Que les élèves de 15 ans ne maîtrisant pas la lecture passent de 15 à 22 % en l'espace de six ans ne représente donc pas, pour les deux sociologues très écoutés rue de Grenelle, le signe d'une baisse de niveau ! Remarquons qu'en l'espace de quelques lignes, les 10 à 20 % d'une classe d'âge aux résultats insuffisants sont devenus 22 %... En fait, c'est encore pire, comme le reconnaissent les mêmes auteurs quelques pages plus loin : « Dans les trois domaines évalués[1], les élèves qui ne dépassent pas le niveau 1 ont au mieux des connaissances rudimentaires et routinières, un "capital humain" très limité difficile à accroître par la formation ou l'expérience. Le nombre des élèves qui, à 15 ans, n'ont pas dépassé ce niveau donne une assez bonne idée du volume de l'"échec scolaire" dans un pays. Notons, pour l'heure, qu'en France, ce volume est, dans ces trois domaines, impressionnant. En culture scientifique, 21,1 % des jeunes de 15 ans ne dépassent pas le niveau 1 et 6,6 % sont au-dessous. En mathématiques, les proportions sont respectivement de 22,3 % et de 8,4 % ; et en compréhension de l'écrit, de 21,8 % et de 8,5 %. »

Maintenir, après ce constat, que le niveau monte témoigne d'une audace qui risque de faire date dans l'histoire de la sociologie. Donc...

---

1. Ces trois domaines sont : culture scientifique, mathématiques, compréhension de l'écrit.

Axiome numéro 3 : *Il est nécessaire de se raccrocher aux branches.* Baudelot et Establet, dans *Le niveau monte*, donnaient déjà l'alerte sur le creusement des inégalités. Ils défendent donc la vieille idée de la reproduction des élites. Une idée historiquement juste au demeurant, mais désormais très insuffisante pour expliquer la situation. Car c'est le système scolaire français tout entier qui est globalement tiré vers la médiocrité. Ce sont les données qu'ils étudient, celles de l'enquête Pisa, qui le disent. Et l'honnêteté élémentaire oblige les auteurs à en faire état : « Entre 2000 et 2006, l'ensemble des élèves français a perdu en moyenne 17 points en compréhension de l'écrit. Cette baisse frappe surtout les niveaux les plus faibles. Elle est de moins 47 en France pour les 5 % les plus faibles et [...] de moins 7 pour les 5 % les meilleurs. » Donc, tout le monde régresse, même les meilleurs, mais, rappelons-le, « le niveau monte » !

Axiome numéro 4 : *Bon sang, mais c'est bien sûr...* Comment n'y avoir pas pensé plus tôt ? Si l'école française ne réussit pas comme elle devrait, c'est... parce que ses mauvais éléments sont en échec : « Il est clair qu'aujourd'hui la médiocrité des scores moyens obtenus par la France est en grande partie imputable à l'ampleur des écarts entre la tête et la queue de peloton, et à la part importante d'élèves à la traîne. Autrement dit, l'essentiel des difficultés de l'école en France se situe en bas de la pyramide scolaire. » On aimerait connaître un pays dans lequel l'essentiel des difficultés scolaires prend sa source dans les zones d'excellence !

Axiome numéro 5 : *Sus à l'élitisme républicain...* qui est, aux yeux des deux sociologues, à l'origine de ce désastre. Par quel mécanisme ? « L'élitisme à la française, individualiste et égoïste, est aujourd'hui centré sur la réussite des siens, écrivent-ils. Seule importe alors l'élévation du plafond qui va de pair avec la restriction de la qualité de l'enseignement dispensé aux autres. » Mais comment expliquer, alors, que même les meilleurs voient leurs performances diminuer au fil du temps ? Et si ce n'était pas un hypothétique « élitisme républicain », mais bien le pacte immoral qui était à l'origine de cette débâcle ?

Les bonnes références

Les études sur la reproduction sociale et la fausse égalité des chances ne datent pas d'hier. Tout le monde a en tête les travaux de Pierre Bourdieu et Jean-Claude Passeron. En 1964, *Les Héritiers*[1], un livre qui fera date, s'intéresse aux étudiants en lettres et démontre que derrière l'égalité formelle (tout le monde passe les mêmes examens, les mêmes concours) se dissimule une discrimination liée au capital non seulement économique, mais aussi culturel de chaque famille d'origine. Dès lors, le mérite individuel n'a plus guère de sens : il n'est que l'habillage démocratiquement acceptable des rapports de domination entretenus par la classe dirigeante. En 1970, *La Reproduction*[2] prolonge cette analyse en accusant l'enseignement public d'exercer une « violence symbolique » destinée à perpétuer la hiérarchie sociale en vigueur. Par quels moyens ? La transmission des

---

1. Pierre Bourdieu, Jean-Claude Passeron, *Les Héritiers*, Minuit, 1964.
2. Pierre Bourdieu, Jean-Claude Passeron, *La Reproduction. Éléments pour une théorie du système d'enseignement*, Éditions de Minuit, 1970.

connaissances, tout simplement ; parce que les savoirs que valorise l'école s'apparentent au « capital culturel » des mieux dotés socialement, qui se trouvent ainsi favorisés par le système. La méritocratie est donc un leurre inventé par les puissants.

À l'époque, cette thèse rencontre un grand succès. Elle a le parfum de la transgression intellectuelle et entre en résonance avec l'air du temps, celui de Mai 68. La sociologie n'a pas attendu Bourdieu et Passeron pour s'interroger sur l'inégalité des chances, mais, comme le rappelle leur collègue Raymond Boudon[1] dans un livre consacré à ce thème, les deux sociologues engagés donnent une explication à cet état de fait. Celle du « mécanisme de répétition ». « Objectivement, c'est-à-dire d'après les statistiques, les chances pour un fils d'ouvrier d'entrer à l'Université sont très faibles. Cette donnée est indirectement perçue, sur un plan subjectif, par l'adolescent issu d'une famille modeste : parmi ses camarades un peu plus âgés que lui et appartenant au même milieu, aucun ou presque n'a atteint le niveau universitaire. L'adolescent se comportera donc de manière à réaliser ce qu'il perçoit comme une donnée de fait : quand *on* appartient à un milieu défavorisé, *on* ne peut entrer à l'Université. »

Quarante ans après *La Reproduction*, les observations formulées par Bourdieu et Passeron, qui ont inspiré des centaines de livres, demeurent valides. « Aujourd'hui, écrit Marie Duru-Bellat, sociologue de l'éducation, professeur à l'université de Bourgogne et spécialiste des inégalités, plus de 72 % des enfants de cadres quittent le système scolaire avec un diplôme

---

1. Raymond Boudon, *L'Inégalité des chances*, Hachette Littératures, 1984.

de l'enseignement supérieur, et seulement 6 % avec le brevet ou sans aucun diplôme. Pour les enfants d'ouvriers non qualifiés, ces deux chiffres sont respectivement de 22 et 31 %[1] ».

Comme ses collègues Baudelot et Establet qui fustigent « l'élitisme républicain », Marie Duru-Bellat incrimine la « méritocratie » dans le sous-titre de son livre. Une étrange critique, non dénuée d'anachronisme. Car l'élitisme républicain et la méritocratie sont devenus depuis longtemps des termes que l'on n'ose prononcer en public rue de Grenelle. Le constat de Bourdieu et Passeron reste juste, donc, mais plus pour les raisons qu'ils invoquaient.

Avant eux, déjà, les inégalités étaient un objet de préoccupation d'intérêt général. Le 15 mars 1944, le Conseil national de la Résistance adopte un programme de gouvernement. Le volet consacré à l'enseignement invoque « la possibilité effective, pour les enfants français, de bénéficier de l'instruction et d'accéder à la culture la plus développée, afin que les fonctions les plus hautes soient réellement accessibles à tous ceux qui auront les capacités requises pour les exercer et que soit ainsi promue une élite véritable, non de naissance, mais de mérite, et constamment renouvelée par les apports populaires ». Nicolas Sarkozy n'est donc pas allé chercher très loin ses sources d'inspiration…

Une fois le gouvernement provisoire créé, quelques semaines plus tard, une commission présidée successivement par deux professeurs au Collège de France proches des communistes, Paul Langevin, puis Henri Wallon, accouche d'un plan qui n'entrera

---

1. Marie Duru-Bellat, *L'Inflation scolaire, les désillusions de la méritocratie*, Le Seuil, coll. « La République des idées », 2006.

jamais en vigueur mais qui restera longtemps dans les esprits. Il propose la scolarité gratuite et obligatoire jusqu'à 18 ans, fait des références explicites à la pédagogie active, s'efforce de prendre en compte les rythmes biologiques des enfants. Il deviendra une référence pour tous les réformateurs en puissance de la rue de Grenelle.

Mais Bourdieu et Passeron, avec quelques autres, passent à la vitesse supérieure. L'école, disent-ils, est un lieu de reproduction dont il faut éradiquer les fondements bourgeois : c'est en cessant de transmettre des savoirs – forcément issus du capital culturel dominant – que l'on triomphera des inégalités. C'est donc cet élitisme républicain que prônait le Conseil national de la Résistance qu'il faut désormais combattre. La sélection des meilleurs n'est-elle pas le paravent de la reproduction des élites ?

Les élites tremblent-elles face à cette remise en cause de leur perpétuation, à cette suspicion à l'égard de leur culture ? Le plus triste, c'est que les Savonarole de la sociologie éducative vont les épargner, ne laissant que les enfants des autres expérimenter leurs trouvailles révolutionnaires.

Voilà comment la rue de Grenelle va peu à peu céder. À qui ? Aux pourfendeurs de la transmission des savoirs, convaincus qu'en « déscolarisant l'enseignement[1] », ils vont réduire les inégalités et combattre l'indéniable reproduction sociale. Qu'ils soient

---

1. Marc Baconnet, ancien doyen de l'inspection générale des lettres, avait écrit cette phrase immortelle : « Comment faire en sorte qu'on puisse tout de même un peu déscolariser l'enseignement du français ? » ; Katherine Weinland, qui lui a succédé, voulait, quant à elle, « déscolariser l'écriture » (« La refondation de la discipline du collège au lycée », éléments d'accompagnement du programme de seconde, octobre 1999), *L'École des lettres*, second cycle, n° 7.

technocrates, apparatchiks ou théoriciens de la pédagogie, ils étendent leur emprise sur le système scolaire en exploitant la passivité des dirigeants politiques.

Ils profitent aussi des circonstances. L'heure est à la massification. L'enseignement secondaire doit accueillir tout le monde dans les mêmes conditions. En 1975, sous le septennat de Valéry Giscard d'Estaing, le collège unique est instauré par le ministre de l'Éducation nationale et ancien recteur René Haby. C'est une idée généreuse socialement et incontournable politiquement. C'est aussi une réalisation désastreuse, devenue, depuis, le maillon faible du cursus. Car le clergé a profité de la généralisation des études secondaires pour imposer son modèle : on ne peut enseigner à ces « nouveaux publics » de façon traditionnelle. Il faut, pour paraphraser Meirieu, créer chez eux le désir d'apprendre. Le résultat est là, catastrophique. Mais aucun des ministres de l'Éducation successifs n'a eu le courage de s'attaquer à ce point névralgique. Trop explosif.

L'objectif de 80 % d'une classe d'âge au niveau du baccalauréat[1], proclamé dix ans plus tard, en 1985, par Jean-Pierre Chevènement, ministre républicain s'il en est, va accroître l'hypocrisie et la confusion. Le nombre d'étudiants passe de un à deux millions entre 1985 et 1995, avant d'atteindre environ 2,25 millions aujourd'hui. Pour reprendre un terme cher aux sociologues et aux technocrates, la massification de l'enseignement a été réalisée en France en moins de

_____

1. Jean-Pierre Chevènement tient beaucoup à la distinction entre « au niveau » du baccalauréat et « titulaire » du baccalauréat : il s'agit, pour le coup, d'élever le niveau de connaissances d'une population et non de brader un diplôme.

vingt ans. Mais elle n'a en rien réduit les inégalités sociales ni infléchi les destins scolaires. Le taux d'échec en première année d'université s'élève à 50 %, si bien que 37 % seulement d'une classe d'âge accède à la licence[1] contre 66 % aux États-Unis et 70 % dans les pays scandinaves. La moyenne des pays de l'OCDE s'élève à 53 %.

Entre 1995 et 2007, le nombre d'élèves qui accèdent au baccalauréat général a baissé de près de 5 %. Qui le dit ? Christian Forestier, administrateur général du Conservatoire national des arts et métiers, celui-là même qui recevait Luc Chatel avec satisfaction en septembre 2010 à l'Institut Montaigne. Qu'a-t-il fait dans la vie ? Il est président de l'université de Saint-Étienne quand François Mitterrand est élu. La gauche cherche à promouvoir des hommes sur qui elle peut compter dans l'appareil d'État. Christian Forestier est nommé recteur. Au ministère, il est promu inspecteur général de l'Éducation nationale et occupe successivement les fonctions de directeur des lycées et collèges, directeur de l'enseignement supérieur, puis directeur de cabinet de Jack Lang entre 2000 et 2002. Avant de partir, Jack crée le Haut Conseil de l'évaluation de l'école, dont il confie la présidence... à son directeur de cabinet, évidemment. Pendant trois ans, Christian Forestier sera donc chargé d'évaluer les réformes mises en place par Forestier Christian, en toute objectivité comme il se doit.

Dans le rapport annuel 2003 du Haut Conseil qu'il préside, on peut lire, par exemple, cette observation

---

1. Et 28 % seulement, en trois ans, c'est-à-dire sans redoubler.

sévère : « Après la progression rapide, le système s'est installé, dans les années 1997-1998, dans une apparente stagnation dont il faudra bien analyser les causes et qui, à ce jour, n'a pas suscité de réactions satisfaisantes de la part de l'institution. Les chiffres montrent une baisse significative des taux de bacheliers généraux par génération (de l'ordre de 5 points), correspondant à un retour de dix ans en arrière. » Pendant ces années de régression, Christian Forestier a été successivement : directeur des lycées et collèges (1992-1995), directeur de l'enseignement supérieur (1995-1998), recteur de l'académie de Versailles (1998-2000), directeur de cabinet de Jack Lang, ministre de l'Éducation nationale (2000-2002). Mais il ne se sent pas du tout responsable. Pour ce nomenklaturiste de gauche, l'alternance politique n'est d'ailleurs pas un sujet : l'élection de Jacques Chirac, en 1995, coïncide avec sa nomination et son maintien à un haut poste de directeur[1].

La création du pacte...

Autre coïncidence : les premières mauvaises nouvelles arrivent environ dix ans après une loi qui va avoir de redoutables retombées. Cette loi, c'est Lionel Jospin, nommé ministre de l'Éducation nationale en 1988, qui la fait passer. L'intéressé est pourtant un pur produit du système méritocratique (ancien boursier, entré à l'ENA et sorti au Quai d'Orsay),

---

1. Sollicité pour donner son point de vue et expliquer son action aux différents postes qu'il a occupés, Christian Forestier m'a fait répondre par son attachée de presse : « Bonsoir, Suite à votre demande, je suis désolée de ne pouvoir donner une suite positive : M. Forestier ne souhaite pas s'exprimer sur le sujet. Cordialement. »

mais c'est son texte, voté en 1989, qui scelle officiellement le pacte immoral. Ceux qui l'ont rédigé, et ceux qui l'ont voté, en avaient-ils conscience ?

Dans son article premier, on peut lire cette formulation redondante que tous les responsables politiques ne cesseront d'employer : « L'éducation est la première priorité nationale. » Parmi les vœux pieux sur l'égalité des chances, le droit à l'éducation pour tous et l'intégration scolaire des handicapés (nous sommes alors en 1989, et Xavier Darcos, vingt ans après, en fera aussi une de ses « premières priorités »), se trouve exprimée l'intéressante idée de « communauté éducative », incluant enseignants, personnels administratifs, élèves, parents... Plutôt que d'accéder AU savoir, il est question d'acquérir UN savoir utile à « son projet personnel d'épanouissement ». Le rapport annexé à la loi, qui n'est même pas voté par le Parlement, place de façon explicite « l'élève au centre du système éducatif ». Une phrase sans conséquence ? Pas vraiment. C'est l'avènement de la nouvelle pédagogie, qui veut que l'enfant soit « producteur de son propre savoir ».

Pour répandre la bonne parole, la loi Jospin débouche sur la création des instituts universitaires de formation des maîtres, les fameux IUFM, officiellement disparus et en réalité présents. À l'époque, les délires anti-transmission ont déjà largement gagné les écoles normales. Dans ces établissements, on apprend aux futurs instituteurs qu'il leur faut éviter de laisser penser aux apprenants (on ne dit plus les « élèves », c'est bien trop réactionnaire) que le maître ou la maîtresse détient un savoir, mais au contraire il leur faut favoriser l'autonomie, la compétence, le « savoir être ».

Lors de la création des IUFM, se pose la question de l'intégration des enseignants en école normale à ces nouvelles structures : ces formateurs vont-ils décider eux-mêmes de leur affectation, ou bien va-t-on instaurer une procédure plus objective de recrutement qui remettra les compteurs à zéro ?

Au cabinet de Lionel Jospin comme dans l'administration centrale de la rue de Grenelle, beaucoup sont conscients qu'un problème existe[1]. « Ils savaient que les écoles normales commençaient à être truffées d'illuminés. Pour couper court aux dérives idéologiques naissantes dans la formation des enseignants, il convenait donc de procéder à un nouveau recrutement. Ce n'était pas illégitime. Ceux qui n'auraient pas été retenus seraient retournés devant les classes, raconte un haut fonctionnaire du ministère. Mais c'est la lâcheté qui a prévalu. Les syndicats ont exigé de laisser le libre choix aux intéressés. Le ministère a cédé sans même livrer le moindre combat. Résultat : personne ou presque, parmi les enseignants des écoles normales, n'a choisi de retourner devant les élèves, les vrais. C'est tellement plus tranquille d'enseigner à des adultes motivés. Puis, ces transfuges ont fait des petits, par le biais de la cooptation. Et voilà comment on en est arrivé là. »

... et sa continuation

Vingt ans après la loi Jospin, en 2008, un jeune parlementaire est chargé d'un rapport sur la réforme

1. Après plusieurs demandes d'entretien, le secrétariat de Lionel Jospin a finalement transmis la réponse suivante : « Madame, Monsieur Lionel Jospin avait bien reçu votre premier message en son temps. Malheureusement, son agenda (très chargé en cette période) ne lui laisse pas le temps de vous aider dans vos travaux. Très cordialement. »

des lycées. Benoist Apparu est député UMP de la Marne et deviendra quelques semaines plus tard secrétaire d'État chargé du Logement et de l'Urbanisme. La lecture de ce document officiel laisse une impression étrange. Passons sur le fait que son auteur confonde (page 7) l'inspirateur des IUFM et théoricien de la pédagogie nouvelle Philippe Meirieu avec Alain Mérieux, le P-DG de l'entreprise pharmaceutique mondialement connue, bioMérieux, même si ce n'est pas rassurant. Le seul point commun entre les deux hommes, outre leur quasi-homonymie, tient à leurs attaches lyonnaises.

Non, ce qui étonne vraiment, c'est l'apparente évidence avec laquelle Benoist Apparu récite quelques versets du catéchisme pédagogiste. Morceaux choisis : « Être orienté aujourd'hui, c'est, au fond, réservé aux seuls bons élèves, jugés comme tels par leur aptitude à restituer des savoirs disciplinaires à caractère abstrait, le "droit" de choisir la filière générale » (page 17) ; « La proximité recherchée par les élèves avec leurs professeurs est aujourd'hui rendue impossible par le poids des enseignements disciplinaires, pendant lesquels l'enseignant "dévide", de façon magistrale, un cours devant vingt-cinq à trente élèves, qui se sentent coupés et isolés les uns des autres » (page 29). Pour sortir de « ce face-à-face frustrant » (page 29 toujours), le rapport préconise « le renforcement de la pédagogie du côte à côte », « indispensable pour conforter l'autonomie de l'élève ». « Toutes les études, assène-t-il sans en citer une seule, prouvent qu'en plaçant les élèves "côte à côte", selon la belle expression de Philippe Meirieu[1],

_____

1. Qui a donc entre-temps recouvré sa véritable identité.

une véritable émulation se met en place, qui permet d'apprendre mieux et plus vite[1]. »

Tous les mots clés sont là : l'enseignant qui « dévide » des savoirs ; le poids des enseignements disciplinaires, leur caractère abstrait, nocif et abusivement sélectif ; le « face-à-face frustrant » entre maître et élève ; la primauté de « l'autonomie » sur tout autre critère... La leçon a été bien apprise. Elle est récitée en 2008, c'est-à-dire hier, par un jeune espoir de l'UMP que Nicolas Sarkozy a fait ministre un an plus tard. Ce que ne dit pas ce rapport, c'est qu'après vingt ans de pacte, la situation n'a fait que se dégrader.

Qui le constate ? Tous les « experts », si l'on y regarde de près. C'est encore le rapport annuel 2003 du Haut Conseil de l'évaluation de l'école, alors présidé par Christian Forestier, qui l'écrit entre les lignes. Certes, il affirme tout d'abord (page 33) que les inégalités sociales pour l'obtention du baccalauréat se sont réduites : « Aujourd'hui, 87 % des enfants de cadres supérieurs obtiennent le baccalauréat contre 45 % des enfants d'ouvriers non qualifiés. Cet écart reste important, mais très inférieur à ce qu'il était au début des années quatre-vingt où ces taux étaient respectivement de 75 % et de 20 %. » Mais en poursuivant la lecture, on apprend que 71 % des enfants de cadres obtiennent aujourd'hui un baccalauréat général, contre... 16 % des enfants d'ouvriers. La soustraction donne une différence identique, de 55 points ! Les enfants d'ouvriers ne sont pas plus nombreux

---

1. Rapport d'information n° 1694 du 27 mai 2008, présenté par Benoist Apparu à la suite des travaux de la mission sur la réforme des lycées.

qu'au début des années quatre-vingt à réussir un baccalauréat général.

Ce qui permet de jouer sur les mots et les chiffres, c'est la création, en 1985, des bacs professionnels, devenus trop souvent des filières de relégation qui permettent d'afficher un rétrécissement des inégalités. Un phénomène que la sociologue Marie Duru-Bellat appelle la « démocratisation ségrégative » : « L'accroissement général du taux d'accès au bac, écrit-elle, coexiste avec le maintien, voire avec l'accroissement, des écarts entre groupes pour ce qui est de l'accès aux différentes séries. » Traduction par l'intéressée elle-même : « En d'autres termes, c'est de moins en moins le fait d'être bachelier qui fait la différence, mais bien plus la nature précise du baccalauréat obtenu [...]. Le développement du bac professionnel (qui représente aujourd'hui environ un bachelier sur cinq) a constitué un facteur de démocratisation ségrégative : il accueille environ 70 % d'enfants d'ouvriers, employés ou inactifs[1]. » Selon elle, « le développement historique massif de la scolarisation a finalement peu affecté l'étanchéité des groupes et l'inertie de l'hérédité sociale ».

Une fois n'est pas coutume. En 2007, dans son rapport sur l'école primaire, le Haut Conseil de l'Éducation[2] présente – enfin – la vérité sans fard : « Chaque année, quatre écoliers sur dix, soit environ 300 000 élèves, sortent du CM2 avec de graves lacunes : près de 200 000 d'entre eux ont des acquis fragiles et insuffisants en lecture, écriture et calcul ;

---

1. Marie Duru-Bellat, *L'Inflation scolaire, les désillusions de la méritocratie, op. cit.*
2. Qui a succédé en 2005 au Haut Conseil de l'évaluation de l'école et où siège toujours Christian Forestier, au titre de « personnalité qualifiée ».

plus de 100 000 n'ont pas la maîtrise des compétences de base dans ces domaines. Comme la fin du CM2 n'est plus la fin de l'école obligatoire, leurs lacunes empêcheront ces élèves de poursuivre une scolarité normale au collège[1]. »

Les responsables politiques, et plus généralement les élites, n'ignorent rien de ce constat. Pourtant, ils laissent dire. Et laissent faire.

---

1. Haut Conseil de l'Éducation, *L'École primaire, bilan des résultats de l'école*, 2007.

6

Le simulacre

« Si la vérité vous offense,
La fable au moins se peut souffrir. »

LA FONTAINE

Au printemps 2010, l'Association des professeurs de lettres organise ses journées d'études au lycée Henri-IV, mythique établissement de la montagne Saint-Geneviève situé au cœur du Ve arrondissement de Paris. Défenseur attentif de la transmission des savoirs, son jeune président, Romain Vignest, agrégé de lettres classiques, a invité Jean-Pierre Chevènement, grand héraut de l'élitisme républicain.

Ce genre de manifestation requiert la présence d'un ou plusieurs membres de l'inspection générale, l'instance suprême qui, sous l'autorité directe du ministre, contrôle, conseille, évalue les programmes comme les méthodes d'enseignement. Ce jour de printemps, la mission échoit à Bernard Combeaud, ancien professeur de lettres en khâgne à Louis-le-Grand, nommé à l'inspection générale de lettres peu de temps auparavant par son ami Xavier Darcos. Lors d'une interruption de séance, Romain Vignest présente les deux hommes, qui commentent les échecs du système éducatif en France.

Bernard Combeaud : « Les problèmes ne sont pas dus aux politiques, mais aux circonstances, à la mondialisation, à la modernité... Il ne faut pas se tromper d'adversaire, les politiques n'y sont pour rien... »

Jean-Pierre Chevènement (qui l'interrompt, agacé par cette résignation indulgente) : « Tout est question de volonté politique, les solutions existent, il suffit d'avoir le courage de les mettre en œuvre. Quand j'étais ministre de l'Éducation nationale, j'ai tout de suite vu que parmi les hauts fonctionnaires et les inspecteurs généraux, la moitié était à fusiller et l'autre à pendre. Le moins que l'on puisse dire est que les corps d'inspection ne vont pas toujours dans le bon sens. »

Le « nid à emmerdes »

Voilà qui est envoyé et qui assure, d'emblée, une bonne ambiance. Derrière la raideur de ses propos, Jean-Pierre Chevènement énonce une vérité terrible : les politiques s'accommodent d'un grand écart prodigieux entre le discours et la réalité. De Jacques Chirac à Nicolas Sarkozy, sans oublier Ségolène Royal et avant elle Lionel Jospin, il n'est question que de cette sacro-sainte « priorité » que représente l'éducation des générations futures. Voilà pour les apparences.

En réalité, ce sujet ne passionne pas nos éminences. La plupart d'entre elles ont été, si l'on ose dire, à bonne école. Ces forts en thème ont, au cours de leurs études, suivi un cursus honorum qui ne leur a pas donné l'occasion de fréquenter l'Université. Puis, à l'issue de leur scolarité à l'ENA, ils ont, comme leurs condisciples, choisi leur affectation en fonction de leur classement de sortie. Ils savent, eux, que l'Éducation nationale se situe en queue de peloton dans cette grande école, « choisie » par défaut par tous ceux qui n'ont pas pu prétendre à mieux.

Dans l'univers de la haute administration française, aussi codifié que la cohabitation séparée entre les castes en Inde, les énarques de la rue de Grenelle sont considérés par les autres, dans tous les ministères, comme des intouchables, des « dalits[1] » que l'on regarde, dans le meilleur des cas, avec condescendance. Cette situation n'est pas sans conséquence sur le poids du ministère dans les arbitrages et les centres d'intérêt. Premier poste budgétaire, et de loin, il est perçu comme un « boulet ».

Lorsqu'il était ministre, Claude Allègre avait inventé, avec le succès médiatique que l'on sait, l'expression « dégraisser le mammouth ». Ce sens de la formule ayant contribué à écourter sa carrière politique, plus personne ne se risque publiquement à ce genre de saillie. Mais que n'ai-je entendu au cours de mon enquête ! « Nid à emmerdes » est une métaphore fréquemment employée pour évoquer ce ministère.

Du côté du Parlement, la première administration française – sixième plus gros employeur du monde – n'est pas mieux considérée. Que ce soit à l'Assemblée nationale ou au Sénat, tout nouvel élu rêve d'intégrer la commission des Finances, des Lois ou de la Défense. Ils sont moins nombreux à fantasmer sur celle des Affaires culturelles et de l'Éducation

---

1. Terme qui signifie « opprimés » en hindi.

(Assemblée nationale) ou de la Culture, de l'Éducation et de la Communication (Sénat).

La hiérarchie des sujets, parmi les élus de la nation, est donc à peu près la même que celle des classements de sortie pour les jeunes énarques. L'éducation, cette priorité des priorités, arrive, c'est bien simple, en dernière position. À l'été 2010, la commission des Affaires culturelles et de l'Éducation[1], à l'Assemblée nationale, avait rédigé vingt rapports au cours de la treizième législature. La fracture numérique, les établissements de spectacles cinématographiques, la restitution par la France des têtes maories à la Nouvelle-Zélande, l'encadrement de la profession d'agent sportif, les délais de paiement des fournisseurs dans le secteur du livre sont d'excellents sujets d'études que la commission a saisis à bras-le-corps. Et l'éducation ? Un document, un seul, lui est consacré... d'assez loin ! Il concerne la suppression des allocations familiales en cas d'absentéisme scolaire à répétition, et est présenté par le député UMP Éric Ciotti pour accompagner une proposition de loi directement inspirée par l'Élysée.

Et au Sénat ? Sur 28 rapports, consacrés notamment à la télévision publique, à l'avenir de l'Agence France-Presse mais aussi aux ventes volontaires de meubles aux enchères publiques ou à l'archéologie préventive, trois seulement concernent l'école. Et encore, pas toujours très directement. Outre l'incontournable avis sur l'absentéisme scolaire et les allocations familiales, à la mode au début de l'été 2010, cinq sénateurs se sont transportés en Finlande pour observer, pendant trois jours, comment ce petit pays

1. Elle était fusionnée, jusqu'en juillet 2009, avec la commission des Affaires sociales.

réussit à instruire ses enfants – une tarte à la crème qui a déjà donné lieu à des dizaines de publications –, et d'autres ont participé à une table ronde sur le classement international de Shanghai sur les universités. Voilà, c'est tout pour le prétendu grand sujet de toutes les législatures depuis 1989.

Yannick Bodin, ancien professeur de collège, sénateur socialiste de Seine-et-Marne depuis 2004, figure parmi les rares élus réellement investis dans le dossier éducatif. On lui doit notamment un intéressant rapport sur la diversité sociale des classes préparatoires aux grandes écoles, en 2007[1]. Mais lorsqu'on l'interroge sur ses collègues mobilisés par le dossier éducation, un grand moment de solitude se lit sur son visage. Au bout de quelques minutes, il lâche trois ou quatre noms d'illustres inconnus[2].

Le cabinet fantôme

Même le cabinet du ministre de l'Éducation nationale ne semble pas archimobilisé sur… l'éducation. Autour de Luc Chatel, parmi les cinq conseillers dits « de premier rang », un seul s'occupe pleinement de la raison d'être de ce grand ministère. Les quatre autres sont chargés de la communication et de la presse – un domaine omniprésent dans l'esprit du ministre –, des affaires budgétaires et financières, des dossiers diplomatiques et, pour le dernier, du

---

1. « Diversité sociale dans les classes préparatoires aux grandes écoles : mettre fin à une forme de "délit d'initiés" », Rapport d'information n° 441.
2. Entretien le 3 février 2010.

premier degré, de la santé, du sport et du handicap, ce qui laisse présager qu'il consacre une partie de son énergie à l'école. Apparaissent ensuite, dans l'organigramme, une conseillère parlementaire, puis six conseillers techniques. Aucun d'entre eux – aucun ! – n'a un portefeuille de compétences aux contours strictement scolaires. Le premier est en charge de l'éducation prioritaire, mais aussi de la politique de la ville et... du développement durable. Pour s'assurer que l'implantation de toboggans dans les maternelles ne contribue pas à la déforestation ? Le deuxième s'occupe d'enseignement professionnel, d'orientation – jusqu'ici tout va bien –, mais aussi des relations école-entreprise. Le troisième gère les nouvelles technologies, les éditeurs et le multimédia. Le quatrième s'intéresse aux affaires financières et budgétaires ainsi qu'à l'outre-mer. Le cinquième a la fibre sociale : vie associative – entendez distribution de bienfaits à une noria de satellites qui vivent depuis des années de détachements d'enseignants et de subventions pour des prestations de qualité, disons, variable –, violence et santé scolaires. Les activités du dernier répondent à un étrange intitulé : « enseignement artistique et culturel – mémoire – discours ». On remarquera qu'un membre du cabinet prend en charge la « mémoire » mais qu'aucun d'entre eux n'est responsable de la lecture et de l'écriture ou de l'apprentissage des savoirs fondamentaux. À ce stade, il ne s'agit plus de politique, mais de... cosmétique. C'est bien à un simulacre qu'on assiste : une petite comédie qui nous est jouée chaque année pour nous convaincre que les difficultés sont traitées au sommet de l'État.

Plus que toute autre mission de service public, l'Éducation nationale a un problème avec le temps, comme si elle dépendait de trois horloges différentes à la fois. Le temps politique est très bref, puisqu'un ministre reste en moyenne deux ans rue de Grenelle. Lorsqu'on sait qu'une rentrée scolaire est à peu près bouclée neuf mois à l'avance, qu'une réforme nécessite un an de travail, on comprend vite qu'aucun responsable ne peut mettre durablement en musique la partition qu'il a écrite.

Le temps de la réforme nécessiterait donc un mandat de cinq ans.

Le temps du constat est plus long encore : pour percevoir les résultats, bons ou mauvais, d'une réforme de l'école, du collège ou du lycée, il faut attendre des années.

Lorsque l'insécurité gagne, le ministre de l'Intérieur se doit de réagir sans délai. Lors de la suppression du service militaire, le titulaire de la Défense doit réorganiser les troupes sans laisser la patate chaude à son successeur. À Bercy, les chiffres du chômage, de la croissance et de l'inflation tombent tous les mois. Il faut bien les assumer. Rien de tel à l'Éducation nationale ! Les enfants qui n'apprennent pas à lire à 6, 7 ou 8 ans vont traîner encore dix ans dans le système scolaire avant d'en sortir sans diplôme ni qualification et de devenir des « cas sociaux ». Alors leur situation matérielle et morale sera difficile, et le coût qu'ils engendreront pour la collectivité très élevé. Mais, d'ici là, le ministre aura été appelé vers d'autres cieux, sans parler du chef du gouvernement, voire du Président. Les syndicats pourront toujours se réveiller pour crier leur indignation face à un bilan dont ils sont pourtant les coproducteurs. Quant aux grands chefs de la rue de Grenelle, ils continueront à être consultés comme experts, une fois le désastre constaté.

Cette non-concordance des temps engendre un certain fatalisme teinté de cynisme : ce n'est jamais le promoteur d'une réforme qui est comptable de ses résultats. L'éducation, c'est un peu comme la dette. Après « Tous ruinés dans dix ans[1] », formule popularisée par Jacques Attali, devra-t-on un jour poser la question : tous illettrés dans vingt ans ?

Indifférence, désenchantement : les ministres apprennent vite que ne laisser aucun souvenir de leur passage rue de Grenelle n'est pas une mauvaise stratégie. Luc Chatel semble avoir opté pour cette ligne de conduite. Il a certes fait adopter une version allégée de la réforme du lycée imaginée par l'équipe Darcos. Sinon, les comités de pilotage – sur les rythmes scolaires par exemple – succèdent aux états généraux – sur la violence. Le soutien à l'action de Yann Arthus-Bertrand ne mange pas de pain, le lancement de la plate-forme Ciné-lycée non plus, pas davantage que la signature d'une convention avec le Centre des monuments nationaux ou la promotion de la Ligne Azur contre les discriminations dans les collèges et les lycées...

D'un ministre à l'autre, les postures ambiguës et les faux-fuyants se traduisent jusque dans le vocabulaire employé dans les discours et les documents officiels. Ainsi, les établissements les plus déglingués sont-ils baptisés « zones d'éducation prioritaire », ce qui a inspiré de nombreuses plaisanteries

---

1. Jacques Attali, *Tous ruinés dans dix ans ? Dette publique, la dernière chance*, Fayard, 2010.

lors de réunions rue de Grenelle. Un jour, au cours d'une rencontre entre Luc Ferry et des chefs d'établissements, l'un d'entre eux, faisant allusion à ce dispositif, se présente en expliquant qu'il est en ZEN. Le ministre et ses conseillers lèvent un sourcil interrogateur : oui, « zone encore normale », précise le proviseur. L'humour, dit-on, est la politesse du désespoir.

En 2006, Gilles de Robien décide d'un plan de relance de l'éducation prioritaire. Comment a-t-il, avec l'aide de quelques technocrates maison, décidé de désigner ces nouvelles ZEP ? Les réseaux Ambition Réussite. Toujours plus fort dans l'antiphrase ! « Cela ne date pas d'hier, note Alain Seksig, ancien instituteur, membre du cabinet de Jack Lang, ancien inspecteur de l'Éducation nationale[1]. Il y a eu jusqu'en 2005, dans certaines écoles primaires, des "classes de perfectionnement", où étaient relégués tous les élèves incapables de suivre le cursus normal. »

Le bouclier scolaire

Quand ils ne se réfugient pas dans le déni, les responsables politiques sous-estiment la gravité de la situation et s'accommodent de la réalité, comme Luc Chatel expliquant, lors des états généraux de la sécurité à l'école, que les enseignants doivent apprendre à gérer la violence dans les établissements, ce qui est à la fois une évidence et une forme insupportable de résignation. Quant à Nicolas Sarkozy, il exige *urbi et orbi* des quotas de 30 % de boursiers dans les gran-

---

1. Entretien le 19 mars 2010.

des écoles, feignant d'ignorer que les inégalités d'accès aux meilleures filières trouvent leur origine bien en amont, dans les disparités d'accès aux savoirs fondamentaux, dès l'école primaire. « Il est moins coûteux d'établir des quotas pour les défavorisés dans les concours, que de lutter en amont contre les discriminations sociales par un encadrement scolaire plus ambitieux et un système renforcé de bourses[1] », écrivait l'historien Sébastien Fath dans une désopilante et prémonitoire tribune qui imaginait les mêmes règles appliquées à l'équipe de France de football, où 30 % de la sélection serait réservée aux équipes de division d'honneur.

Dès le lendemain de son élection, en 2007, le président de la République a décidé de tenir une promesse électorale : la gratuité des lycées français de l'étranger, établissements où le montant de la scolarité est souvent élevé. Jusqu'alors, le système ne fonctionnait pourtant pas si mal. C'étaient le plus souvent les entreprises pour lesquelles travaillaient les parents expatriés qui prenaient ces dépenses en charge. Sinon, un dispositif de bourses assez généreux existait. Le coût de cette opération non dénuée de clientélisme (les Français de l'étranger votent majoritairement à droite) ? Selon un rapport de la commission des Finances de l'Assemblée nationale rendu public le 30 juin 2010[2], elle coûte plus de 100 millions d'euros par an. Encore ne concerne-t-elle, pour l'instant, que les trois classes de lycée. Si la gratuité devait se généraliser à la maternelle, à

1. Sébastien Fath, « Les quotas de l'absurde », *Le Monde*, 8 janvier 2010.
2. Rapport d'information n° 2693 déposé en conclusion de la Mission d'évaluation et de contrôle sur l'enseignement français à l'étranger, 30 juin 2010.

l'école primaire et au collège, ce qui correspond au plan prévu par le président de la République, elle aboutirait à ponctionner 700 millions d'euros chaque année dans les caisses de l'État. « Des ressortissants français déclarant plusieurs centaines de milliers d'euros de revenus par an sont éligibles à la prise en charge », s'indignent les parlementaires auteurs de ce rapport. Après le bouclier fiscal, voici donc le bouclier scolaire !

Dans le même temps, les institutions de la République rechignent à financer des systèmes d'aide à la lecture pour les élèves de cours préparatoire en difficulté. L'un d'eux, le « Coup de pouce clé », a fait ses preuves depuis plus de dix ans. Fondé sur l'idée que beaucoup de ces enfants « fragiles » ne bénéficient pas de l'aide, du soutien et de la curiosité de leur famille sur le sujet, le « Coup de pouce clé » les réunit par groupes de cinq chaque soir de la semaine, après l'école. Une grande majorité d'entre eux échappe, d'après plusieurs évaluations, à l'échec précoce en lecture. La prise en charge d'un élève coûte un peu plus de 1 000 euros par an. Cette formule n'est certes pas la seule, mais cette expérience de longue date donne un ordre de grandeur de ce que coûterait la prise en charge des 150 000 mauvais lecteurs de CP, pour tenter de les soustraire à l'une des pires inégalités qui soit : 150 millions d'euros, soit à peu près la somme consacrée par la France au bouclier scolaire des lycées de l'étranger.

Pourtant, en 2010, l'Acsé[1], l'un des financeurs publics du « Coup de pouce clé », a voulu supprimer sa contribution au programme, avant de se

_____

1. Agence nationale pour la cohésion sociale et l'égalité des chances.

contenter de la réduire. Qui préside alors le conseil d'administration de l'Acsé ? Jeannette Bougrab, qui sera également nommée à la tête de la Halde[1] par Nicolas Sarkozy, avant de devenir membre du gouvernement en novembre 2010. Quelle étrange idée que de vouloir couper les subsides à une initiative qui lutte contre l'une des plus cruelles discriminations !

Mais nos élites s'en tiennent aux règles élémentaires et désolantes de la communication : la petite phrase de circonstance propre à marquer les esprits, l'apparence de la réactivité face aux problèmes. Comme Vladimir Poutine jouant les pompiers devant les caméras de télévision, durant les incendies ravageurs en Russie de l'été 2010, Nicolas Sarkozy veut sauver l'éducation d'un coup de menton. Ce qui n'a pas empêché les jurys au bac, en juin 2010, de recevoir les mêmes consignes que d'habitude. « J'étais modérateur de mon groupe de correction, et nous avons reçu une consigne stricte : que la moyenne académique ne bouge pas par rapport à l'an passé, et qu'elle se maintienne à 8,8, raconte un professeur de français. Et en fin de parcours, l'harmonisation se fait toujours à la hausse. » Pour filer la métaphore russe, dans *Une exécution ordinaire*, Marc Dugain fait raconter à l'un de ses personnages, professeur d'histoire, comment il doit relever les notes aux examens pour respecter les objectifs du plan quinquennal. En France, sur instruction ministérielle, le niveau ne monte pas, mais il ne baisse jamais non plus. Officiellement.

1. Haute Autorité de lutte contre les discriminations et pour l'égalité.

La prime à la lâcheté

Le plus désolant, dans ce jeu de dupes avec l'opinion publique, est de constater combien il récompense l'absence de courage politique.

Quand il a présidé la commission sur la condition enseignante mise en place par Xavier Darcos en 2007, le conseiller d'État nommé pour accomplir cette mission, Marcel Pochard, s'est interrogé : pourquoi, à l'encontre de la plus élémentaire équité, continue-t-on à envoyer dans les établissements les plus difficiles les enseignants les moins expérimentés ? Habitué à manier le devoir de réserve et habité par le sens de la nuance, ce haut fonctionnaire a critiqué en termes choisis l'un des grands scandales de l'Éducation nationale.

Proviseur de l'internat d'excellence de Sourdun, le premier du genre destiné à accueillir des élèves défavorisés, Jean-François Bourdon, lui, emploie un langage plus radical pour dire son indignation. Dans son bureau situé au rez-de-chaussée de cette ancienne caserne de Seine-et-Marne, il accuse le clientélisme boutiquier des syndicats et la lâcheté des politiques, terrorisés par le moindre mouvement social dans le corps enseignant : « Aujourd'hui, ce sont les pauvres qui paient le bonheur scolaire des riches, tonne-t-il. Ceux qui habitent le VIIe arrondissement de Paris vont dans de beaux lycées avec les professeurs agrégés les plus chevronnés. Pour ma part, je préconise l'égalité républicaine en fonction de la masse salariale. L'équation est simple : les agrégés hors classe choisissent les postes les plus tranquilles et les plus gratifiants tandis que les débutants certifiés ont les restes, c'est-à-dire les collèges difficiles situés dans les quartiers sensibles. Les syndicalistes, qui s'agrippent aux avantages acquis d'autant plus fougueusement que la plupart d'entre eux espèrent devenir un jour agrégés sur liste d'aptitude[1], défendent le statu quo, expliquant qu'il n'est pas possible de pénaliser les enseignants les plus expérimentés. Mais il faut raisonner autrement, et considérer que la masse salariale – premier poste budgétaire, et de loin, de l'Éducation nationale – d'un établissement difficile doit être égale à celle d'un beau lycée parisien. Résultat : les agrégés hors classe pourraient continuer à aller enseigner où ils veulent, mais ils devraient faire vingt-quatre heures de cours par semaine au lieu de dix-sept. Inversement, celui qui choisirait la Seine-Saint-Denis n'aurait que quatorze heures à assurer parce qu'il fait un travail fatigant et parce qu'il est condamné à être bon[2]. »

Personne n'a eu cette excellente idée avant Jean-François Bourdon ? Bien sûr que si, mais tout le monde se met aux abris à la simple évocation de la commission paritaire où serait débattue une telle proposition. « Au nom d'une idéologie marxiste et faussement égalitariste, les syndicats ont refusé que l'encadrement et l'emploi du temps des enseignants soient modulés en fonction de la diversité et de la difficulté des populations enseignées, raconte Claude Allègre. Lorsque, ministre, j'ai dit qu'un professeur de français à Bondy devrait avoir neuf heures de cours par semaine et neuf élèves par classe, alors qu'un professeur d'histoire à Henri-IV pouvait avoir trente élèves par classe et faire ses quinze heures par

---

1. L'équivalent, pour les enseignants, du tour extérieur pour les hauts fonctionnaires. Destinée initialement à promouvoir des profils différents, cette procédure a été depuis longtemps détournée pour récompenser syndicalistes, collaborateurs et amis politiques.
2. Entretien le 28 juin 2010.

semaine, les syndicalistes m'ont rétorqué que je ne respectais pas la sacro-sainte égalité, dite à tort républicaine[1]. »

La notation des enseignants répond au même impératif de lâcheté face aux syndicats. Tout le monde sait, rue de Grenelle, que cette procédure ressemble à une vaste blague. Dans une note interne, le doyen de l'inspection générale jusqu'à la fin 2010, François Perret[2], en parle même avec une certaine décontraction : « Cette notation ne sert qu'à faire fonctionner un système d'avancement automatisé. Système injuste, car fondé sur des critères d'évaluation peu explicites et variables d'une situation à l'autre, système bureaucratique et peu efficace, car ne permettant pas de reconnaître véritablement le mérite. » Rappelons que l'auteur de ces lignes, est, de par ses fonctions, le garant de la notation des enseignants en France.

Il détaille ensuite le dispositif : « L'ancienneté joue un rôle déterminant dans l'attribution de la note. La note pédagogique est encadrée par une grille qui donne une fourchette de notes possibles selon l'ancienneté ; quant à la note administrative, attribuée par le chef d'établissement aux professeurs des collèges et lycées, elle est contrainte encore plus étroitement : tout écart par rapport au cadre doit être justifié par un rapport très argumenté, ce qui dissuade les chefs d'établissements de s'en affranchir. Ainsi, tous les inspecteurs savent bien qu'un professeur des écoles débutant noté 12/20 peut faire preuve de qualités professionnelles supérieures à

---

1. *10 + 1 questions à Claude Allègre sur l'école*, Michalon, 2007.
2. Il a été remplacé depuis par Erick Roser, agrégé de mathématiques, ancien collaborateur de Luc Chatel rue de Grenelle.

celles d'un professeur des écoles du dixième échelon noté 17/20. » À ces incohérences assumées par le grand patron de l'inspection générale, s'ajoutent des injustices géographiques liées à la fréquence des inspections. Selon une inspectrice générale qui a travaillé dans l'académie de Nantes, « un enseignant de cette grande ville à qui on disait tous les quatre ans qu'il n'était pas très bon progressait plus vite dans sa carrière qu'un enseignant de la Sarthe auquel on disait tous les dix ans qu'il était excellent ».

Dans les lycées et collèges, pour délivrer une note administrative sur chaque enseignant, le chef d'établissement reçoit des sortes d'imprimés préremplis, comme ceux que l'administration fiscale envoie au contribuable pour sa déclaration de revenus. La marge de manœuvre qui est laissée s'élève à un point sur quarante. Voilà pourquoi beaucoup de proviseurs relèguent cette mascarade indigne dans la catégorie « paperasserie inutile ».

Pour en ajouter un peu plus dans l'horreur, il arrive que les bons enseignants soient mal notés, simplement parce qu'ils n'appliquent pas le catéchisme en vigueur chez les inspecteurs. C'est, par exemple, ce qui est arrivé à Marc Le Bris, instituteur – il tient à cette appellation – en Ille-et-Vilaine. En 2004, il publie *Et vos enfants ne sauront pas lire… ni compter !*, un livre-témoignage dans lequel il raconte comment, pendant vingt ans, l'Éducation nationale l'a incité à faire des activités d'éveil, de l'animation, du « décloisonnement », de l'auto-apprentissage, de la lecture naturelle… Autant d'« innovations » promues par l'institution – le pacte, toujours ! – et néfastes pour les enfants. Son plaidoyer pour le retour aux méthodes d'apprentissage qui ont fait leurs preuves – la dictée ou l'apprentissage syllabique de la lecture, par exemple… – n'a pas l'heur de plaire à sa hiérarchie, en l'espèce les inspecteurs chargés de le noter. C'est en prêchant à leurs ouailles le « bien enseigner » que ces cadres de l'institution assurent leur légitimité.

Pour punir le « social traître », un homme venu de l'extrême gauche, qui a cru dans les méthodes « nouvelles », les a appliquées et s'en est repenti, la hiérarchie dispose d'un moyen redoutable : ne jamais venir les inspecter, son épouse et lui. Pas d'inspection, pas de notation. Pas de notation, pas de progression de carrière. M. et Mme Le Bris sont symboliquement rayés de la carte scolaire. À quelques années de la retraite, ce directeur dont l'école a obtenu, une année, les meilleurs résultats de France aux évaluations de CM2 se retrouve avec un médiocre 14,5 quand la plupart de ses collègues récoltent entre 18 et 20. Matériellement, cela signifie environ 300 euros de traitement en moins chaque mois. Il faudra l'intervention du cabinet de Xavier Darcos auprès du recteur de Rennes pour rectifier cette injustice en remontant, sur instruction, la note de Marc Le Bris. Rectifier, mais pas supprimer : il est impossible de reconstituer toute une carrière a posteriori. L'instituteur a certainement éprouvé, tout de même, une certaine satisfaction le jour où il a été fait chevalier de l'ordre du Mérite. L'inspection d'académie a dû organiser une petite cérémonie. Ses responsables, dont certains lui avaient expliqué qu'il avait une obligation de moyens (appliquer les méthodes « autorisées ») et non de résultats (apprendre aux enfants à lire et à écrire), ont avalé leur champagne de travers.

Dans les cours de récréation, les enfants commencent souvent leurs jeux par cette phrase magique : « On dirait que je suis une princesse... », « on dirait qu'on débarque sur une île où il y a des méchants », « on dirait que je suis un Jedi... ». Désormais, leurs enseignants sont sommés, implicitement, de faire la même chose dans leurs salles de classe. « J'enseigne depuis dix ans dans un établissement qui a de mauvais résultats au bac, raconte ce professeur de lettres. Personne ne nous demande de comptes. Il suffit d'être sagement en échec pour avoir la paix. À condition de continuer à faire comme si. Comme si les élèves étaient capables de faire des dissertations, d'écrire un sujet d'invention, ou simplement de lire des œuvres complètes un peu exigeantes alors que rien ne les a préparés à cela dans les classes précédentes... »

À l'Université, le jeu de rôles continue. Une mascarade cruelle pour ces étudiants en première année à qui l'on a fait croire que, titulaires du bac, ils étaient armés pour poursuivre des études supérieures, alors que 44 % d'entre eux seulement passent de première en seconde année, tandis que 25 % redoublent et 28 % ne se réinscrivent pas à l'Université[1]. Finalement, 28 % d'entre eux, soit à peine plus d'un sur quatre, décrochent leur licence au bout de trois ans. Au total, 90 000 étudiants quittent chaque année l'enseignement supérieur sans y avoir obtenu de diplôme.

---

1. Ministère de l'Enseignement supérieur et de la Recherche, direction de l'évaluation, de la prospective et de la performance, note d'information n° 09.23, novembre 2009.

Les professeurs d'université ont désormais un objectif prioritaire : éviter d'enseigner en première, en deuxième et si possible en troisième année. « J'ai vu s'effondrer l'enseignement des lettres à la faculté, assure Marie-Christine Bellosta, aujourd'hui maître de conférences à l'École normale supérieure et qui a enseigné pendant quinze ans à l'université de Bordeaux. Les élèves de première année avaient un niveau de plus en plus faible. Il fallait donc les expulser du système avant la licence[1]. »

Sous le sceau de l'anonymat, un professeur de droit dans une université parisienne, qui n'imagine pas enseigner avant le mastère, reconnaît toute l'absurdité du système : « On commence à s'intéresser aux étudiants en quatrième année. Avant, ils doivent se débrouiller tout seuls. C'est une forme de sélection darwinienne comme une autre, mais il faut reconnaître qu'elle est extrêmement injuste. Au moment où les étudiants les plus fragiles, notamment ceux qui n'ont aucun soutien dans le cadre familial, auraient besoin d'un adulte référent, comme il existe par exemple un directeur des études dans la plus modeste des grandes écoles, eh bien, il n'y a simplement personne. »

Poussé à cette forme extrême, le cynisme ne peut prospérer que sur le terreau du mensonge.

1. Entretien le 16 juillet 2010.

7

Le ministère du mensonge

« Le mensonge, ce rêve pris sur le fait, et seul amour des hommes. »

Louis-Ferdinand CÉLINE

Dans *L'Omertà française*, j'avais raconté, avec mon coauteur Alexandre Wickham, comment François Bayrou avait soigneusement rangé dans un tiroir une affaire de pédophilie lorsqu'il était rue de Grenelle. Un dossier des plus classiques, malheureusement, mais dont nous pensions qu'il allait frapper les esprits tant sa gestion ministérielle nous semblait choquante.

Acte 1. En 1992, un principal de collège de Bergerac découvre que ses deux enfants sont victimes d'abus sexuels répétés de la part d'un professeur de mathématiques, par ailleurs ami de la famille.

Acte 2. Le recteur ne trouve pas le temps de recevoir le père, pourtant fonctionnaire d'autorité appartenant à la même administration que lui. Il se contente, d'autre part, de déplacer le pédophile présumé dans un autre établissement. Quand, un an plus tard, celui-ci sera condamné à six ans de prison, cela fera mauvais genre.

Acte 3. Toute la chaîne de décisions de la rue de Grenelle, réfugiée aux abris, sous-estime un élément important : le père des deux victimes, cadre de l'Éducation nationale, ne supporte pas ce lâche déni de la part de sa propre famille professionnelle et il connaît assez bien les moyens de la rappeler à ses devoirs. Il alerte donc les médias.

Acte 4. Arrivé à l'Éducation nationale, François Bayrou demande un rapport à l'Inspection générale de l'administration de l'Éducation nationale (Igaen), à ne pas confondre avec l'autre inspection, l'Igen, qui regroupe les grands prêtres de toutes les disciplines enseignées, de la philosophie à la gymnastique. Un moyen d'éteindre l'incendie, sûrement. Manque de chance, les inspecteurs, à l'issue d'une minutieuse enquête, pointent dans leur rapport – qui restera confidentiel ! – tous les manquements de l'administration. Ils suggèrent que le ministre signe personnellement une lettre circulaire enjoignant aux responsables éducatifs de prendre des mesures conservatoires et d'entamer une procédure disciplinaire si la preuve des accusations est rapportée. Une suggestion appuyée par écrit par la chef du service de l'inspection, Céline Wiener : « L'institution, écrit ce haut fonctionnaire très courageux, sortira grandie de l'épreuve, sachant sanctionner ceux qui la flétrissent au lieu de la servir. »

Cette note est signée du 17 janvier 1994. Le directeur de cabinet du ministre l'accueille plutôt favorablement. Il s'appelle Xavier Darcos. Mais François Bayrou a les deux pieds sur le frein. À l'un de ses conseillers, il dit : « Il y a des moments où il faut savoir se taire. » Il attendra plus de trois ans avant de signer, entre les deux tours des législatives de 1997, un texte bien timide où le terme de pédophilie ne figure même pas, mais qui pouvait tout de même, au passage, le couvrir.

Quand nous l'avons révélée, fin 1999, nous pensions que cette histoire susciterait un débat gênant pour François Bayrou. Eh bien non. Les histoires de vie privée, celles ayant trait aux fonds secrets ont engendré des polémiques enflammées. Mais le ministre de l'Éducation nationale acceptant le mensonge sur une affaire aussi scandaleuse, voilà qui n'a pas semblé marquer les esprits. Parce que l'opinion publique est à ce point blasée sur l'impuissance publique en matière d'éducation et sur le cynisme de ceux qui en ont la charge ? Parce que les médias manquent parfois de curiosité ? Si tel est le cas, quel dommage ! Car c'est bien injustement que François Bayrou a été considéré comme le seul ministre de l'inaction et du double langage. La dissimulation organisée, rue de Grenelle, fait en réalité partie de la culture maison.

Le syndrome d'Hermès

Comme Hermès qui niait ses forfaits et charmait ses accusateurs pour mieux se dédouaner, l'Éducation nationale a pris l'habitude de masquer les difficultés, les échecs, les manquements. C'est l'histoire de ce dieu de l'Olympe à laquelle songe Luc Ferry lorsqu'il prend ses fonctions ministérielles, au printemps 2002. Nommé président du Conseil national des programmes[1] par son ami François Bayrou, il a

1. Créé par la loi Jospin de 1989, le Conseil national des programmes était chargé de donner un avis sur les programmes scolaires. Il a été supprimé par la loi Fillon de 2005 qui a confié ces missions au Haut Conseil de l'Éducation.

été maintenu en poste par Claude Allègre et Jack Lang avant de devenir ministre. De ce poste d'observation, il a vu fonctionner la machine de près. Moins d'un an après sa nomination au gouvernement, alors qu'il observe le système de l'intérieur depuis de nombreuses années, il livre ce diagnostic dans les colonnes de *L'Express* : « Le problème, c'est que la réalité a été niée. Mais, contrairement à ce que l'on dit, ce ministère n'est pas coupé de la réalité, il a simplement été habitué à travailler avec des ministres qui ne voulaient pas de mauvaises nouvelles. Si l'on veut savoir, cette administration est fantastique[1]. » La génuflexion devant la machine administrative n'est pas de trop pour un ministre dépourvu d'appuis politiques et parlementaires forts. Elle ne doit pas occulter la sévérité du propos : pas de mauvaises nouvelles !

Luc Ferry, par prudence ou par charité, n'évoque pas le double langage pratiqué par François Bayrou sur ce sujet crucial qu'est l'illettrisme. Celui-ci, lorsqu'il était jeune parlementaire, avait été nommé en 1987 président du Groupe permanent de lutte contre l'illettrisme (GPLI) par le Premier ministre, Jacques Chirac. Lorsqu'il était étudiant, des années auparavant, il militait dans des associations d'alphabétisation. C'est dire si celui qui deviendra le président du Modem est concerné depuis toujours par ce fléau. Depuis, sa conviction, semble-t-il, n'a jamais été entamée. En 2002, il déclare ainsi dans *Penser le changement*[2], écrit sous forme de dialogue avec... Luc Ferry : « La lutte contre l'illettrisme est un bon

---

1. *L'Express*, 17 avril 2003.
2. François Bayrou, *Penser le changement, entretiens avec Luc Ferry*, Atlantica, 2002.

moyen de lutte contre la délinquance : la délinquance est trois à quatre fois plus importante parmi les jeunes illettrés que parmi leur camarades du même âge ! » Il considère donc comme un impératif que chaque élève sache lire avant d'entrer en sixième, et appelle à « concentrer des moyens spéciaux sur les enfants dont on sait, dès sept ou huit ans, qu'ils n'acquerront pas la lecture ».

Mais, alors qu'il était ministre, François Bayrou a reçu un rapport de la direction des études et de la prospective sur l'illettrisme. Le constat dressé par ce document est alarmant. Pour la première fois, les vrais chiffres figurent noir sur blanc. Ce ne sont pas 10 % à 15 % mais plutôt 20 à 25 % d'élèves de chaque génération qui ne maîtrisent pas la lecture. Pas suffisamment, en tout cas, pour saisir le sens de ce qu'ils sont éventuellement capables de déchiffrer. Effroi du ministre, qui donne des consignes strictes à tout son entourage : « Surtout, cela ne sort pas, car c'est une insulte pour les instituteurs. » Sa fidèle conseillère Marielle de Sarnez, qui parle aujourd'hui de transparence à longueur de journée, enfonce alors le clou : « Ce sont des résultats calamiteux, n'en parlons pas. » François Bayrou assure aujourd'hui ne garder aucun souvenir de cet épisode. Il s'agirait, selon lui, non pas d'une étude interne au ministère, mais d'un rapport de l'OCDE, qui s'appuyait sur des tests idiots, comme l'interprétation de modes d'emploi de machines à laver et d'horaires de trains...

L'illettrisme à géométrie variable

Il serait injuste de faire porter au seul François Bayrou le costume encombrant de l'étouffeur. Ses prédécesseurs et successeurs, socialistes notamment, n'ont pas mis le paquet non plus pour faire éclater au grand jour la vérité. Et pour cause : les enseignants, c'est le peuple de gauche qu'il ne faut pas froisser et encore moins désespérer.

Quand il présente son plan de prévention de l'illettrisme, fin 2002, Luc Ferry ne cite aucun nom devant les journalistes, mais l'essentiel y est : malgré un nouveau rapport commandé en 1998 par Ségolène Royal au recteur Jean Ferrier, chacun joue, depuis des années, du plus grand flou que recèle la notion même d'illettrisme : de quoi s'agit-il au juste ? De ne pas savoir déchiffrer ? De ne pas pouvoir saisir le sens de ce qu'on lit ? D'être incapable de lire de bout en bout un livre ? Le mot d'ordre implicite est simple : surtout, ne rien éclaircir. Pour mieux embrouiller le bon peuple, les enquêtes réalisées mesurent tantôt la seule capacité de lecture, tantôt le niveau de compétence général (en lecture, écriture et calcul). Résultat : les statistiques diffèrent tellement d'une source à l'autre qu'il est très difficile d'évaluer sérieusement les capacités de lecture de ceux qui sortent du système scolaire. Le rapport Ferrier donne une fourchette de 21 à 35 % d'élèves ne maîtrisant pas les compétences de base à l'entrée au collège.

Une note de la direction de l'évaluation et de la prospective du ministère, datant de fin 2004, s'intéresse, elle, au niveau général atteint en fin de collège, à l'issue de la troisième, donc[1]. Elle conclut que 15 % des collégiens n'ont aucune maîtrise des compétences fondamentales, ou bien sont en difficulté

---

1. Direction de l'évaluation et de la prospective, note d'information n° 04-09.

« devant un texte complexe ou comprenant un vocabulaire peu courant ». 15 %, ce n'est pas glorieux,
mais cela semble plus encourageant que les 21 à
35 %, soit en moyenne 28 %, qui, selon le rapport
Ferrier, sont à la dérive en entrant au collège. Cela
signifierait-il que le collège permet de spectaculaires
rattrapages ? Impossible, puisque tous les spécialistes, d'accord entre eux pour une fois, considèrent
que 80 % des enfants qui ne savent pas lire en fin de
CE1 connaîtront l'échec scolaire. Alors ? Alors, les
statistiques du ministère sont suffisamment éparses
et très difficiles à comparer dans le temps pour que
chacun puisse se faire sa petite idée personnelle des
ravages de l'illettrisme. Selon la conjoncture du
moment, il est toujours possible de sortir le chiffre
adapté.

Un problème, toutefois, a surgi en 2004. Depuis
cette date, la direction de l'évaluation du ministère[1]
effectue chaque année une étude sur les capacités de
lecture des jeunes de 17-18 ans lors de la Journée
d'appel de préparation à la défense (JAPD). Un test
national unique au monde. En juillet 2009 étaient
publiés les résultats de 2008 : 21,4 % des 800 000 garçons et filles testés se révélaient des « lecteurs inefficaces », ce qui fait beaucoup. Mais la note présente
la réalité à sa façon : « En 2008, près de huit participants à la JAPD sur dix sont des "lecteurs habi-
les". » Ce qui produit une impression moins
désastreuse que de dire que plus d'un jeune Français
sur cinq ne sait pas se débrouiller avec la lecture.
« L'exploitation des résultats de l'année 2008 dessine
une stabilisation relative de la proportion des jeunes

---

1. Plus précisément la Depp, ou direction de l'évaluation, de la prospective et de la performance.

en difficulté de lecture par rapport aux deux années précédentes[1] », poursuit la présentation de la note. « Stabilisation relative », mais encore ? Plus crûment, on pourrait dire que le niveau ne baisse pas trop. Qu'il remonte même un peu en 2008 : les lecteurs inefficaces, pour reprendre la grotesque terminologie maison, étaient 21,8 % en 2007, le moins bon score depuis 2004, où l'on comptait 20,5 % de personnes ne maîtrisant pas correctement l'écrit.

Mais qu'on se rassure : « Une meilleure qualité de correction (au fil des années) pourrait expliquer, au moins en partie, l'augmentation de la proportion de jeunes en difficulté de 2004 à 2008. » Autrement dit, ce n'est pas le niveau des candidats qui baisse, mais celui des correcteurs qui monte. Youpi !

La direction de l'évaluation du ministère, en vérité, a voulu supprimer ces tests réalisés lors de la JAPD. Afin de casser le thermomètre ? Le ministre de l'époque, Xavier Darcos, s'y est opposé. Les apparatchiks ont riposté à leur manière, en modifiant la nature des épreuves, pour, soi-disant, les « automatiser ». Les jeunes répondent grâce à un boîtier électronique aux questions qui défilent sur un grand écran. Une formule qui, selon le ministère, « réduit considérablement les attitudes négatives qui, jusque-là, pouvaient brouiller la mesure des performances de certains profils[2] ». Une idée pour les années à venir : transformer le test en jeu vidéo, pour réduire encore les « attitudes négatives ».

1. Note d'information 09-19, direction de l'évaluation, de la prospective et de la performance.
2. Les évaluations en lecture dans le cadre de la Journée d'appel de préparation à la défense, année 2009, note d'information du ministère de l'Éducation nationale n° 10-11, août 2010.

Cette modification interdit les comparaisons avec les années précédentes, c'est d'ailleurs le but essentiel de l'opération. Pourtant, le pourcentage de « lecteurs efficaces » est merveilleusement stable : 79,8 %. Mais qui sont ces lecteurs ? On trouve parmi eux le profil baptisé « 5c » : 10,2 % des jeunes, qui éprouvent des « difficultés d'identification de mots ». Question : peut-on être un « lecteur efficace » lorsque l'on peine à identifier des mots ? Réponse du ministère : cette « population de lecteurs, malgré des déficits importants des processus automatisés impliqués dans l'identification des mots, réussit les traitements complexes de l'écrit, et cela en s'appuyant sur une compétence lexicale avérée. Leur lecture est fonctionnelle grâce à une compensation lexicale avérée ». Ouf ! Mieux vaut en rire : à ce stade, c'est le lecteur de cette note dite d'« information » qui redoute de présenter des « déficits importants des processus impliqués dans l'identification des mots ».

C'est pourtant très grave, comme l'explique un haut fonctionnaire du ministère : « Cela signifie qu'ils ne savent pas lire. La stratégie de ces notes consiste à tout dire, mais de telle manière que le lecteur ne détecte rien. Ce n'est pas tout à fait du mensonge, mais du camouflage, assurément ! »

En effet. Un peu plus loin, les rédacteurs de ce chef-d'œuvre de non-dit précisent : « La question qui se pose pour ces jeunes reste celle des effets d'un éventuel éloignement des pratiques de lecture et d'écriture : les mécanismes de base étant insuffisamment automatisés, s'ils s'éloignent de toute pratique, l'érosion des compétences peut les entraîner vers une perte d'efficacité importante dans l'usage des écrits. »

Malgré le charabia technocratique, tout est donc dit, ou presque. Si l'on ajoute ces 10,2 % aux 20,2 % de lecteurs défaillants, le pourcentage de jeunes qui ne maîtrisent pas la lecture s'élève à... 30,4 %. Presque un sur trois ! Pour les autres, les « efficaces », ce n'est pas tout à fait gagné : « Leur compétence en lecture, disent les auteurs de cette étude, devrait évoluer positivement. » « Devrait »... L'emploi du conditionnel suggère que même eux ne sont pas forcément sortis d'affaire.

Bienvenue à Miniville

Tous ceux qui ont apprécié dans leur enfance les aventures de Oui-Oui, le pantin de bois avec son bonnet bleu à grelots, gentil chauffeur de taxi à Miniville, le pays des jouets où la vie est souriante, peuvent trouver un prolongement de ce monde enchanté dans un endroit magique : la rue de Grenelle. Dans ce royaume de Oui-Oui, pas d'illettrés, seulement des lecteurs inefficaces dont le nombre n'augmente pas puisque l'on change les catégories et la règle du jeu en cours de route.

Le petit tas de secrets de l'Éducation nationale comporte tant de joyaux qu'il est difficile de les exposer tous en pleine lumière. Qui ose évoquer ouvertement la crise des vocations pour le second degré ? Ceux qui envisagent d'enseigner dans les collèges se font de plus en plus rares. Dans une étude réalisée pour la Fondation pour l'innovation politique (Fondapol, créée par l'UMP), Marie-Christine Bellosta, maître de conférences à l'École normale supérieure, a apporté un éclairage saisissant sur ce phénomène. Les candidats au Capes de lettres classiques ont 44 % de chances d'être admis. Un sur deux ! Pour un concours autrefois très sélectif, c'est beaucoup.

Ce taux est moins élevé en lettres modernes (35 %), en mathématiques (29 %), en anglais et en physique-chimie (25 %). Dans toutes les matières, il traduit une désertion inquiétante des candidats, puisque entre 1999 et 2005, il est devenu deux fois plus facile de décrocher le Capes de lettres modernes.

La véritable révélation que contient ce document est pourtant ailleurs. Il s'agit de la « barre d'admission », autrement dit de la note obtenue par le dernier admis au Capes de lettres modernes : il oscille, selon les années, entre 7,5 et 9 sur 20. Certains futurs professeurs, donc, obtiennent des notes très inférieures à la moyenne au concours d'admission.

Dans les matières scientifiques, ce n'est pas mieux. C'est même parfois pire. En 2002, le dernier admis au Capes de sciences de la vie et de la terre a obtenu une moyenne de 5,8 sur 20. C'est peu, très peu. Mais cela n'empêche pas la présidente du jury, inspectrice générale de l'Éducation nationale, d'écrire dans son rapport : « L'analyse des résultats montre que l'oral, avec une moyenne supérieure à celle de l'écrit, a permis de recruter de bons candidats. » Un trait d'humour noir ? Il est vrai que le dernier admissible, convoqué, donc, pour les épreuves orales, affichait une moyenne, à l'écrit, de... 5 sur 20.

Les années suivantes, les résultats s'améliorent un peu. Le dernier admis obtient 6,9 en 2003, 7,2 en 2004, 7,6 en 2005, 8,8 en 2006, 8,4 en 2007, 9 en 2008, 8,5 en 2009. Ce – très léger – frémissement des notes ne signifie pas que le niveau monte, mais traduit le fait que le nombre de postes ouverts diminue, entraînant mécaniquement une sélectivité un peu plus grande. Or ces derniers admis, qui obtiennent des notes médiocres, ont, depuis, rejoint les salles de classes de lycées et de collèges, et sont censés transmettre leur « savoir » aux élèves.

« Les maisons d'édition relèvent un symptôme très clair de cette déqualification des professeurs : les enseignants ne choisissent plus pour leurs classes de manuels scolaires, aussi bons soient-ils, qui ne sont pas accompagnés par des "livres du maître" détaillés, qui sont en vérité des cours pour former le professeur[1] », écrit Marie-Christine Bellosta.

Une agrégée de géographie a raconté quelques scènes édifiantes issues de sa participation au jury du Capes de géographie 2008. Un candidat est interrogé sur la Russie. « Nous tentons de lui faire reconnaître le portrait de Staline sur l'une des photos fournies par le dossier documentaire, écrit Claire Mazeron, vice-présidente du Snalc[2], le syndicat dit "de droite" des enseignants des lycées et collèges, dans son livre *Autopsie du mammouth*. Mais l'image du petit père des peuples ou celle de la faucille et du marteau le laissent perplexe. Mieux encore : la révolution de 1917 non plus ne lui dit rien. Et il comprend apparemment mal la pertinence de telles questions. C'est une épreuve de géographie ! Pas d'histoire... Difficile de lui faire comprendre qu'un programme centré sur la Russie actuelle ne saurait faire l'économie de connaissances – très sommaires – sur l'URSS [...]. Une candidate incapable de définir une vallée – après une préparation où sont autorisés ouvrages

---

1. Marie-Christine Bellosta, *De la diplômation à l'emploi : pour un renouveau de la politique scolaire et universitaire*, Fondation pour l'innovation politique, 2006.
2. Snalc : Syndicat national des lycées et collèges.

multiples et dictionnaires – nous montre longuement des photographies prises en Autriche pour illustrer un sujet sur… la France, et nous achève définitivement en remontant le cours du Rhône jusqu'aux Ardennes[1]. »

Un ancien membre du cabinet de Jack Lang a, lui aussi, vécu des moments difficiles lorsqu'il était jury du concours de professeur des écoles. Durant l'épreuve orale, il demande à une candidate quel est l'hymne national français. La jeune femme panique un moment avant de retrouver le sourire : « Je sais, je sais, c'est la Francilienne ! »

Le niveau baisse donc vertigineusement, dans les faits. Celui des élèves, mais aussi celui des professeurs, ce qui est au moins aussi fâcheux.

Casser le thermomètre

Pour éviter toute polémique stérile, la rue de Grenelle parvient, non sans talent, à brouiller les pistes. Elle en a fait la preuve, en 2009, lorsqu'elle a modifié les tests d'évaluation passés lors de la Journée d'appel de préparation à la défense.

Les évaluations des enfants d'école primaire ? Elles ont changé plusieurs fois de contenu et de niveau. Jusqu'en 2005, elles étaient réalisées en CE2 et à l'entrée en sixième. Elles s'effectuent désormais en CE1 et en milieu de CM2. Difficile, dans ces conditions, d'établir des comparaisons dans le temps, et de tenter de répondre à la lancinante question sur la hausse ou la baisse du niveau. Et il est exclu,

---

1. Claire Mazeron, *Autopsie du mammouth*, Éditions Jean-Claude Gawsewitch, 2010.

évidemment, de connaître les performances de chaque école. Les chiffres sont publiés par département. Afin de ne pas stigmatiser les écoles les plus médiocres ? Pas seulement. « Si l'on donne des résultats école par école, on court le risque d'être boycottés l'année suivante », a expliqué un conseiller au cabinet de Xavier Darcos. L'unité de base choisie, le département, est suffisamment large pour ne fâcher personne.

Le cas de la violence scolaire, qui a beaucoup occupé les esprits au début de l'année 2010, est exemplaire de cette volonté de casser le thermomètre pour éviter de devoir commenter l'état clinique du malade.

En 2000, Jacques Dupâquier, ancien directeur de recherche à l'Ehess[1], rend un rapport à l'Académie des sciences morales et politiques dans lequel il regrette le manque de fiabilité des données disponibles sur le sujet[2]. Un an plus tard, ses désirs sont comblés. Grâce au logiciel Signa, installé en 2001, tous les incidents graves survenus dans les écoles, collèges et lycées font l'objet d'un signalement de la part du chef d'établissement. Très vite, il apparaît que ce système n'est pas satisfaisant. Même s'il est de bonne foi, le proviseur n'est pas toujours informé, par exemple, des cas de racket, dont la nature même est de se réaliser dans la plus grande discrétion. Mais surtout, certains – la plupart – ont tendance à sous-déclarer : pourquoi un responsable irait-il avouer

---

1. École des hautes études en sciences sociales.
2. « Peut-on mesurer objectivement la violence scolaire ? », *Sciences humaines*, n° 208, octobre 2009.

que son établissement n'est pas tenu ? D'autres, ceux qui n'ont plus à craindre pour la réputation de leur établissement, déjà solidement établie, sont tentés, au contraire, d'en rajouter afin d'obtenir des moyens supplémentaires, sous la forme de nouveaux postes de surveillants, par exemple.

Mais ces biais, pendant plusieurs années, ne dérangent personne. « Plus de la moitié des faits graves ont lieu dans 10 % des établissements, remarque Luc Ferry[1]. Et ce ne sont jamais ceux que fréquentent les enfants des élites politiques et administratives. Donc, 80 000 "incidents" signalés chaque année, cela restait très théorique aux yeux de nombreux décideurs. » Voilà pourquoi les nombreuses imperfections de Signa, tout comme la réalité – très inquiétante même sous-évaluée – qu'elle révèle, ne semblent pas émouvoir les grands prêtres de la rue de Grenelle.

Tout change en janvier 2007, lorsque *Le Point* publie, grâce aux données de Signa que des journalistes ont réussi à se procurer, le palmarès des lycées les plus violents. L'institution tout entière, à de rares exceptions près, est révulsée par la « stigmatisation » qui risque de s'abattre sur les coupe-gorges de la République. Comme si les initiés avaient attendu la divulgation de ces chiffres pour savoir où ne pas inscrire leurs enfants ! En tout cas, Signa est enterré immédiatement. Le ministère est bien aidé, il est vrai, par le Syndicat des personnels de direction de l'Éducation nationale, qui demande tout bonnement à ses adhérents de s'abstenir de communiquer le moindre incident.

---

1. Entretien le 17 février 2010.

Signa est mort, vive Sivis, réalisé à partir d'un panel de 1 500 établissements. Un panel anonyme, évidemment. La note d'information du ministère qui rend compte de l'enquête Sivis révèle le nombre d'incidents graves déclarés dans le second degré pour 1 000 élèves : 11,6 en 2007-2008, 10,5 en 2008-2009, 11,2 en 2009-2010. Qu'en conclure ? Rien, justement. « La différence observée sur l'ensemble des trois années, quant à elle, n'est pas statistiquement significative[1] », préviennent ses rédacteurs. À quoi bon publier des résultats s'ils ne révèlent aucune tendance ? Comme pour la mesure de l'illettrisme lors de la JAPD, il s'agit peut-être tout simplement de montrer que le ministère s'occupe des vrais problèmes et que la situation, à défaut de s'améliorer, ne se dégrade pas de manière « significative ».

Communication mensongère

En 2007, pendant la campagne présidentielle, le candidat Sarkozy promet qu'il s'occupera des « orphelins de 16 heures », ces enfants et adolescents qui, une fois sortis de l'école, n'ont personne pour les prendre en charge. Dès le mois de juillet, une circulaire du nouveau ministre de l'Éducation nationale, Xavier Darcos, met en place l'accompagnement éducatif dans les collèges situés en zones d'éducation prioritaire (ZEP). Il s'agit de proposer chaque soir deux heures d'aide aux devoirs, de sport,

---

1. Note d'information 10.00, novembre 2010, direction de l'évaluation, de la prospective et de la performance, ministère de l'Éducation nationale.

de pratique culturelle et artistique ou, plus rarement, de perfectionnement linguistique.

À la rentrée 2008, ce système s'étend aussi aux écoles primaires situées dans ces zones, et il doit être généralisé, en septembre 2009, à l'ensemble des établissements. C'est l'époque où Philippe Court, le directeur de cabinet de Xavier Darcos, veut inciter les inspecteurs d'académie à multiplier les initiatives : « Allez-y, c'est open bar », leur dit-il. Pour une fois que l'argent coule à flots ! En juin 2008, dans un discours prononcé à l'occasion du bicentenaire des recteurs, Nicolas Sarkozy vante le dispositif : « Avec l'accompagnement éducatif, nous nous attaquons à une formidable inégalité. L'inégalité entre ceux qui ont la chance, de retour à la maison, d'être aidés, et ceux qui sont seuls, laissés à eux-mêmes. »

Après cette démonstration d'autosatisfaction, la communication du ministère, sous Xavier Darcos puis sous Luc Chatel, reste inchangée : gé-né-ra-li-sa-tion de cette merveilleuse mesure égalitaire. Or, au fil des mois, il faut se rendre à l'évidence – bien cachée : ces belles paroles ne sont rien d'autre qu'un vilain mensonge. À la rentrée 2009, le ministère a en effet renoncé à ce beau dessein. Même s'il est difficile de recueillir des chiffres précis, il semble que 3 000 écoles sur 55 000 aient accueilli, durant l'année scolaire 2009-2010, des orphelins de 16 heures. C'est peu. C'est symbolique.

Pourquoi une telle mystification ? Pour masquer un échec annoncé. Car les enseignants, appâtés par les heures supplémentaires, devaient être la cheville ouvrière du dispositif. Las ! C'était oublier que plus de 80 % des instituteurs sont des enseignantes, qui ont choisi ce métier, entre autres, afin de pouvoir être disponibles pour leurs propres enfants après la sortie des classes. Les volontaires, donc, ont fait cruellement défaut.

Pour ne rien arranger, les syndicats s'en mêlent au printemps 2010 et écrivent une lettre à Nicolas Sarkozy pour dénoncer les effets pervers de cette initiative. Alors que sa cote est déclinante, le Président ne peut pas prendre le risque de mécontenter si peu que ce soit la caste des enseignants. Son ministre, Luc Chatel, reçoit une feuille de route très simple : pas de vague. Il la respecte d'ailleurs avec beaucoup de zèle.

Mais comment câliner les syndicats en ne donnant pas aux parents le sentiment désagréable de voir des promesses non tenues ? En maintenant la fiction que « ça marche ». Sur son site, le ministère communique ainsi le nombre d'élèves concernés pour les années scolaires 2007-2008 et 2008-2009, mais s'abstient de donner la moindre indication sur 2009-2010. C'est plus prudent.

Il y a plus grave que la communication mensongère du ministère. Avant que ne soit annoncé en fanfare l'accompagnement éducatif, la plupart des municipalités proposaient elles-mêmes des formules d'aide à la scolarité, plus spécialement dans les écoles primaires. Elles étaient pour cela largement subventionnées par la politique de la Ville. Jean-Louis Borloo, ministre en charge du dossier, avait rédigé une sorte de plan quinquennal pour la période 2005-2009, un plan de cohésion sociale qui incluait un volet réussite éducative. L'enveloppe attribuée à cette dernière mission devait s'élever à 62 millions d'euros en 2005, 174 en 2006, puis 411 millions durant les trois années suivantes. En 2009, ce sont 79 millions seulement qui ont été débloqués sur les 411 programmés. Prenant acte que l'accompagnement éducatif était désormais assuré par la rue de Grenelle, l'Agence nationale pour la cohésion sociale et l'égalité des chances (Acsé), qui gérait l'enveloppe « réussite scolaire » prévue par Jean-Louis Borloo, a décidé de l'employer à autre chose. Elle a recommandé aux préfets de se désengager de cette activité, pour redéployer les crédits vers la santé et la parentalité. Certains d'entre eux ont fait de l'excès de zèle et ont carrément coupé les vivres aux communes qui bénéficiaient de subventions pour organiser l'accompagnement scolaire. Et quand celles-ci demandaient des explications, il leur était répondu que, désormais, c'était l'Éducation nationale elle-même qui prenait en charge cette mission.

Beaucoup de maires ont découvert trop tard la supercherie. Et la merveilleuse réforme de l'accompagnement éducatif a créé de nouveaux « orphelins de 16 heures ». Mais cela, personne n'en parle.

Les facs font de la résistance

Il arrive aussi que les dirigeants souhaitent sincèrement instaurer une certaine transparence. Alors qu'ils produisent à longueur d'année des tableaux, statistiques et autres indicateurs sur les choux farcis, l'administration de l'Éducation nationale et ses satellites font preuve d'une résistance hors du commun pour ne pas divulguer certaines informations. De préférence celles qui permettraient de mesurer l'efficacité du système. Ainsi, la loi LRU (Libertés et responsabilités des universités), portée par la ministre de l'Enseignement supérieur et de la Recherche, Valérie Pécresse, prévoit que tous les établissements fournissent désormais des statistiques sur les taux de réussite et d'insertion professionnelle. « Tous les pays de l'OCDE publient ces chiffres depuis longtemps, explique un haut fonctionnaire. C'est indispensable pour éviter les effets pervers engendrés par l'opacité. Par exemple, beaucoup de gens croient encore que les pilotes de ligne sont trop nombreux et ne trouvent pas de travail. C'est faux. Mais le grand public ne peut pas le savoir, les chiffres ne sont pas disponibles. »

Pourquoi ? Tout simplement parce que de nombreuses universités non seulement ne veulent pas publier ces données, mais, dans un certain nombre de cas, évitent de les collecter. Un président d'université a même déclaré qu'il faudrait lui passer sur le corps pour qu'il s'abaisse à donner de tels chiffres.

Question d'idéologie, bien entendu. Pour certains, la mission des universités consiste à donner accès à une culture générale sans se confronter à une réalité salissante, celle des débouchés professionnels. C'est ainsi que, selon le rapport Hetzel[1] sur l'enseignement supérieur et l'insertion réalisé après la crise du CPE, la situation française est préoccupante : 11 % des diplômés de l'enseignement supérieur sont toujours au chômage trois ans après l'obtention de leur parchemin.

Question d'intérêt bien compris, aussi. « La hantise, poursuit notre haut fonctionnaire, c'est l'idée du classement. Tout le monde sait à peu près, parmi les initiés, l'établir de façon informelle. Mais tant que ce n'est imprimé nulle part, cela ne porte pas à conséquence… » L'Onisep, l'Office national d'information

---

1. « De l'université à l'emploi », rapport du recteur Patrick Hetzel remis à Dominique de Villepin le 24 octobre 2006, et commandé après la crise provoquée par la mise en place, puis l'abandon, du contrat première embauche (CPE).

sur les enseignements et les professions, se contente donc d'afficher les formations proposées par chaque établissement, mais ne livre aucune donnée sur les effectifs, encore moins sur les débouchés. Impossible de trouver des informations cohérentes, entre les facultés qui refusent de faire remonter les chiffres et le recensement propre au ministère. « Il existe une sorte de double comptabilité, explique en souriant l'un des intervenants dans cette chaîne infernale car improductive. Comme plusieurs services sont concernés, quand les statistiques existent, elles diffèrent selon le service qui les a collectées. Concrètement, elles sont inexploitables. » C'est sans doute le but recherché...

8

Vraies fausses réformes

> « Agir est autre chose que parler, même
> avec éloquence, et que penser, même avec
> ingéniosité. »
>
> Marcel PROUST

Nicolas Sarkozy l'a dit. Xavier Darcos l'a fait.
Roulements de tambour, sonneries de trompette : les
IUFM[1] sont supprimés. Voilà. Ces forteresses de la
pensée pédagogique, très critiquées depuis des
années pour leur propension à préférer les modules
de dynamique de groupe à la dictée, n'auront plus
lieu d'être à partir de 2010. Seul problème : à la rentrée 2010, les IUFM se portent très bien, merci. La
plaque vissée sur leur devanture a parfois changé, la
couleur de la peinture aussi, mais tout le reste
demeure. Ils sont même plus vivaces que jamais.

---

1. Les IUFM, ou instituts universitaires de formation des maîtres,
créés par la loi Jospin de 1989, formaient, pendant un à deux ans
selon les cas, les enseignants du premier et du second degrés.
Héritiers des écoles normales, ils ont très vite été peuplés par les
tenants de la pédagogie et ont fait l'objet de critiques acerbes,
notamment de la part de jeunes professeurs passés par leur
moule.

Voilà l'exemple type de la fausse réforme dans l'Éducation nationale.

Retour en arrière. En 2005, la loi Fillon rattache les IUFM à l'Université. Officiellement, tout le monde est content. Ces établissements d'enseignement supérieur ont toujours rêvé d'un vrai statut qui les débarrasse de leur complexe d'école professionnelle, tandis que les présidents d'université ne sont jamais fâchés par la perspective de voir leur territoire s'agrandir. En vérité, dans l'esprit de ses promoteurs, cette réformette est le premier clou qu'ils enfoncent dans le cercueil des IUFM. Mais pour ne contrarier personne, il faut agir avec doigté.

Le second acte intervient en janvier 2008, quand Xavier Darcos et Nicolas Sarkozy annoncent que tous les enseignants seront désormais recrutés durant leur dernière année de master, à l'université. Sur le papier, cette réforme signe le triomphe de l'enseignement disciplinaire et la fin des IUFM, puisque les futurs enseignants suivront une formation disciplinaire à l'université. C'est le vœu du président de la République et de son ministre de l'Éducation. Le nouveau dispositif doit entrer en application dès la rentrée 2010.

Septembre 2010 : les IUFM ont survécu à la volonté du politique. Pas besoin pour cela de pouvoirs surnaturels, mais plutôt d'une bonne connaissance du pacte, qui autorise les plus hautes autorités du pays à vilipender publiquement les IUFM tout en tolérant, en coulisse, que ceux-ci continuent de fonctionner comme avant. Selon *Le Canard enchaîné*, c'est Nicolas Sarkozy lui-même qui exige d'enterrer le décret les supprimant en février 2009, après des semaines de contestation dans les lycées : « Je ne veux plus voir les enseignants, les chercheurs et les étudiants dans la rue, éructe-t-il un week-end de la fin janvier lors d'une réunion à l'Élysée [...]. Fini la suppression des IUFM. Vous me réglez ça. Vous vous couchez. Je m'en fous de ce que racontent les cons du ministère ! S'il le faut, vous n'avez qu'à faire rédiger les textes par les syndicats, mais qu'on passe à autre chose ! On a bien assez de problèmes comme ça. De toute façon, ce n'étaient que des projets de merde[1]. »

Il existe 32 IUFM en France, qui font vivre 4 500 formateurs à temps plein et 20 000 à temps partiel. Autant de personnes qui, en cas de fermeture, risquent d'être renvoyées dans des classes. De vraies classes, peuplées d'enfants ou d'adolescents, pas des sinécures protégées de la réalité quotidienne.

En 2005, le rattachement aux universités suscite une certaine fierté chez les plus naïfs, et de la méfiance chez les plus roués qui redoutent d'être dilués et de perdre du pouvoir. La première manœuvre consiste donc à choisir son port d'attache : vers quelle université mettre le cap ? Plusieurs sénateurs, de droite comme de gauche, sont approchés pendant la discussion de la loi Fillon pour y introduire un amendement destiné à rattacher les IUFM de Paris et de Lyon aux Écoles normales supérieures. But de la manœuvre : s'arrimer à une institution de petite taille qui n'aura pas les moyens matériels d'en contrôler une autre, bien plus grosse qu'elle. Les dirigeants de Normale sup, alertés, ne se laissent pas faire. Gérard Longuet, alors vice-président de la commission des Affaires culturelles et de l'Éducation, est

---

1. *Le Canard enchaîné*, 3 mars 2009.

alerté et convaincu. L'amendement est retiré. La première manche se termine par une défaite, provisoire, des IUFM.

La deuxième manche se joue entre 2007 et 2010. Les IUFM, cette fois officiellement rattachés aux universités, déroulent alors, devant tous les cénacles, un argumentaire souvent utilisé dans la vulgate pédagogiste : si la révolution a échoué, c'est parce qu'elle n'est pas allée assez loin. Le lobby parvient ainsi, durant l'hiver 2007-2008, à convaincre les membres de la commission Pochard sur l'évolution du métier d'enseignant, qui écrivent dans une première mouture de leur rapport, à propos de la formation : « La création des IUFM, il y a plus de quinze ans, avait pour objectif d'améliorer la situation dans ce domaine ; à l'évidence, un nouveau pas doit être franchi. » Pour que cette ode aux IUFM disparaisse du document final, il faut une réaction indignée d'un des membres de la commission, le professeur au Collège de France Antoine Compagnon. Celui-ci rappelle quelques vérités à ses pairs : seule une petite moitié des candidats réussissant au concours du Capes proviennent de cette filière très contestée. C'est un peu comme si la moitié seulement des admis à Polytechnique venait des classes préparatoires, les autres se présentant en candidats libres. Un tel fiasco aurait vite fait de jeter l'opprobre sur les prépas.

Les IUFM, eux, ne se posent pas de telles questions et s'installent dans leurs nouvelles pénates. Celui de l'académie de Versailles, par exemple, élit domicile à Cergy, toute petite faculté, plutôt qu'à Nanterre. Il est plus facile de faire la loi chez les petits que chez les grands.

Même dans les universités peu favorables aux vapeurs de la pédagogie, comme Paris IV-Sorbonne par exemple, rien ne bouge. Et pour cause : « Le ministère a décidé que chaque université devait gérer l'IUFM qui allait lui être rattaché, explique ce professeur à Paris-IV. Mais les responsables de cette faculté, qui travaillent depuis des années avec leurs collègues des IUFM, ne se sentent pas de venir leur dire tout à coup que c'est fini, qu'ils sont virés. Les politiques se sont défaussés sur eux. Or, même s'ils savent qu'il ne faudrait garder que 20 % de formateurs et remercier les autres, ceux-ci n'ont pas la légitimité pour faire seuls le sale boulot. »

Avec un peu de chance, ces couveuses de beaux esprits progressistes risquent même de tirer avantage de la réforme, surtout pour le premier degré, par essence pluridisciplinaire ! Au lieu de proposer une année de formation aux étudiants, ils peuvent désormais leur en proposer deux, voire cinq : les trois ans de licence, puis les deux de master. C'est d'ailleurs ce qu'ils ont fait dès la rentrée 2010, avec des formations de « métiers de l'enseignement, de l'éducation et de la formation (dits M2EF). La plaquette de l'IUFM de l'académie de Versailles proclame sans complexe : « Nos masters, la clé de votre réussite », tandis qu'à Lyon, on élargit l'offre à des masters d'« enseignement et diffusion des sciences expérimentales » pour préparer aux Capes des matières scientifiques, se substituant ainsi à l'enseignement disciplinaire que les facultés devaient assurer directement.

Parfois, le contrat passé entre l'université et l'IUFM va plus loin encore. À Nantes, par exemple, celui-ci est également chargé de la « préprofessionnalisation », autrement dit de la formation pédagogique liée à l'obtention de la licence. À cause des lâchetés accumulées, la réforme a donc abouti à l'inverse de son objectif initial : au lieu de rendre plus rigoureuse la formation pédagogique dans un esprit universitaire, destiné à accroître la compétence des futurs professeurs dans leur discipline – ce qui n'est pas un luxe, lorsqu'on se souvient des notes obtenues par les derniers admis au Capes –, elle favorise une contamination du monde universitaire par l'idéologie destructrice des IUFM.

Faire et défaire...

La rue de Grenelle est un « tout petit monde », pour reprendre l'expression de l'écrivain britannique David Lodge[1]. Les responsables aux commandes (le ministre, ses conseillers, les directeurs d'administration centrale...) changent très souvent, mais le vivier n'est pas inépuisable. À chaque remaniement, les placards se vident pour remplir les cabinets et les hauts postes, placards que rejoignent les titulaires d'hier. Un système de vases communicants assez pervers. D'abord, parce qu'il banalise la lâcheté. Quand ils étaient repliés dans leurs cages dorées, les nouveaux responsables ont eu tout le loisir de voir leurs prédécesseurs reculer en rase campagne. Ils savent donc, par avance, qu'ils ne seront ni les premiers ni les derniers.

Mais les uns et les autres prennent un certain plaisir à détricoter ce qu'ont à grand-peine mis en place ceux dont ils ont pris la place. Surtout quand il s'agit d'aller dans le sens du vent, celui des revendications syndicales, bien entendu.

Gilles de Robien, souvent moqué par les lettrés qui ont regardé de haut cet autodidacte devenu ministre

---

1. David Lodge, *Un tout petit monde*, Rivages, 1984.

de l'Éducation, avait pourtant mis en place des réformes audacieuses. Le 12 février 2007, à son initiative, est ainsi publié un décret qui revoit les obligations de service des enseignants du second degré. Il vient modifier un texte qui date de... 1950 ! Un texte auquel personne n'a jamais osé toucher puisqu'il accorde, par exemple, des « heures gratuites », payées mais non travaillées, à un certain nombre de professeurs. Les « heures de première chaire », puisque c'est leur nom, sont une particularité méconnue de l'Éducation nationale. Il suffit d'enseigner au moins six heures devant plus de vingt élèves en classes de première, de terminale, de prépa ou de BTS pour bénéficier d'un « bonus » d'une heure. Au total, ce petit plus représente l'équivalent de 5 000 postes à temps plein.

En 2007, Gilles de Robien, donc, décide de supprimer ces privilèges quand ils ne correspondent pas à un travail réel. Les syndicats hurlent, mais les mois passent et les grandes vacances approchent. La France n'est pas à feu et à sang, d'autant que les professeurs des écoles et des collèges ne se montrent pas très solidaires : cet avantage acquis ne les concerne pas. La partie semble donc gagnée.

Mais Nicolas Sarkozy, tout juste élu, reçoit les syndicats enseignants à l'Élysée. Il leur promet d'abroger le décret Robien et de continuer à distribuer des heures gratuites en vertu d'un texte datant de 1950. Quel bonheur, sûrement, de s'essuyer les pieds sur le travail réalisé par l'ennemi, Dominique de Villepin, le Premier ministre sortant, tout en brossant les nouveaux amis syndicalistes dans le sens du poil ! L'« heure de première chaire » existe toujours...

Deux ans passent. Xavier Darcos quitte la rue de Grenelle. Il est remplacé par Luc Chatel, qui choisit comme conseiller spécial Bernard Thomas, lequel avait été directeur adjoint puis directeur du cabinet de Gilles de Robien. Les portes des placards, comme à l'accoutumée, s'ouvrent et se referment. La réforme des programmes du primaire a été mise en place par l'équipe Darcos, avec plusieurs lignes directrices : le retour aux « fondamentaux » ; l'aide personnalisée aux élèves ; leur évaluation en fin de CE1 et en milieu de CM2. Ce troisième pilier du changement, dans l'esprit de ses promoteurs, n'est pas le moins important. Il permet en effet de repérer les problèmes tant qu'il est encore possible de les résoudre (il reste cinq mois avant le passage en sixième). Il doit, surtout, responsabiliser les enseignants, alors que les tests effectués en début d'année – c'est le cas, notamment, en CE1 – ne concernent absolument pas les performances du nouvel instituteur, qui ne se sent pas comptable des lacunes accumulées l'année précédente.

Mais l'évaluation nationale de CM2 est décriée par une minorité très active d'enseignants qui se sont autoproclamés « désobéisseurs ». Ils refusent, par conséquent, de faire faire les évaluations et d'assurer l'aide personnalisée. Le ministère, pour une fois, a décidé de montrer ses muscles à leur endroit : suspension de traitement, procédures disciplinaires... Pour la rentrée 2010, les équipes de Luc Chatel ont reconduit le dispositif, mais réfléchissent à un changement de date des évaluations. Ce serait alors le début de la mise à mort de la réforme Darcos du primaire. Et une nouvelle chance de moderniser (un peu) le système qui aura été gâchée.

Un plan chasse l'autre

Le 29 mars 2010, au Salon du livre, Luc Chatel présente ses mesures de prévention de l'illettrisme. Il y en a un peu pour tout le monde. L'accompagnement éducatif[1], déjà présent dans les établissements d'éducation prioritaire, sera étendu... aux écoles d'outre-mer à la rentrée 2010. La belle affaire ! Il devait être généralisé à toutes les écoles et tous les collèges, déjà, en 2009. Les annonces du ministre sont donc très en retrait par rapport aux engagements pris par Nicolas Sarkozy et portés par Xavier Darcos.

Mais comment y croire encore, alors que les plans succèdent aux plans depuis vingt ans ? Il y a eu les « classes d'adaptation » dans les années soixante-dix. Ensuite, on a connu la mise en place des Gapp (Groupes d'aide psychopédagogique) chargés des cas les plus lourds. En 1990, ils ont été remplacés par les Rased, ces réseaux d'aide spécialisée qui ne font pas l'unanimité, loin s'en faut. L'Éducation nationale sait toujours se montrer créative en matière de terminologie. Puis ce furent les « classes lecture », celles à effectifs réduits, renforcées, décloisonnées... En 2002, le ministre Luc Ferry met en chantier un programme ambitieux contre l'illettrisme, avec, notamment, le dédoublement des classes de cours préparatoire. En 2009, c'est le même Luc Ferry qui, devenu président délégué du Conseil d'analyse de la société, signe un ouvrage intitulé *Combattre l'illettrisme*[2]. Qu'écrit-il ? « Le problème

1. Destiné, rappelons-le, à accueillir les élèves après les heures scolaires afin d'en finir avec les « orphelins de 16 heures », selon l'expression de Nicolas Sarkozy.
2. Luc Ferry avec le Conseil d'analyse de la société, *Combattre l'illettrisme*, Odile Jacob, 2009.

est posé depuis longtemps sans jamais être traité par des moyens appropriés et à l'échelle du défi. » En effet, puisque, toujours selon Ferry, « au total, ce sont plus de 35 % de nos enfants qui peinent plus ou moins à lire à l'âge de 18 ans ».

Terrible statistique ! Mais qui a laissé les manettes à des cohortes d'inspecteurs généraux de l'Éducation nationale, à une poignée d'experts et, un échelon plus bas, aux inspecteurs de l'Éducation nationale ? Qui, sinon le Président et ses ministres, ont délégué, avec la désinvolture de ceux qui s'en sortiront indemnes, le pouvoir éducatif aux idéologues ? À ceux qui pensaient qu'il ne fallait pas contraindre l'enfant – pas l'élève, l'enfant ! – à apprendre par cœur, à faire des dictées, à réciter, à mémoriser. Le pacte immoral a fait beaucoup de dégâts.

La mémoire courte

Réitérer les mêmes promesses, reproduire les mêmes discours, réinventer les mêmes réformes, tous ces exercices de vaines répétitions tiennent-ils du cynisme tranquille ou de l'aveuglement ? Tous ces personnages importants, entourés d'une cour, exempts de toute contradiction, finissent peut-être par croire qu'ils font vraiment bouger les choses. Ne savent-ils pas qu'en réalité, ils réinventent l'eau tiède tous les matins ?

La mode, depuis quelques années, est à la « diversification du mode de recrutement des élites ». Une idée louable, qui a resurgi avec l'injonction présidentielle lancée au tout début 2010 : les grandes écoles, couveuses des futurs dirigeants, doivent accueillir 30 % de boursiers dans leurs rangs. Qui ne serait d'accord, à première vue ? Qui oserait avouer qu'il préfère verrouiller l'accession aux meilleures places dans la société ? Personne.

Mais toute cette comédie, ces sommations adressées par le président de la République à la Conférence des grandes écoles prennent une tournure pathétique si l'on prend la peine d'explorer un peu le passé.

Inutile de revenir au temps de François Guizot, de Jules Ferry ou de Jean Zay. Dans les années soixante, Michel Debré observe qu'il n'y a pas, ou si peu, d'élèves issus des milieux populaires dans les grandes écoles les plus prestigieuses. Le Premier ministre du Général trouve cette exclusion préoccupante voire dangereuse. Les diplômés de ces établissements réputés exercent une influence importante sur l'orientation du pays. Si les élites ne comptent aucun enfant issu du peuple, comment pourront-elles le comprendre, l'écouter et se faire entendre de lui ? Sage interrogation.

Mais comment démocratiser l'accès aux grandes écoles d'ingénieurs ? Où trouver les recrues susceptibles d'instaurer, dans les pépinières d'excellence, ce que l'on n'appelle pas encore la mixité sociale ? Face à la demande pressante de Matignon, la machine de la rue de Grenelle décide d'aller les chercher dans les lycées techniques. Un choix audacieux qu'aucun responsable politique n'oserait endosser de nos jours. Un choix réaliste aussi : ces établissements, où l'on fait huit heures d'atelier par semaine dès la seconde, n'accueillent pas d'enfants de bourgeois.

Très vite, deux centres de classes préparatoires adaptés à ces nouveaux profils ouvrent leurs portes à Lyon et à Reims. Les bacheliers de l'enseignement technique y effectuent leurs deux années de maths sup et de maths spé pour préparer un concours commun à toutes les grandes écoles, qui entrebâillent leurs portes à ces nouveaux venus.

À contrecœur, dans un premier temps. D'anciens élèves de l'École polytechnique s'empressent de saisir le Conseil d'État pour tenter de faire annuler ce concours parallèle : de futurs techniciens en blouse grise portant le même bicorne qu'eux ? Intolérable. Ils perdent. Il y aura donc chaque année un élève issu de l'enseignement technique, via ces deux prépas pas comme les autres, qui entrera à l'X, deux à l'École des mines, un peu plus dans les établissements de rang inférieur.

L'expérience se poursuit dans l'indifférence générale : personne, au ministère, n'a reçu mandat d'évaluer les résultats. Dix ans plus tard, elle a trouvé son rythme de croisière. Personne ne la conteste plus. Mais Michel Debré est parti et plus personne ne connaît les raisons qui ont inspiré ce projet.

Il y a tout de même quelques exceptions. Professeur de physique dans la prépa lyonnaise accueillant des bacheliers venus de l'enseignement technique, Jean-Jacques Moine a choisi ce métier parce qu'il a toujours pensé que le savoir était libérateur. Bien sûr, il faut commencer par forcer les élèves à travailler, et non les entretenir dans l'idée – funeste, mais très à la mode – que l'apprentissage naît du seul plaisir. Mais ensuite, que de gratifications !

Depuis qu'il travaille dans sa classe pas comme les autres, Jean-Jacques Moine est un professeur heureux, mais il éprouve une frustration. Pour s'assurer que son choix professionnel a un sens, il lui faudrait savoir comment ces élèves atypiques qu'il présente à un concours « réservé » s'en sortent, une fois qu'ils ont intégré une grande école. Se fondent-ils dans la masse ? S'en sortent-ils mieux, moins bien que les fils d'archevêques ?

En 1973, avec son collègue professeur de mathématiques dans la même prépa de Lyon, il décide donc d'écrire aux directeurs de toutes ces prestigieuses institutions que sont Polytechnique, Centrale, l'École des mines, l'École des ponts et chaussées... Après avoir expliqué la finalité de leur mission de démocratisation, ils posent des questions : comment se déroule la scolarité de ces recrues venues d'ailleurs ? Se comportent-elles différemment des autres ou se fondent-elles dans le moule ? Réussissent-elles mieux, moins bien, pareil ? Et, soyons fous, ces directeurs souhaiteraient-ils accueillir plus de jeunes issus de ce concours spécial ? « À notre grande surprise, toutes les écoles ont répondu aux obscurs professeurs que nous étions, sourit Jean-Jacques Moine. À l'X, nos anciens se répartissaient équitablement dans le classement mais raisonnaient de façon très différente des autres. À cause de cette originalité de pensée, le directeur souhaitait proposer davantage de places à ce mode de recrutement. Centrale Lyon se montrait beaucoup plus enthousiaste encore : "Ce sont les meilleurs de nos promotions, écrivait le directeur. Nous souhaiterions passer de trois à vingt places par an réservées à ce concours[1]." »

Jean-Jacques Moine et son collègue mathématicien sont enchantés par ces réactions, dont ils transmettent la teneur au ministère. « Il a fallu attendre 1981 pour qu'une troisième unité ouvre ses portes à Toulouse, soupire-t-il. Puis la machine s'est emballée jusqu'à compter onze centres de classes préparatoires, à l'initiative d'un petit nombre de professeurs

1. Entretien le 30 mars 2010.

154

très motivés. Il y avait, au plus fort de l'opération, six places réservées à l'X et vingt à Centrale Lyon. »

Et après ? Après, plus rien, justement. Car en 1993, le ministre de l'Éducation nationale, un certain François Bayrou, charge son conseiller pour les questions pédagogiques, un certain Xavier Darcos, de réformer les classes préparatoires aux grandes écoles. La filière des lycées techniques est purement et simplement oubliée. « Nous nous sommes battus pour qu'elle subsiste encore un an, raconte Jean-Jacques Moine. Puis elle a été fermée. Pas par malveillance ou par idéologie, mais par pure négligence. »

Il est piquant que le ministre responsable de cet enterrement ait fait de « l'égalité des chances » le socle de sa campagne présidentielle en 2007. François Bayrou réclamait, par exemple, lors d'un discours lyrique, « l'excellence des parcours, voulue et cultivée, pour les élèves qui le méritent. Au lieu de la médiocrité pour tous, médiocrité qui est mortelle là où ça va mal, l'excellence scolaire, comme une réévaluation de la mission républicaine de l'école républicaine, au lieu du ghetto accepté, auquel on se résigne[1]... ». Quant à son conseiller de l'époque, il était ministre de l'Éducation nationale au moment où Nicolas Sarkozy a lancé sa croisade pour qu'il y ait 30 % de boursiers dans les grandes écoles. Que ne se sont-ils intéressés, près de quinze ans plus tôt, à un système qui avait fait ses preuves mais qui manquait seulement d'un peu de lustre médiatique... ? Ce n'est pourtant pas faute d'avoir été alertés.

« Avec quelques collègues, nous avons hurlé à la mort, se souvient Jean-Jacques Moine. Nous avons fini par être reçus, avec d'anciens élèves, par le directeur

---

1. Discours au conseil national de l'UDF du 1er novembre 2006.

des lycées, Alain Boissinot. En vain. Puis nous avons été aiguillés sur Christian Forestier, directeur de l'enseignement supérieur, qui nous a écoutés les pieds sur la table en nous disant en substance qu'il avait tout essayé dans l'enseignement technique, et qu'il n'avait pas de conseils ou de leçons à recevoir d'amateurs dans notre genre... »

Obstinés, les lanceurs d'alerte parviennent, non sans insistance, jusqu'au cabinet de François Bayrou. Là, on leur répond que si ces jeunes gens s'en sortent si bien une fois qu'ils ont intégré les grandes écoles, ils réussiront aussi dans les classes préparatoires classiques. Quelle intuition ! Quel sens de l'anticipation ! Quinze ans plus tard, de Henri-IV au lycée Thiers à Marseille, en passant par quelques rares établissements de qualité, des proviseurs et des professeurs motivés recréent des prépas différentes pour accueillir les bacheliers boursiers ou issus de ZEP et les remettre à niveau afin qu'ils aient une chance d'intégrer les grandes écoles. François Bayrou, lui, affirme n'avoir pas gardé en mémoire cet épisode de son (in)action ministérielle.

9

Le poulet sans tête

> « Il faudrait bien comprendre que le rôle de
> l'école est d'apprendre aux enfants ce qu'est
> le monde, et non pas leur inculquer l'art de
> vivre. »
>
> Hannah Arendt

— Tu t'attends à des remontées de quel ordre, pour les évaluations de CM2 ?

— ... Disons 50 %...

— Seulement ?

Impossible pour son interlocuteur de répondre à Xavier Darcos. En plein mouvement, il est déjà loin... Un témoin de la scène a entendu avec étonnement ce dialogue entre Philippe Claus, doyen du groupe enseignement primaire de l'inspection générale, et son ministre. Ce dernier ne semble pas surpris outre mesure qu'un des piliers de sa réforme de l'école primaire ne fonctionne qu'à moitié. Il se montre un peu déçu, mais pas vraiment surpris. Vieux crocodile de la rue de Grenelle, où il a été lui-même doyen de l'inspection générale, Xavier Darcos ne se fait guère d'illusions sur la machine qu'il est chargé de piloter,

Quelques mois plus tard, dans un rapport intitulé « Troisième note de synthèse sur la mise en œuvre de la réforme de l'enseignement primaire[1] », Philippe Claus croit pouvoir tirer de ce nouveau dispositif d'évaluation « un bilan inespéré ». Inespéré ? « Les épreuves ont été passées par la quasi-totalité des élèves et 70 % des résultats de l'évaluation de CM2 ont été remontés et exploités au niveau national. »

Voilà : que 70 % des évaluations de CM2 aient pu être exploitées est « inespéré ». Les responsables les plus éclairés de la rue de Grenelle – et Philippe Claus en fait partie – ont intégré le fait que la machine, comme un véhicule à la mécanique capricieuse, ne répond pas. Ou du moins, pas toujours. Et 70 %, c'est mieux que 50 %...

L'auteur de la note justifie ainsi son enthousiasme : « L'opposition syndicale et associative forte, notamment face au recueil des résultats par l'institution, a rencontré un écho indéniable auprès des enseignants, qui se sont inquiétés de la nouveauté des épreuves. » En effet, les « désobéisseurs » ont boycotté les évaluations. Ils ont d'ailleurs été sanctionnés pour leur comportement. Mais pas leurs supérieurs hiérarchiques directs, les inspecteurs, qui soutenaient, en sous-main, leur mouvement de fronde. Selon le vieux principe : il est plus commode de s'en prendre aux lampistes qu'aux gradés.

À l'Éducation nationale, la chaîne de commandement est courte. Au sommet, le ministre, puis, à la tête de chaque académie, un recteur, qui règne sur les inspecteurs d'académie – inspecteurs pédagogiques régionaux (IA-IPR) pour le collège et le lycée –

---

1. « Troisième note de synthèse sur la mise en œuvre de la réforme de l'enseignement primaire », Igen, IGAENR, juillet 2009.

et sur les inspecteurs de l'Éducation nationale (IEN) pour le premier degré par l'intermédiaire des inspecteurs d'académie, directeurs des services départementaux de l'Éducation nationale (IA-DSDEN). Ceux-ci sont en prise directe avec l'ensemble des enseignants, qu'ils sont chargés de gérer, et notamment d'évaluer dans les conditions que l'on sait. Le professeur est donc à trois échelons du ministre. Sur le papier, cette proximité ressemble à un gage d'efficacité. Dans la réalité, la hiérarchie intermédiaire exerce un immense pouvoir, qui est aussi celui de ne pas faire.

Cette toute-puissance est un des résultats tangibles du pacte qui soude des forces que tout oppose en apparence. Par le biais de la cooptation, la rue de Grenelle a en effet promu depuis vingt ans des cohortes d'inspecteurs formatés par les dogmes du clergé de la pédagogie. Quand un ministre tente de prendre une position audacieuse, qui heurte leurs croyances, cette courroie devient inopérante, voire contre-productive. La machine de la rue de Grenelle réagit comme le poulet auquel on vient de couper la tête : elle continue de courir, mais pas du tout vers l'objectif qu'on lui a assigné !

« *La méthode à Roro* »

En 2006, le ministre Gilles de Robien décide de trancher dans le vif. Il veut que tous les élèves de cours préparatoire apprennent à lire selon la méthode syllabique. Il s'appuie sur des travaux scientifiques et, aussi, sur les résultats calamiteux engendrés par les diverses innovations en vigueur depuis des années. Immédiatement, il est l'objet de railleries. De quoi se mêle donc ce novice ? « Personne n'applique plus depuis longtemps la méthode globale », ricanent en chœur les « experts ». Mais, à son cabinet, ses conseillers lui certifient que c'est faux, que certains instituteurs continuent de s'en inspirer très fortement, notamment les plus jeunes, tout frais émoulus de l'IUFM.

Là, dans ces temples de la formation enseignante, on ne leur a pas spécifiquement « vendu » la méthode globale. Et pour cause. Plusieurs professeurs des écoles, rassemblant leurs souvenirs, m'ont assuré n'avoir pas reçu une heure de cours, en IUFM, sur la manière dont il convient d'apprendre à lire à un élève. Mais l'ensemble du message délivré milite, de fait, en faveur de cette vision de l'apprentissage : privilégier la découverte par l'enfant ; bannir les exercices répétitifs ; parier sur la compréhension synthétique... Bref, attendre un miracle.

Quand il présente ses vœux à la presse, en janvier 2006, Gilles de Robien défend sa position. Il ne manque pas d'arguments. Pourquoi 100 000 parents, chaque année, achètent-ils un manuel syllabique pour apprendre eux-mêmes à lire à leurs enfants ? Pourquoi de nombreux scientifiques assurent-ils que les enfants qui ont le mieux appris à déchiffrer sont ensuite les lecteurs les plus efficaces ?

Le ministre demande donc à ses services de rédiger une circulaire qui sorte les professeurs des écoles du flou dans lequel ils sont maintenus. « Je le souligne, dit-il, les inspecteurs, les conseillers pédagogiques, les formateurs des IUFM sont les premiers responsables de la mise en œuvre de ce texte. » Il ne va pas être déçu.

La circulaire du ministre précise, en gras dans le texte : « L'automatisation et la reconnaissance des mots nécessitent des exercices systématiques de liaison entre les lettres et les sons et ne sauraient résulter d'une mise en mémoire de la photographie de la forme des mots qui caractérise les approches globales de la lecture : j'attends donc des maîtres qu'ils écartent résolument ces méthodes qui saturent la mémoire des élèves sans leur donner les moyens d'accéder de façon autonome à la lecture[1]. »

Peu de temps après la publication de cette circulaire, on prévient Gilles de Robien d'une péripétie : il regarde alors la télévision et a la surprise d'y voir un inspecteur s'exprimer à visage découvert et affirmer... qu'il n'appliquera pas les consignes ministérielles. Chacun peut, selon le contexte, son humeur et sa sensibilité, se féliciter de voir un fonctionnaire conserver ainsi sa liberté de parole ou s'indigner qu'un responsable de l'encadrement de la plus grande administration française lance une sorte d'appel public à la désobéissance. En l'espèce, les libertés ne sont pas menacées. Un ministre veut juste faire appliquer de façon énergique une décision de bon sens, après avoir constaté la responsabilité de la méthode globale sur l'illettrisme galopant.

Gilles de Robien décide de réagir et d'aller « au contact ». Il prononce un long discours devant une brochette d'inspecteurs réunis pour une session de formation continue à l'École supérieure de l'Éducation nationale située à côté du Futuroscope, près de Poitiers. Il en profite pour rappeler à ses auditeurs qu'ils sont des fonctionnaires et qu'ils doivent, à ce titre, relayer avec loyauté les décisions prises par leur ministre. Sur le coup, aucun des fiers héros présents

---

1. Circulaire n° 2006-003 du 3 janvier 2006.

dans l'assistance ne conteste la parole venue de haut. Tous applaudissent, au contraire. Mais le lendemain, le patron de l'école poitevine téléphone au directeur de cabinet de Robien. Il est embarrassé. L'un des responsables de la formation continue des inspecteurs leur a vivement conseillé de ne tenir aucun compte de ce qu'avait dit le ministre. Que faire ? « Vous virez ce type », répond le cabinet. Comme on n'est jamais trop prudent, personne n'est allé vérifier que cette instruction ferme, et pour tout dire inhabituelle, avait été suivie du moindre effet.

Le ministre a dû affronter les ricanements de tous les régents de la pédagogie, outrés de voir un non-initié, un rustre à particule, se mêler de la manière dont on doit apprendre à lire aux enfants sous prétexte qu'il est ministre ! Un des chefs de file de cette fronde, inspecteur de l'Éducation nationale, avait même mis en ligne sur Internet une petite animation baptisée « La méthode à Roro », Roro comme Robien, bien entendu. Celle-ci caricaturait la démarche syllabique en s'appuyant sur un mauvais humour de cour de récréation façon p-i pi, c-a ca. Une séquence de cette œuvre immortelle a même été diffusée sur France 2 dans une émission de Stéphane Bern, *L'Arène de l'info*, en présence du ministre en exercice. Un temps menacé de sanctions disciplinaires pour avoir manqué à son devoir de réserve, le fonctionnaire si créatif s'en est tiré avec un simple blâme. Devant la mobilisation de ses collègues, le ministère a calé.

Et ce n'est pas tout. Rue de Grenelle même, la machine à dénaturer les instructions ministérielles se met en marche. Si la circulaire est très claire, l'arrêté d'application qui suit, en mars, l'est déjà moins. Les rédacteurs de la rue de Grenelle entretiennent volontairement le flou : « On utilise deux types d'approche complémentaires : analyse de mots entiers en unités plus petites référées à des connaissances déjà acquises, synthèse à partir de leurs constituants de syllabes ou de mots réels ou inventés. »

Pour les récalcitrants, aucun doute, cette phrase décrit exactement les méthodes mixtes, à départ global, utilisées depuis des dizaines d'années, et que le ministre... voulait voir disparaître ! Donc, on ne change (presque) rien. De fait, les inspecteurs sont tout-puissants puisque, de leur aveu même, les enseignants, dans leur grande majorité, ne lisent pas le Bulletin officiel où sont publiés, chaque semaine, tous les textes concernant leur métier.

Les prescriptions du ministre ne passeront pas. Elles signent le retour du bon sens ? Tant pis. Mieux vaut s'entêter dans l'erreur que reconnaître ses torts. Voilà quelle est, en caricaturant à peine, la position de ceux qui prêchent la bonne parole dans les classes. Certains sortent même l'étendard de la sacrosainte liberté pédagogique pour remonter les enseignants contre la circulaire ministérielle. Qui est donc ce type qui se permet de nous dire comment apprendre à lire aux élèves ? « Le discours médiatique d'un ministre ne vaut pas le programme officiel[1] ! » s'exclame Pierre Frackowiak, inspecteur de l'Éducation nationale. Déloyauté d'un fonctionnaire d'autorité ? Pas du tout. L'intéressé, menacé d'une procédure disciplinaire, brandit aussitôt son titre de syndicaliste à l'UNSA (Union nationale des syndicats autonomes) pour se justifier... Bien pratique !

Dans les IUFM, dès la rentrée 2006, on a pris toutes les distances nécessaires avec la circulaire

1. *La Voix du Nord*, 12 octobre 2006.

Robien. Les aspirants professeurs des écoles entendent le même refrain que les années précédentes, quand on prend la peine de leur donner des conseils précis : pour apprendre à lire, on utilise deux types de méthode – globale et syllabique. « Si l'on fait une lecture objective de ces textes, dit un responsable de l'IUFM de Saint-Étienne, il n'y a pas de contradictions, mais des inflexions seulement. »

Mais le ministre s'accroche. N'étant ni sourd ni aveugle, il est inquiet de voir ses strictes orientations ainsi foulées au pied, et demande à l'inspection générale de l'Éducation nationale un rapport sur leur application dans les classes de cours préparatoire. Au terme d'une enquête dans pas moins de dix académies, les rapporteurs rendent une copie qui fleure bon la novlangue administrative lénifiante. Ils ont noté « une forte impulsion à chaque niveau » : « un engagement personnel des recteurs et une action déterminée des inspecteurs ». « La "machine" Éducation nationale a répondu rapidement aux demandes du ministre. Elle a su montrer les cohérences entre les différents éléments de la politique ministérielle, mettre en évidence les continuités et les évolutions, informer fort convenablement les enseignants des clarifications posées par les textes et des attentes institutionnelles. Il n'en reste pas moins qu'elle a besoin maintenant d'être confortée et d'entendre la confiance de sa propre hiérarchie[1]. » Bref, un « bilan globalement posi-

1. « Inspection générale de l'Éducation nationale, Mise en œuvre de la politique éducative de l'apprentissage de la lecture au cycle des apprentissages fondamentaux ; application de la circulaire du 3 janvier 2006 et de l'arrêté du 24 mars 2006 », réf. 2006-083, 2 novembre 2006.

tif », comme le disait Georges Marchais de l'Union soviétique à la grande époque de Brejnev.

Puis Gilles de Robien est parti. Pas dupe, mais un peu découragé. « La circulaire n'a jamais été retirée mais elle a vu son influence peu à peu diminuer », constate un ancien membre de son cabinet qui se trouve à un bon poste d'observation rue de Grenelle.

Prendre la « machine » à revers

À l'époque, les sarkozystes, Xavier Darcos en tête, sont mauvais camarades. Tout est bon pour embêter Dominique de Villepin et les membres de son gouvernement. Ils entonnent donc le grand air de la « liberté pédagogique » pour câliner le corps enseignant. Mais Xavier Darcos et ses collaborateurs ont aussi une stratégie en tête : prendre la « machine » à revers, pour l'obliger à collaborer. Après tout, s'il y a liberté pédagogique, les inspecteurs de tous poils doivent juger les enseignants sur leurs résultats et non sur leurs méthodes. Une stratégie a minima qui montre dans quel état de lucidité – désespérée – se trouve, dès les premiers jours, l'équipe Darcos. Point positif : juger les professeurs sur leurs résultats, c'est une petite révolution.

Juste avant de partir, le ministre réussit d'ailleurs, sous la pression de plusieurs associations de professeurs, à faire passer une refonte des programmes de français du collège. Ce n'est pas du luxe. La dernière mouture remonte à l'ère Bayrou. Elle a contribué à fabriquer des générations à l'orthographe indécise et à la grammaire imprécise. Inspirée par les dogmes pédagogistes les plus extrêmes, elle évacue la dictée, la grammaire, le vocabulaire, pour faire place à la « séquence ».

Qu'est-ce que la « séquence » ? De nombreux professeurs de français se le demandent encore, car on ne le leur a jamais expliqué. Depuis le début des années 2000, c'est le découpage officiel de l'enseignement de lettres au lycée. Mais encore ? « Il en était tout le temps question à l'IUFM, mais jamais aucun cours ne permettait d'élucider de quoi il s'agissait, explique ce professeur agrégé de lettres classiques. On nous expliquait que la séquence devait permettre à chacun d'avancer à son rythme et selon ses motivations. L'idéal était de choisir une œuvre qui avait aussi fait l'objet d'un film, que l'on pouvait projeter, et qui pouvait inspirer des "ateliers" au cours desquels les élèves créent des néologismes, tiennent un journal de leur propre lecture de l'œuvre, trouvent un message "citoyen" découlant de l'œuvre. »

Une description exagérément ironique de la réalité ? Pas du tout. La grammaire n'est étudiée que par raccroc, et encore. Les collégiens sont pilonnés de termes abscons tels qu'« adjuvant », « énonciateur », « énonciataire ». Cela s'appelle la « grammaire de discours ». Définition puisée aux meilleures sources, puisqu'il s'agit des documents d'accompagnement distribués aux professeurs pour les quatrièmes et les troisièmes : « Étudier le discours [...] revient à s'interroger sur la façon dont un énonciateur précis s'adresse à un destinataire particulier dans une situation par le lieu et le moment de l'énonciation. En outre, un discours a une fonction (une visée) précise et l'énonciateur choisit de raconter, de décrire, d'expliquer ou d'argumenter selon l'effet qu'il veut produire sur l'énonciataire, dans une interaction énonciateur/énonciataire. » Voilà le mode d'emploi de la « machine » à fabriquer des générations de handicapés de la langue !

Rappelons qu'à l'époque où cette réforme des programmes du français au collège a été mise en œuvre, François Bayrou était ministre de l'Éducation nationale et Luc Ferry président du Conseil national des programmes. Ces deux hommes, qui n'ont pas de mots assez durs pour condamner, aujourd'hui, les dérives du passé et s'indigner de leurs conséquences criminelles sur le niveau de la langue, ont donc approuvé ce délire. La conspiration de la complaisance fonctionne ainsi depuis des années, en toute impunité.

Pendant ce temps, les ravages se sont étendus du collège au lycée. Le Bulletin officiel du 18 octobre 2006, qui fixe le programme de français pour les classes de première, définit la démarche qui l'inspire : « Le professeur assure la mise en œuvre du programme par des ensembles cohérents de travaux (ou "séquences"), associant des lectures, expression écrite et orale et étude de la langue. Un objet d'étude[1] peut être abordé à l'intérieur d'une ou plusieurs séquences ; et une séquence peut rassembler et articuler des éléments issus de plusieurs objets d'étude [...]. La durée des séquences variera en fonction du projet du professeur (leur durée moyenne sera comprise entre 12 et 15 heures). » Comprenne qui pourra. Ce texte a été diffusé en 2006, quand Gilles de Robien était ministre. Trop occupé à chasser la

---

1. Les « objets d'étude » sont au nombre de sept : le roman et ses personnages : visions de l'homme et du monde ; la poésie ; le théâtre, texte de représentation ; l'argumentation : convaincre, persuader et délibérer ; un mouvement littéraire et culturel ; l'autobiographie ; les réécritures.

méthode globale, il n'a pas eu le loisir de lire les directives insensées publiées en son nom.

En 2009, dans le cadre du « retour au bon sens » prôné par Xavier Darcos, la « séquence » disparaît des programmes des collèges. Attention, il s'agit d'y aller doucement. Le changement ne concerne que les sixièmes à la rentrée 2009, puis les cinquièmes à celle de 2010. Les autres devront encore s'éclater quelque temps à coups d'adjuvants, d'énonciataires et de discours implicite/explicite.

Mais surtout, un certain nombre d'inspecteurs sabotent la réforme. La « séquence » a disparu des programmes de français du collège concoctés par Darcos. Elle est remplacée par la « période », simple découpage chronologique du temps scolaire, dans lequel un temps spécifique est réservé à la grammaire, à l'orthographe, à l'étude du vocabulaire, à l'expression écrite. « Concrètement, cela signifie que les classeurs des élèves ne sont plus divisés selon des séquences, mais selon des matières comme l'orthographe, la conjugaison, la grammaire, l'étude de textes littéraires…, explique Romain Vignest, président de l'Association des professeurs de lettres (APL). Dans plusieurs académies, notamment celle d'Orléans-Tours et celle de Rennes, les inspecteurs pédagogiques régionaux ont expliqué qu'il ne fallait rien changer, puisque la période, c'était une autre façon de désigner la séquence. J'ai alerté le cabinet de Xavier Darcos en décembre 2008, mais ils n'ont rien fait. Ils étaient usés politiquement par les grèves lycéennes et ont jeté l'éponge[1]. » La « séquence » sévit toujours dans un certain nombre de classes.

1. Entretien le 1ᵉʳ juin 2010.

La saga du socle

« La scolarité obligatoire doit au moins garantir à chaque élève les moyens nécessaires à l'acquisition d'un socle commun constitué d'un ensemble de connaissances et de compétences qu'il est indispensable de maîtriser pour accomplir avec succès sa scolarité, poursuivre sa formation, construire son avenir personnel et professionnel et réussir sa vie en société. » C'est ce que proclame la loi Fillon votée en 2005[1]. Plus de cinq ans après, en 2010, ce « socle commun » n'était toujours pas traduit dans la réalité. Son début d'existence poussif illustre fidèlement le syndrome du poulet sans tête.

Tout d'abord, cette belle idée avait déjà été évoquée, avec les mêmes accents volontaristes, plus de quinze ans auparavant, par la loi Jospin de 1989[2], dans son article 3 : « Tout élève qui, à l'issue de la scolarité obligatoire, n'a pas atteint un niveau de formation reconnu doit pouvoir poursuivre des études afin d'atteindre un tel niveau. L'État prévoira les moyens nécessaires, dans l'exercice de ses compétences, à la prolongation de scolarité qui en découlera. » Toutes ces garanties, inscrites dans le code de l'Éducation, n'empêchent pas que plus de 150 000 jeunes sortent du système scolaire sans diplôme ni formation. Heureusement pour les ministres successifs de l'Éducation, les gouvernements auxquels ils appartiennent et les présidents qui les ont nommés, et malheureusement pour les générations d'élèves qui se succèdent, les promesses n'engagent que ceux qui les reçoivent.

---

1. Loi n° 2005-380 du 23 avril 2005.
2. Loi n° 89-486 du 10 juillet 1989.

Le socle, ensuite, évolue en fonction des desiderata du moment. Au départ, il reprend une idée défendue par Louis Legrand, professeur de sciences de l'éducation à Strasbourg et ancien directeur de l'Institut national de la recherche pédagogique (INRP) : on définit des savoirs de base sur lesquels l'école s'engage.

Dans la loi Fillon, le fameux socle doit être totalement acquis en fin de classe de troisième, au moment où les élèves passent leur brevet. Il est composé de cinq éléments : la maîtrise de la langue française ; la maîtrise des principaux éléments de mathématiques ; une culture humaniste et scientifique permettant le libre exercice de la citoyenneté ; la pratique d'au moins une langue vivante étrangère ; la maîtrise des techniques usuelles de l'information et de la communication. Ce cocktail traduit, dans l'esprit de ses concepteurs, un compromis acceptable entre les inclinations pédagogistes (le libre exercice de la citoyenneté...) et les revendications « disciplinaires » (la culture humaniste doit comprendre des repères chronologiques en histoire).

Et puis tout le monde s'en mêle. Sous le règne de Gilles de Robien, l'administration de la rue de Grenelle met en place sa fameuse moulinette. Elle noie les mathématiques dans un magma expérimental intitulé « les principaux éléments de mathématiques et la culture scientifique et technologique ». Des termes bien pompeux pour prétendre initier à « la démarche d'investigation ». Il n'est spécifié nulle part que les élèves de troisième doivent savoir faire une règle de trois, mais écrit en toutes lettres qu'ils doivent savoir se comporter comme de petits savants en herbe. Étrange sens des priorités !

Ensuite, la technostructure crée deux nouveaux « piliers », qui s'ajoutent aux cinq éléments initiaux.

Pense-t-elle aux « sept piliers de la sagesse » ? En entendant ce nouveau terme, Xavier Darcos s'amuse : « Des piliers pour un socle, quelle drôle de métaphore... » Les deux nouveaux piliers, donc, n'ont qu'un rapport assez lointain avec les savoirs de base. Leurs intitulés : « compétences sociales et civiques » et « autonomie et initiative ». On peut s'interroger. L'instruction civique était déjà présente dans la « culture humaniste permettant le libre exercice de la citoyenneté ». Pourquoi en rajouter avec un ensemble spécifique sur les « compétences sociales et civiques » ? Quant à l'autonomie et à l'initiative, comment les évaluer ? Pour « valider » ce « pilier », il faut, selon les textes officiels, « être autonome dans son travail, s'engager dans un projet et le mener à terme (construire un exposé, rechercher un stage, adhérer à un club ou une association, travailler en équipe), construire son projet d'orientation ».

Des notions bien sympathiques, mais qui posent au moins trois problèmes : elles sont assez éloignées du bagage culturel minimal que doit posséder tout élève à la fin de la troisième ; elles sont difficiles à évaluer objectivement ; elles font une fois de plus sortir l'école de son rôle central, celui des apprentissages fondamentaux. Avec l'ajout de ces deux « piliers », la vieille idée selon laquelle le salut viendrait du « décloisonnement » reprend du poil de la bête. Elle est d'ailleurs relayée de manière tout à fait explicite dans un rapport méconnu de l'inspection générale de l'Éducation nationale datant de 2007[1]. Les rédacteurs de ce surprenant

---

1. Inspection générale de l'Éducation nationale, « Les livrets de compétences : nouveaux outils pour l'évaluation des acquis. Rapport à monsieur le ministre de l'Éducation nationale », rapport n° 2007-048, juin 2007.

document se proposent de définir ce qu'est une compétence au sens où l'entend l'OCDE. Le résultat de leur tentative est inquiétant. Les mots imprimés en gras l'ont été par leurs soins. La faute d'orthographe est aussi de leur cru :

« Une compétence clé trouve son champ d'expression dans un ***vaste éventail de contextes*** (domaine scolaire, professionnel, public, privé, etc.) ; elle est en ce sens nécessairement ***transversale*** ;

• une compétence clé s'exprime à travers des ***tâches mentales complexes***, et va au-delà de la simple reproduction de connaissances enseignées ou de savoirs-faire[1] acquis. Pour autant, bien que complexe, elle peut s'acquérir dans un cadre d'apprentissage propice ;

• l'usage d'une compétence requiert des individus la faculté d'agir de manière ***réflexive*** ; elle appelle donc des ***savoirs-faire métacognitifs***, et un certain esprit critique. »

Voilà le cœur du pacte immoral. À l'évidence, le ministère a perdu la tête. Comment, sinon, employer ce jargon prétentieux alors que plus de 30 % des élèves ne maîtrisent pas convenablement la lecture lors de leur entrée au collège ? Il est agréable de parler de savoir-faire métacognitifs et de tâches mentales complexes quand les notions mathématiques de base font défaut à plus de 20 % des élèves de troisième, ceux-là mêmes qui devraient posséder le socle commun.

Ces aménagements « décloisonnés » et « citoyens » ne semblent choquer personne en haut lieu. Au

---

1. Au pluriel, savoir-faire, mot composé de deux verbes, est invariable.

contraire. Depuis l'Élysée, Nicolas Sarkozy s'en mêle et souhaite que l'on rajoute deux nouveaux « piliers » au socle : l'histoire des arts et le sport. Ces excellentes idées présidentielles seront emportées par le vent, tout comme la seule suggestion de son épouse Carla pour la réforme des lycées : installer un ciné-club dans chaque établissement...

Un socle à sept piliers, donc. Reste à le faire exister. C'est le moment crucial, celui où la rue de Grenelle reçoit ses partenaires – syndicats, associations de parents... – pour discuter de la mise en œuvre concrète de cet ovni éducatif, totalement défiguré certes, mais toujours inscrit dans la loi. La grande odyssée de la concertation dure plus de trois ans[1]. Il est d'abord décidé de créer un « livret de compétences » qui suivra l'élève de l'école primaire à la troisième. Si, à la fin de ce cursus, les sept piliers n'ont pas été consolidés, celui-ci ne pourra pas se présenter au brevet. C'est la règle que veulent imposer les hiérarques de la rue de Grenelle. Mais imagine-t-on sérieusement que les enseignants barrent la route du brevet à un élève excellent en maths et en français parce qu'il n'a ni adhéré à une association ni trouvé un stage citoyen ? Peut-être s'agit-il, justement, de pousser les enseignants à surévaluer les « compétences » de chacun pour éviter ce genre d'injustice. Ainsi, le socle garanti serait, en théorie – et en théorie seulement – atteint par tout le monde.

Devant les protestations des syndicats – qui redoutent notamment que les enseignants aient une charge de travail plus lourde à cause de l'évaluation du socle –, la direction générale de l'enseignement

1. Dans son livre *Autopsie du mammouth* déjà cité, la vice-présidente du Snalc, qui participait à ces réunions, en fait un récit détaillé.

scolaire sort une contre-proposition : le brevet servira au contraire de session de rattrapage pour ceux qui ne sont pas au niveau du socle, sorte de smic de l'instruction. Nouveau problème : il n'existe aucune épreuve de sciences, de langues vivantes et encore moins d'« autonomie » à cet examen.

Finalement, en juin 2009, il est décidé que... la maîtrise du socle ne sera pas indispensable pour se présenter au brevet. Pour le reste, rien n'est tranché. Le nouvel examen « spécial socle » ne verra pas le jour avant juin 2011. Plus de six ans après son « invention ».

Pourquoi ? La lâcheté, encore, la désinvolture, toujours. « Il n'y a que trois possibilités, explique l'un des bons connaisseurs de ce dossier : si le socle existe à côté des programmes et leur reste extérieur, il n'a aucun impact réel sur ce qui se passe à l'école et au collège ; si le socle est "intégré" aux programmes, il pourra être plus ou moins appliqué avec les programmes (c'est plus ou moins ce qui se passe actuellement) ; si le socle remplace les programmes, cela signifie qu'il est vraiment pris en compte et il s'agit, pour le meilleur ou pour le pire, d'un vrai changement : mais personne n'a osé le faire jusqu'à présent... »

Sur le terrain, les enseignants sont plus que désorientés : « On doit valider les étapes du socle commun pour chaque pilier mais personne ne nous a donné les outils pour le faire : si une compétence est acquise à 50 ou 70 %, on répond oui ou non ? » s'interroge cette enseignante de CM2.

En théorie, les directives édictées par l'inspection générale sont claires : c'est oui ou non, on sait ou on ne sait pas. Mais en pratique ? « Dès que j'ai un doute, je préfère valider l'acquisition pour ne pas pénaliser l'élève, poursuit ce professeur des écoles. Je pense que tous mes collègues font comme moi. Sinon, nous obtiendrions des résultats calamiteux. D'autant que toute cette paperasse que l'on transmet au collège n'est lue par personne, là-bas. » Exact.

Au collège, le désarroi est le même. Va-t-on retenir un élève qui ne possède pas le socle ? Le faire redoubler encore et encore ? Bien sûr que non. Donc tout le monde verra son smic éducatif validé, même les illettrés. La machine à faire semblant continue de fonctionner à toute vapeur. Et en 2020, un ministre aura sûrement à cœur de porter à son tour une réforme garantissant à chaque élève de sortir du système scolaire avec une instruction de base. Cela ne coûte pas cher politiquement, ne donne aucun résultat et occupe tous les « acteurs de la communauté éducative » pendant plusieurs années. Alors, pourquoi se priver ?

La dictature de l'apparence

L'exemple vient d'en haut. À quelle occasion les enseignants et les inspecteurs rencontrent-ils les ministres ? Lorsque ceux-ci viennent visiter des établissements. Le scénario est toujours le même : arrivée du cortège officiel, visite au pas de charge, intrusion dans une classe ou deux. Avec ou sans caméras. Le plus souvent avec, pour faire de bien belles images destinées au 20 heures. La petite troupe interrompt un cours, reste cinq minutes montre en main tandis que le ministre demande aux élèves s'ils sont contents d'être là. Que peuvent-ils répondre, les pauvres ? Bien sûr, tout va très bien. Avant même d'avoir écouté la réponse, tous ces importants personnages ont tourné les talons pour regagner leurs berlines.

Les ministres opèrent un passage éclair sans manifester, parfois, le moindre intérêt pour ce qu'ils voient et entendent. Ils finiront aussi par quitter leur poste. Assez vite. Tout le monde le sait bien. Leur attitude force si peu le respect que les inspecteurs ont appris à ne pas les estimer et à assurer ce qu'ils considèrent être la continuité du service public. Pour le meilleur ? Ou pour le pire ?

10

Diafoirus est de retour

« Ignorantus, ignoranta, ignorantum… »

MOLIÈRE

Lors d'une réunion de l'inspection générale de lettres réapparaît une de ses éminentes figures, après un long congé maladie. Pour bien marquer son retour, cette femme, connue pour ses tendances au jargon et ses inclinations pédagogistes, prend la parole. Au bout de quelques minutes, l'un des participants lance, entre ironie et exaspération : « Diafoirus est de retour ! »

Dans cette assemblée de lettrés, l'apostrophe est à la limite de l'insulte. Elle traduit la sourde guerre qui sévit depuis des années dans ce cénacle. D'un côté, les minoritaires, tenants de la transmission des savoirs, bref, les classiques, que leurs adversaires n'hésitent pas à qualifier de réactionnaires voire de fondamentalistes, pour qui la dictée n'est pas un gros mot, la grammaire une discipline aliénante et l'amour des beaux textes une manifestation d'allégeance à la classe dominante. De l'autre, les majoritaires, dits pédagogistes ou « progressistes », qui méprisent l'instruction à la papa.

Diafoirus, dans l'esprit du participant railleur à cette réunion, désigne ces « progressistes », qui ont transformé les cours de français en séances de linguistique. Il pourrait aussi bien incarner l'ensemble de l'inspection générale où de savants lettrés et une poignée de pistonnés décident du quoi, du pourquoi et du comment de ce qui se passe dans les salles de classe. Les parents ignorent que l'enseignement dispensé à leurs enfants dépend largement des querelles de chiffonniers qui agitent, en haut lieu, quelques dizaines de personnes dont la plupart n'ont pas vu un élève depuis des années voire des décennies. Il n'empêche : toute la rue de Grenelle vit au rythme des débats de Diafoirus, qui affectent les programmes, les instructions aux enseignants et, in fine, le niveau général de connaissances. Bienvenue à l'inspection générale de l'Éducation nationale (Igen).

Une maison de fous

Ce corps, qui regroupe un peu moins de 160 personnes, a été créé en 1802 par le Premier Consul Napoléon Bonaparte. Son rôle ? Évaluer tous les rouages de la machine à apprendre, des programmes aux méthodes pédagogiques, mais aussi recruter et conseiller les inspecteurs, réaliser des missions et des rapports sur tous les sujets qui peuvent intéresser le ministre, organiser le système de notation des professeurs… Contrairement à la plus célèbre et la plus prestigieuse des inspections, celle des Finances, elle est donc juge et partie, puisqu'elle prend part à l'élaboration d'un système qu'elle est ensuite chargée de critiquer.

Au fil des ans, le nombre de groupes, dotés d'un doyen et d'une autorité, s'est multiplié. Ils sont aujourd'hui quatorze. Un par discipline enseignée dans le secondaire[1], auxquels s'ajoutent celui de l'enseignement primaire, par nature transversal, et un autre intitulé « Établissements et vie scolaire », qui s'intéresse au personnel non enseignant (proviseurs, principaux de collèges, etc.). L'ensemble de cet étrange objet administratif, privé de tout budget propre, est lui-même dirigé par un doyen général nommé par le ministre pour cinq ans.

Xavier Darcos a occupé ce poste entre 1995 et 1997, après avoir été le directeur de cabinet de François Bayrou. Pourquoi deux ans seulement ? Officiellement, parce qu'il est devenu maire de Périgueux. Officieusement, plusieurs proches de l'ancien ministre de l'Éducation, lui-même agrégé de lettres classiques, assurent qu'il a quitté sans regret ce qu'il qualifiait parfois, en privé, de « maison de fous ».

Très longtemps, l'ambiance y a été des plus mandarinales. Au fil des ans, le recrutement est devenu moins élitiste. En 1984 est ainsi créé un tour extérieur dans le but annoncé de diversifier les profils.

Un air connu. C'est ainsi que le gendre des tenanciers de l'hôtel du Vieux-Morvan, où François Mitterrand avait ses habitudes, est devenu magistrat à la Cour des comptes, alors qu'il était économe de lycée. Depuis 1984, en tout cas, un inspecteur général sur cinq est nommé à la discrétion du gouvernement, à

---

1. Il s'agit de : économie et gestion ; éducation physique et sportive ; enseignement et éducation artistiques ; histoire et géographie ; langues vivantes ; lettres ; mathématiques ; philosophie ; sciences économiques et sociales ; sciences et techniques industrielles ; sciences de la vie et de la terre ; sciences physiques et chimiques, fondamentales et appliquées.

condition d'être âgé d'au moins 45 ans, sans exciper du moindre diplôme. Comme le dit un ancien ministre, entre la cooptation des agrégés et les nominations d'amis du pouvoir, l'inspection ressemble à une épaisse stratification de copains de tous les régimes qui se sont succédé.

Pour ne pas faire éructer les excellents agrégés qui monopolisaient jusqu'alors la maison, personne n'a songé à nommer des sous-diplômés trop manifestes dans les groupes disciplinaires. On y trouve, en revanche, plusieurs anciens de cabinets ministériels, tel l'ancien conseiller à la Culture de Dominique de Villepin à Matignon, Éric Gross, nommé depuis directeur de l'Institut du patrimoine, ou un ex-collaborateur de François Bayrou rue de Grenelle.

C'est donc dans les deux cénacles « non spécialisés » que se niche le vrai club des copains, ceux qu'on ne pouvait caser nulle part ailleurs. Ils sont particulièrement nombreux dans le groupe Établissements et vie scolaire. Jean-Luc Miraux, par exemple, était professeur de collège avant de se lancer dans la politique. Sénateur UMP de l'Eure de 1998 à 2008, il doit renoncer à poursuivre sa carrière au palais du Luxembourg. Pourquoi ? En mars 2008, il est battu aux élections municipales à Vernon, la petite ville normande dont il était maire. Son étoile pâlit. Un centriste du cabinet d'Hervé Morin au ministère de la Défense Hervé Maurey, maire de Bernay, est investi à sa place pour les sénatoriales, fin 2008. Jean-Luc Miraux va-t-il retourner enseigner le français dans les collèges avoisinants ? Hors de question, répond-il à la presse locale : à 55 ans, il est un jeune retraité de l'Éducation nationale. On lui avait promis un « fromage », selon ses propres termes : le Conseil économique et social. Mais rien ne vient. Il s'impatiente. Et voilà qu'en novembre 2009, après des mois de supplications, la récompense arrive : inspecteur général de l'Éducation nationale. Le retraité est de retour ! Son successeur au Sénat est le premier à se réjouir de la bonne nouvelle dans les colonnes de *Paris Normandie*[1] : « L'année 2008 a été très rude pour lui, il a perdu tous ses mandats. Je suis très content qu'il ait retrouvé une activité. » Voilà comment un parlementaire transforme sans honte la principale instance de la rue de Grenelle en centre de loisirs pour politiciens sans mandat !

Jean-Luc Miraux, pour se distraire, peut parler du bon vieux temps avec son camarade de parti Jean-Yves Herbeuval. Ancien président de la fédération RPR du Nord, celui-ci a été nommé au tour extérieur par Gilles de Robien en 2005. Une vraie chance pour lui, car cet ancien conseiller régional n'a pas réussi, en 2008, à devenir maire de Maubeuge. Après sa défaite assez cinglante, il s'est retiré de la vie politique, mais pas de l'inspection générale, où le traitement moyen s'élève à 5 000 euros par mois.

Abderrahmane Dahmane, lui, peut faire valoir ses années d'expérience comme conseiller principal d'éducation (CPE) dans des lycées sensibles de la région parisienne. Mais ce n'est pas ce parcours professionnel qui a justifié son intégration à l'inspection générale. Non, c'est son éviction de l'UMP, où il était secrétaire national à la diversité, un poste qui a disparu de l'organigramme en... 2009, juste au moment où il était nommé au groupe Établissements et vie scolaire. Un homme compétent dans

---

1. « Retour sur les bancs de l'école », *Paris Normandie*, 18 novembre 2009.

ce domaine, donc, mais promu pour de bien mauvaises raisons...

Joël Goyheneix, lui, a été principal de collège. Est-ce son excellence dans ces fonctions qui l'a conduit, en février 2001, dans le saint des saints ? Toujours est-il que ce Landais a su rendre service. Il a « chauffé la place » d'Henri Emmanuelli au Palais-Bourbon quand l'ancien président PS de l'Assemblée nationale a été frappé de deux ans d'inéligibilité par sa condamnation pour recel et abus de bien sociaux. Député des Landes de janvier 1998 à décembre 1999, Joël Goyheneix a scrupuleusement respecté sa feuille de route et a démissionné dès que son mentor a pu se représenter. Une abnégation qui méritait une récompense, venue un an plus tard, alors que Lionel Jospin était Premier ministre.

Sous ses dehors austères, Lionel Jospin ne s'est pas montré trop regardant sur les nominations baroques à l'Éducation nationale. Nicole Baldet était sa secrétaire particulière lorsqu'il se trouvait à Matignon. Qu'allait-elle devenir après le retrait de la vie politique du candidat malheureux de 2002 ? Tout simplement chargée de mission à l'inspection générale de l'Éducation nationale, mais par une voie détournée.

Les petits secrets de Diafoirus

Jusqu'à ce que la Cour des comptes, dans son rapport annuel de 2010[1], jette une lumière crue sur une des sinécures les plus indécentes de la République, peu de gens connaissaient l'inspection de

_____
1. Cour des comptes, rapport public annuel 2010, février 2010.

l'académie de Paris (IAP). Créée en 1810, elle a compté pendant un siècle et demi entre six et huit membres, chargés d'évaluer les lycées et les professeurs de la capitale, dont le ministre de l'Éducation était directement responsable. Mais la nomination d'un recteur de Paris, d'abord, puis la création, en 1962, du corps des inspecteurs d'académie, préposés à cette tâche, ont vidé l'inspection de l'académie de Paris de sa substance. Au moment où elle aurait dû être rayée de la carte administrative, c'est tout le contraire qui s'est produit. Ses effectifs ont été multipliés par trois en dix ans. À raison de 4 500 euros par mois pour un job mystérieux, dans une structure ne figurant même pas dans les pages du Bottin administratif, on comprend que les vocations n'aient pas manqué. Les profils sont assez homogènes : syndicalistes, anciens de cabinets ministériels, amis politiques...

Pour profiter de cette rente, nul besoin du moindre diplôme, de la plus élémentaire formation. Il n'y a pas de concours et même pas de dossier à remplir. Juste à être nommé, par un décret du président de la République. À partir des années soixante, sur les vingt-deux titulaires de cette charge digne de l'Ancien Régime, un seul effectuait réellement une mission d'inspection, certains poursuivaient leur ancienne activité tout en s'assurant « une rémunération pérenne » et huit travaillaient à temps partiel à l'inspection générale de l'Éducation nationale, des détachements peu productifs puisqu'ils ont donné lieu à deux rapports en... sept ans.

Prévenu de l'intérêt de la Cour pour ce « secret de famille », selon l'expression d'un responsable du ministère, le cabinet de Luc Chatel s'empresse de prendre quelques mesures. Un décret du 26 octobre

2009 prévoit, en catastrophe, l'intégration de ces fonctionnaires désœuvrés dans le corps des inspecteurs d'académie[1], moyennant le dépôt d'un dossier de candidature et un entretien oral. « Le concours prévu pour l'intégration des actuels inspecteurs de l'académie de Paris dans le corps des IA-IPR ne doit pas être réduit à une simple formalité, prévient la Cour des comptes. Certains inspecteurs n'ont en effet ni les compétences professionnelles ni l'expérience indispensable pour remplir certaines des missions qui sont dévolues aux IA-IPR, notamment en ce qui concerne l'évaluation du travail pédagogique des enseignants au sein des classes. » Doit-on rappeler que ce n'est pas le cas, non plus, à l'échelon supérieur, celui de l'inspection générale ?

La réponse du ministre de l'Éducation nationale, Luc Chatel, est involontairement comique : « Ce sont précisément ces raisons qui ont conduit le gouvernement à ouvrir ce dossier dès 2003 et à produire en 2008 un projet de décret qui met un terme à l'existence administrative des inspecteurs de l'académie de Paris. » Quelle efficacité politique ! Six années d'inaction pour régler le sort de vingt-deux personnes globalement inutiles et coûteuses pour la collectivité. Un beau bilan, en vérité.

Un concours est donc organisé début 2010. Parmi les recalés de la vie politique qui doivent s'y présenter pour conserver leur sinécure : Arnaud Teullé, qui avait fait parler de lui en 2008 pour avoir participé au feuilleton municipal à Neuilly, avant de rentrer dans le rang et de céder gentiment sa place à Jean Sarkozy pour les cantonales. Une bonne volonté

---

1. Appelés, on l'a dit, selon la terminologie officielle, IA-IPR pour inspecteurs d'académie-inspecteurs pédagogiques régionaux.

dont il fut discrètement remercié par un poste d'inspecteur à temps très partiel.

Christophe Borgel, lui, est un ancien président du syndicat étudiant Unef-ID passé par les cabinets de Claude Allègre puis de Jack Lang. Une fois nommé inspecteur de l'académie de Paris, il se fait détacher au groupe Établissements et vie scolaire de l'Igen. Une mission qui lui a laissé suffisamment de loisirs pour organiser la campagne de Martine Aubry au congrès de Reims en 2008. Il a suivi le même itinéraire que Claude Roiron, nommée inspectrice par Lionel Jospin en 2002 après son passage au cabinet de Jack Lang. Ses fonctions à l'inspection, toujours au groupe Établissements et vie scolaire, ne doivent pas la submerger puisqu'elle est aussi présidente du conseil général d'Indre-et-Loire depuis mars 2008. À Tours, préfecture de ce beau département, elle a sûrement pu évoquer le caractère accueillant de la rue de Grenelle avec Jean Germain. Maire de la ville depuis 1995, ce juriste de formation appartenait au groupe Sciences économiques et sociales de l'inspection générale. Il a pris une retraite bien méritée, à 63 ans, le 11 septembre 2010.

Les ordonnances de Diafoirus

L'écart entre les discours rythmés de trémolos sur l'ardente obligation d'instruire les jeunes citoyens et la désinvolture qu'il y a à peupler l'un des rouages essentiels de la machine éducative d'incompétents ou de fantômes est extrêmement choquant. Il décrit mieux que de longs discours le cynisme qui règne en maître depuis longtemps, parmi les élites, sur le sort des générations futures.

Pourtant, en raison justement de sa faible implication, le club des remerciés n'est pas à l'origine des réformes les plus diaboliques. Ce sont d'honorables agrégés qui en portent la responsabilité.

Agrégé, d'ailleurs, est un terme trop généralisateur, puisque, là encore, il existe, outre les concours externe et interne, une troisième voie pour le devenir. Son nom ? La liste d'aptitude. Ses critères de sélection ? La bonne mine des candidats et le soutien des syndicats. C'est ainsi que sont devenus agrégés Monique Vuaillat, nommée par François Bayrou alors qu'elle dirigeait le Snes, virulent syndicat qui faisait peur au ministre, ou le patron du Snalc (Syndicat national des lycées et collèges, classé à droite), Bernard Kuntz, intronisé là par la grâce de Xavier Darcos. Autant dire que les agrégés, les vrais, se pincent le nez.

C'est dans le vivier des agrégés que se recrutent les 80 % d'inspecteurs généraux qui ne sont pas nommés au tour extérieur. Pour chaque poste à pourvoir, les candidats planchent devant un jury présidé par le doyen général, qui établit une liste d'au moins deux noms parmi lesquels le ministre choisit. Bien sûr, il arrive qu'un conseiller appuie discrètement une candidature. Mais dans 80 % des cas, selon un initié, il n'y a aucune intervention. On peut donc en conclure que 80 % des 80 % nommés hors du tour extérieur le sont dans des conditions décentes, du point de vue de leurs compétences et de leur mérite.

Mais la cooptation a accompli son œuvre. À l'exception du groupe philosophie, épargné jusqu'à présent, la secte pédagogiste pratique l'entrisme à l'inspection depuis plus de vingt ans. Au nom du pacte, elle a réussi à s'y installer.

Pendant des années, le groupe lettres de l'inspection générale a ainsi été dominé par son ex-doyenne, Katherine Weinland, ancienne adjointe à la Culture d'Édith Cresson à la mairie de Châtellerault. Jugée très sévèrement par les derniers tenants de l'apprentissage traditionnel survivant dans ce groupe, elle est partie à la retraite en octobre 2010 mais a exercé une réelle influence sur la conception de l'enseignement du français. Certains de ses adversaires sont partis en courant, épouvantés par la haine de la transmission des savoirs qui a fini par régner sur un cénacle censé la mettre en œuvre[1]. Quand il était au ministère, Xavier Darcos, lui-même agrégé de lettres classiques et ancien de la maison, a tenté l'opération de la dernière chance en nommant doyen, pour les lettres, Philippe Le Guillou. Cet écrivain de talent, peu suspect de haïr les œuvres classiques, a tenté de redresser la barre avec les nouveaux programmes, mais doit sans cesse ménager les différentes sensibilités qui s'affrontent sauvagement devant ses yeux.

Cette tragi-comédie ne mériterait pas qu'on s'y arrête si elle n'avait des conséquences directes et très tangibles sur ce qui est enseigné chaque jour dans tous les collèges et lycées de France. Et, au-delà, sur

---

1. On peut ainsi lire, dans la *Revue de l'inspection générale*, n° 3, « Existe-t-il un modèle éducatif français ? », publiée en septembre 2006, ces lignes inquiétantes sur « le caractère central de la notion de "discours" dans les programmes de collège. On appelle "discours" dans ces programmes "toute mise en pratique du langage dans un acte de communication à l'écrit ou à l'oral" et c'est la fonction articulatoire de cette notion qui est soulignée d'entrée de jeu, puisque les textes littéraires correspondent bien à des mises en pratique, à des "usages" de la langue. Selon la même conception générale, l'étude de la langue se fait en liaison avec les autres activités et dans le cadre de séquences décloisonnées, ce qui n'empêche en rien qu'on puisse et même qu'on doive consacrer certaines séances à une systématisation de ce qui est par ailleurs observé "en situation" ».

le goût des élèves pour des études littéraires. « Sans surprise, écrit l'historien et essayiste Tzvetan Todorov, les élèves du lycée apprennent le dogme selon lequel la littérature est sans rapport avec le reste du monde et étudient les seules relations des éléments de l'œuvre entre eux. Ce qui, à n'en pas douter, contribue au désintéressement croissant que ces élèves manifestent à l'égard de la filière littéraire : leur nombre est passé en quelques décennies de 33 à 10 % de tous les inscrits au bac général ! Pourquoi étudier la littérature si elle n'est que l'illustration des moyens nécessaires à son analyse ? Au terme de leur parcours, les étudiants en lettres se voient placés devant un choix brutal : ou devenir à leur tour professeurs de lettres, ou pointer au chômage[1]. »

C'est à Katherine Weinland et à quelques-uns de ses collègues que l'on doit les programmes de français au collège qui sévissent depuis 1996 et sont toujours en vigueur, en quatrième et en troisième, pour l'année scolaire 2010-2011. « Un objectif central est affirmé par les programmes de collège : faire acquérir la maîtrise des discours, explique-t-elle dans un de ses nombreux écrits. Et quatre formes de discours sont privilégiées pour le collège : narratif, descriptif, explicatif, argumentatif, avec toutes leurs combinaisons[2]. »

On se demande ce qui domine, entre le cynisme et le mépris, lorsque cette agrégée de lettres, toute-puissante sur l'enseignement du français, déclare, dans les colonnes de *L'Express* : « 13 % des élèves de

---

1. Tzvetan Todorov, *La Littérature en péril*, Flammarion, coll. « Café Voltaire », 2007.
2. Katherine Weinland, « La refondation de la discipline du collège au lycée », *L'École des lettres*, second cycle, n° 7.

sixième ne savent pas lire. Mais ils n'ont pas fini leurs études[1] ! » Une citation qu'elle récuse aujourd'hui, assurant que l'on a sorti ses propos de leur contexte. Pourtant, elle n'est pas seule à sous-estimer crânement l'illettrisme. C'est une manie bien ancrée rue de Grenelle.

Avec le recul, l'ancienne doyenne campe sur ses positions. Elle déclarait ainsi, lors d'une réunion publique à Châtellerault, en mars 2010 : « Je fais partie de ceux qui s'attachent beaucoup à la notion d'apprendre à apprendre plutôt que de déverser des connaissances dans des têtes bien disciplinées et bien décidées à tout avaler pour avoir des bonnes notes. » L'expression « déverser des connaissances » est accompagnée, au moment où elle est prononcée, d'une moue dégoûtée. « En tant que militante socialiste, j'aimerais que les choses se passent autrement. Je pense qu'il y a un gigantesque mouvement de recul, de retour en arrière où l'on tend à déverser – enfin on voudrait pouvoir déverser – des connaissances. On n'y arrive pas. » L'ex-doyenne fait référence aux quelques aménagements des programmes de français, qui ont conduit à rétablir un peu de chronologie dans l'enseignement, afin que les élèves cessent de situer *Madame Bovary* au XVIe siècle et Molière au XIXe.

Mais la militante socialiste fait aussi un étrange aveu : « Quand on parle avec des industriels, on voit bien qu'ils n'attendent pas des gens déjà formés dans le domaine des connaissances mais déjà formés dans le domaine des compétences, c'est-à-dire capables d'apprendre autre chose. » Diafoirus parviendrait ainsi

---

1. Jean-Sébastien Stehli, « Polémique autour du français », *L'Express*, 14 mars 2003.

à l'exact inverse de son objectif. Bien loin de délivrer les élèves du fardeau de la culture bourgeoise, il les jetterait dans la gueule du loup capitaliste, avec des têtes bien vides, formatées pour le remplissage utile.

Le palmarès de la honte

Rien ne semble devoir entamer l'ardeur novatrice de nos agrégés « progressistes ». Pas même le triste palmarès des collégiens, qui semble ne susciter qu'une préoccupation de façade. Il faut se tourner vers des analystes extérieurs à l'institution pour entendre un langage convaincant. Commentant, dans un article publié dans la revue *Le Débat*[1], la vague d'études Pisa menée au sein de l'OCDE sur les élèves de 15 ans, la sociologue Nathalie Bulle constate que « les compétences de base en lecture et en mathématiques des élèves français, des plus faibles d'entre eux notamment, se sont appauvries sensiblement depuis Pisa 2000. La baisse des performances des élèves faibles est parmi les plus importantes des pays de l'OCDE sur cette période, tandis que la relation entre les niveaux de réussite et les niveaux économiques et culturels s'est accrue sensiblement ». La démocratisation, étendard des influents inspecteurs généraux « progressistes », avance donc à reculons. « Pour expliquer ces évolutions, conclut Nathalie Bulle, observons que l'affaiblissement de l'intérêt intrinsèque porté aux savoirs entraîne une démoralisation de l'enseignement qui pousse les élèves à l'oisiveté, tandis que la diminution des exigences académiques augmente l'opacité des nor-

---

1. *Le Débat*, n° 159, mars-avril 2010.

mes de réussite. Ces facteurs tendent à se faire plus discriminants envers les élèves issus des milieux modestes. »

Une telle analyse est-elle de nature à ébranler les belles certitudes de nos femmes savantes (et de leurs compères) ? Sûrement pas. La mésaventure qui est arrivée à Laurent Lafforgue, l'un des plus brillants mathématiciens européens, passionné par les questions d'éducation, en témoigne.

Nommé, en novembre 2005, au Haut Conseil de l'Éducation, il a été prié d'en démissionner quelques jours plus tard pour avoir envoyé au président, Bruno Racine, ainsi qu'à ses pairs, un courriel dans lequel il contestait vivement que l'on fasse « appel aux experts de l'Éducation nationale : inspections générales et directions de l'administration centrale ». « Pour moi, écrit ce chercheur distingué par la médaille Fields, en 2002, à l'âge de 35 ans, c'est exactement comme si nous étions un Haut Conseil des Droits de l'homme et si nous envisagions de faire appel aux Khmers rouges pour constituer un groupe d'experts pour la promotion des droits humains. Je m'explique : depuis un an et demi que j'ai commencé à m'intéresser sérieusement à l'état de l'éducation dans notre pays – en lisant tous les livres de témoignages d'instituteurs et de professeurs que j'ai pu trouver, en recueillant systématiquement tous les témoignages oraux ou écrits d'enseignants avec qui je peux être en contact, en interrogeant moi-même des jeunes pour jauger ce qu'ils savent ou ne savent pas –, je suis arrivé à la conclusion que notre système éducatif public est en voie de destruction totale. Cette destruction est le résultat de toutes les politiques et de toutes les réformes menées par tous les gouvernements depuis la fin des années soixante.

Ces politiques ont été voulues, approuvées, menées et imposées par toutes les instances dirigeantes de l'Éducation nationale, c'est-à-dire en particulier : les fameux experts de l'Éducation nationale, les corps d'inspecteurs (recrutés parmi les enseignants les plus dociles et les plus soumis aux dogmes officiels), les directions des administrations centrales (dont la DEP et la Desco[1]), les directions et corps de formateurs des IUFM peuplés des fameux didacticiens et autres spécialistes des soi-disant "sciences de l'éducation", la majorité des experts des commissions de programmes, bref l'ensemble de la nomenklatura de l'Éducation nationale. » Un peu violente, la comparaison ne manque cependant pas de pertinence.

Travaux pratiques

Parmi les témoignages d'enseignants que j'ai recueillis au cours de cette enquête, il en est un qui résume, telle une triste fable, la désinvolture des élites dites « progressistes » vis-à-vis des moins favorisés. Pour mener à bien l'objectif de 80 % d'une classe d'âge au baccalauréat, on a créé le bac professionnel, refonte de ce qu'étaient jadis le CAP et le BEP. Un professeur d'histoire et de lettres[2] de cette filière est convoqué, début 2010, à une réunion organisée par les inspecteurs chargés de ces deux matières pour évoquer les nouveaux programmes du bac pro. Ils sont une soixantaine dans la salle, qui entendent l'un

---

1. DEP : direction des études et de la prospective ; Desco : direction de l'enseignement scolaire, devenu Dgesco.
2. Les enseignants de matières générales sont « bivalents » dans la filière professionnelle.

de ces deux inspecteurs déclarer : « Les savoirs ne sont pas importants. Ce qui compte, c'est le discours. » La grande majorité semble accablée, mais personne ne bronche.

Puis vient le moment de parler des oraux de rattrapage. « On nous explique alors, raconte ce professeur, que les élèves peuvent venir sans présenter de liste de textes et parler d'un livre qu'ils ont lu pendant l'année. Autrement dit, ce sont eux qui choisissent le sujet sur lequel ils vont être interrogés. » Mais le pire est à venir. « Ces deux messieurs nous rappellent que le contenu n'est pas important et qu'il n'est donc pas question de vérifier si le candidat a bien lu le livre qu'il présente lui-même. Pas d'exigence particulière sur le type d'ouvrage : la biographie de David Beckham convient très bien. Ils soulignent même qu'il est possible de donner une très bonne note à quelqu'un qui raconte n'importe quoi, mais avec une grande force de conviction. "Ce qui compte, résume l'un de ces deux fonctionnaires d'autorité, ce n'est pas la connaissance mais la manière de le dire. C'est de pouvoir instaurer un dialogue." »

Abasourdi, ce professeur finit par demander s'il faut continuer dans les classes à tenter d'enseigner la littérature ou non. « J'ai eu droit à une réponse très méprisante sur mon esprit négatif. Un de mes collègues a demandé si l'on pouvait vraiment laisser raconter n'importe quoi, pourvu que ce soit dit avec sens du dialogue et conviction. La défense de l'esclavage, par exemple ? Mine horrifiée de l'inspecteur : "Ah non, on ne laisserait pas passer." »

Dans les lycées professionnels, il n'est donc pas question d'aborder la littérature. « On doit se limiter au texte argumentatif, à la communication, aux connecteurs logiques. On nous a même dit que l'essentiel était de leur apprendre à rédiger un CV. Résultat : j'ai dans ma classe des élèves qui me demandent ce que veut dire le mot "sentier". On ne leur permet que de savoir vendre leur parole. Mais cela n'empêche pas de les inviter à donner leur avis sur des questions très diverses au bac. À partir de quels acquis ? Cela fait des années qu'on nous explique qu'on ne doit pas noter de la même manière des élèves qui s'orientent vers la maçonnerie ou vers la vente. » Avec pareil encadrement, pas étonnant que beaucoup d'enseignants aient du vague à l'âme.

11

« Mettez-vous
en arrêt maladie... »

> « Ensuite c'était la classe. Avec M. Bernard,
> cette classe était constamment intéressante
> pour la simple raison qu'il aimait passionné-
> ment son métier. »
>
> Albert CAMUS

« Premier poste en collège en ZEP. Conseil donné au téléphone par le rectorat contacté : "Mettez-vous en arrêt maladie jusqu'à ce que vous ayez votre mutation." Je ne l'ai pas suivi. Mutation trois ans plus tard. » C'est le témoignage d'un jeune professeur agrégé donné à l'occasion d'une enquête réalisée, en 2009-2010, par la société des agrégés. Résumons : on affecte un jeune enseignant en ZEP ; il s'indigne ; sa hiérarchie lui répond de se faire porter pâle jusqu'à nouvel ordre.

Les professeurs sont fatigués. Fatigués du mépris, du déclassement, du gâchis. « J'ai trente-sept ans, j'exerce ce métier depuis quatorze ans. Comment vais-je passer les vingt-cinq ans qui me restent à enseigner ? Je prends mon métier très à cœur et parfois je me sens déjà fatiguée. Alors, qu'est-ce que ça sera dans vingt ans... Cela fait six ans que je n'ai pas été inspectée, parce que je suis dans une école qui ne pose pas de problème et que je suis moi-même un bon élément. Résultat : ma carrière n'évolue pas. Heureusement, il y a les élèves. Et là, je n'éprouve pas de lassitude. J'ai une classe de CP depuis six ans. À chaque rentrée, la même appréhension : sauront-ils tous lire à Noël ? Cela, c'est du concret, du tangible. À la fin de l'année, ils savent ou ils ne savent pas... C'est pour cela que j'hésite à enseigner à des plus grands. Mes collègues me racontent que les parents viennent les voir en hurlant quand elles donnent un livre à lire, par petites tranches, à la maison. Elles ne peuvent pas obliger les élèves à lire contre la volonté des parents. Elles ne veulent pas non plus renoncer à faire lire des livres à leurs élèves, alors, elles se rendent compte qu'elles fabriquent, bien malgré elles, de l'inégalité. » Élodie, professeur des écoles dans la région de Lille.

Autre région, même discours : « J'ai trente-deux ans. Je suis depuis huit ans dans le même lycée. Il est situé dans la banlieue parisienne, en ZEP, mais il n'y a pas vraiment de violence. Non, ce n'est pas cela le problème. Le problème, c'est ce sentiment d'être prisonnier. Au départ, j'étais d'accord avec le contrat : on est plein d'énergie, on fait quelques années et puis on accumule assez de points pour pouvoir prétendre à autre chose. C'est la théorie. En pratique, on n'a jamais assez de points pour partir. L'idée générale, rue de Grenelle, est de sédentariser les professeurs pour limiter le nombre de mécontents. Tant pis pour ceux qui sont déjà en ZEP. Qu'ils y restent ! » Stéphane, professeur agrégé de français en banlieue parisienne.

Voilà comment des enseignants motivés évoquent leur métier. Tous énumèrent, d'une manière ou d'une autre, les mêmes pesanteurs : pas de perspectives d'évolution ; peu de reconnaissance ; une certaine infantilisation de la part de la hiérarchie intermédiaire, le fameux clergé qui empiète sur la liberté pédagogique ; la valse des programmes, des réformes, dont on n'a pas fini de s'imprégner avant qu'ils soient déjà périmés...

Et l'argent, dans tout cela ?

Eh bien l'argent, justement, ne figure pas parmi les motifs de récrimination les plus fréquemment évoqués. Pourtant, c'est un vrai sujet. La grille de rémunérations, rue de Grenelle, évoque plus volontiers le Gosplan à la période soviétique qu'une organisation performante du XXIe siècle. Il s'agit d'un savant panachage entre les « échelons » (numérotés de 1 à 11) et les « grades » (certifiés, agrégés, hors classe, etc.). Pour pimenter le tout, il existe trois vitesses d'avancement. Du plus rapide au plus lent : le grand choix (qui concerne 30 % des enseignants), le choix (50 %), l'ancienneté (20 %). En agitant tous ces ingrédients, on obtient un cocktail indigeste baptisé « échelle indiciaire », qui varie entre 349 points pour le certifié 1er échelon et 821 pour l'agrégé 11e échelon. C'est cette fameuse échelle que les syndicats surveillent jalousement.

Malgré cette extrême codification bureaucratique – ou peut-être à cause d'elle –, il est très difficile de savoir si la rémunération des enseignants stagne, diminue un peu, beaucoup...

L'économiste et sociologue Éric Maurin est le moins pessimiste des experts sur ce sujet. Dans une étude réalisée dans le cadre de la commission Pochard sur l'évolution du métier d'enseignant[1], il assure qu'il n'y a véritablement eu ni déclassement ni reclassement salarial entre 1982 et 2005 par rapport aux rémunérations du privé. Il note, en revanche, un décrochage entre les professeurs et les autres fonctionnaires de niveau équivalent, notamment pour les « milieux de carrière » : en moyenne, leur traitement augmentait de 1,9 % par an contre 2,5 % pour les cadres non enseignants. « Pour mieux comprendre ce décrochage salarial des enseignants, écrit-il, il est éclairant de comparer l'évolution des traitements bruts avec celle des salaires bruts (traitements bruts + primes et indemnités). Cette comparaison révèle que le déficit salarial croissant des enseignants est avant tout la conséquence d'une politique de rémunérations complémentaires (primes et indemnités) moins dynamique pour eux que pour les autres [...]. En 2005, les enseignants du secondaire ont finalement des niveaux de traitements bruts assez similaires à ceux des autres cadres A de la fonction publique, mais ils gagnent en net près de 50 % de moins, du fait d'indemnités et de primes considérablement plus faibles. »

L'État, en somme, dont tous les hauts responsables clament depuis vingt ans et plus que l'éducation est la priorité absolue de la nation, n'hésite pas à distribuer primes et avantages à ses fonctionnaires, en oubliant les enseignants.

---

1. Dominique Goux et Éric Maurin, « Les enseignants, leurs rémunérations et leur niveau de vie, 1982-2005 », Cepremap, 2008.

D'autres estimations donnent une vision plus noire du traitement financier réservé à ceux que l'on charge d'éduquer nos enfants.

Trois chercheurs des universités de Cergy-Pontoise, de Lille et de la Sorbonne se sont livrés, en 2006, à une activité originale : étudier, sur quarante ans, l'évolution des rémunérations des enseignants et... des éboueurs[1]. Leurs conclusions ? Les éboueurs ont vu leurs rémunérations stagner et se faire rattraper par le smic pour les plus bas échelons. Mais les enseignants, eux, subissent carrément une chute de leur pouvoir d'achat. « La baisse de valeur réelle des traitements nets [...] des enseignants du supérieur a été de 20 % environ, de 1981 à 2005, écrivent ces trois universitaires. De 1981 à 2005 également, la baisse des traitements nets réels des enseignants de l'enseignement secondaire est de 15 à 20 % pour les professeurs agrégés (selon l'échelon considéré) et de près de 20 % pour les professeurs certifiés. Les instituteurs sont ceux qui s'en tirent le mieux avec une baisse de traitement réel net de l'ordre de 9 % seulement durant la même période. Les instituteurs qui ont été reclassés dans le nouveau corps des professeurs des écoles ont joui d'une certaine "revalorisation". Cette érosion, qui se poursuit maintenant depuis plus de vingt-cinq ans, nous amène à nous demander comment les fonctionnaires considérés ont bien pu l'accepter et la supporter ! »

---

1. Btissam Bouzidi, Touria Jaaidane, Robert Gary-Bobo, « Les traitements des fonctionnaires français, 1960-2004 : la voie de la démoralisation ? L'exemple des éboueurs et des enseignants », université de Cergy-Pontoise (Théma), université de Lille (Équippe), université de Panthéon-Sorbonne (Paris School of Economics), 22 septembre 2006, révisé le 3 janvier 2007.

Pourquoi et comment, en effet ? « Pour ce qui concerne l'enseignement primaire et secondaire au moins, la féminisation est sans doute aussi un facteur important, poursuivent ces trois chercheurs. On sait que la proportion de femmes n'a pas cessé d'augmenter dans la période considérée. Les instituteurs étaient déjà en majorité des institutrices depuis longtemps en 1981, et il se peut qu'aux environs de cette période, les femmes soient aussi devenues majoritaires dans l'enseignement secondaire : elles représentaient 53 % en 1980 parmi les enseignants de catégorie A du secondaire ; leur proportion est de 64 % en 2001. De plus, on décèle un certain embourgeoisement des enseignantes, mariées de plus en plus souvent à des hommes appartenant aux catégories socioprofessionnelles supérieures. » Éric Maurin fait la même observation : « Les enseignants étant plus souvent des femmes, ils se retrouvent ainsi plus souvent associés dans leur famille à un conjoint mieux rémunéré que ne peuvent l'être les autres cadres du public ou du privé. »

Une étude conduite fin 2008 par le Snes, syndicat du secondaire de la FSU, affirme, quant à elle, que le salaire de début de carrière d'un professeur certifié équivalait à deux smic en 1981, contre 1,2 smic en 2008[1]. Une sacrée dégringolade ! L'économiste et historien Jacques Marseille dressait, fin 2009 dans *Le Point*, un constat équivalent concernant l'école primaire : « En 1983, un instituteur au 3e échelon gagnait 6 088 francs brut par mois, soit 61 % de plus que le smic, qui s'élevait à l'époque à 3 773 francs. Fin 2008, un professeur des écoles au même échelon gagne 1 797 euros brut, soit 22 % de plus seulement

1. Snes-Fsu, « La situation salariale des enseignants », octobre 2008.

que le smic mensuel brut, qui est de 1 472 euros. » Il raillait ensuite la cohérence de ce merveilleux pays « où le salaire d'un bac + 4 vaut 22 % de plus que celui d'un salarié sans qualification[1] ! ».

Voilà la réalité. Elle n'arrange pas les élites dirigeantes ? Celles-ci la nient. Dans cet exercice où le cynisme tient le bras du mépris social, Jean-François Copé s'est illustré avec brio. Pendant la campagne présidentielle de 2007, alors porte-parole du gouvernement Villepin, il affirmait qu'un professeur certifié en fin de carrière, « ça gagne à peu près 4 100 euros par mois ». Hurlements des syndicats : la marge d'erreur est de... 40 %.

C'est mieux ailleurs ? Oui !

Comparés aux autres professions, les enseignants, depuis vingt ans, sont donc plutôt maltraités. C'est là, selon les experts, la conséquence mécanique de l'effet de nombre : un million de fonctionnaires, en période de disette budgétaire, cela fait beaucoup de bouches à nourrir ! Pourtant, Nicolas Sarkozy, mieux informé que Jean-François Copé, l'avait dit juste après son élection : « Je souhaite faire de la revalorisation du métier d'enseignant l'une des priorités de mon quinquennat, parce qu'elle est le corollaire de la rénovation de l'école et de la refondation de notre éducation[2]. » Encore une histoire de priorité !

Qu'en est-il advenu ? Dans la foulée des promesses, le ministre de l'Éducation Xavier Darcos installe

---

1. *Le Point*, 17 septembre 2009.
2. Nicolas Sarkozy, « Lettre aux éducateurs », 4 septembre 2007.

la commission Pochard, chargée de s'intéresser à l'évolution du métier d'enseignant. Michel Rocard en fait partie, il démissionne à cause de fuites sur la rémunération au mérite. C'est ce retrait en fanfare qui donne un peu d'écho au travail, fort intéressant, de ce groupe de réflexion. Car, rue de Grenelle, ses membres sont considérés comme des figurants, dont le seul rôle dans la pièce consiste à détourner l'attention des syndicats. Deux ans passent encore et, en janvier 2010, Luc Chatel annonce qu'il augmente, dès la rentrée 2010, les salaires des enseignants débutants : 157 euros de plus par mois pour les professeurs des écoles ; 259 pour les agrégés. Le gain n'est pas négligeable. Les 196 millions qui lui sont consacrés correspondent à la moitié des économies réalisées par les non-remplacements de la moitié des départs à la retraite. Ce jeunisme, toutefois, est assez mal vu par les professeurs en milieu de carrière, ceux dont le destin patine à partir de trente-cinq ou quarante ans. Mais en période de rigueur, on ne peut pas faire davantage. Tel est le sens du message gouvernemental.

Pourtant, d'autres pays se sortent mieux de ce difficile exercice. C'est ce qu'indique un rapport de la Cour des comptes de mai 2010[1]. Ses auteurs se livrent à une savante comparaison internationale, fondée sur le « coût salarial par élève », c'est-à-dire la masse salariale des enseignants divisée par le nombre d'« apprenants ». Son verdict ? « Dans l'enseignement primaire, la France se caractérise par un coût salarial par élève (1 625 dollars) nettement plus faible que dans la moyenne de l'OCDE : elle est en 25e posi-

---

1. « L'Éducation nationale face à l'objectif de la réussite de tous les élèves », rapport public thématique, mai 2010.

tion pour trente pays. L'écart par rapport à cette moyenne (c'est-à-dire 637 dollars) s'explique par des facteurs de sens divergent : un salaire des enseignants plus faible (– 256 dollars), un temps d'enseignement assuré par les enseignants plus élevé (– 257 dollars), une taille des classes plus importante (– 394 dollars), et, en sens inverse, un temps d'instruction des élèves plus long (+ 270 dollars). » Autrement dit, les professeurs des écoles, en France, sont moins payés, travaillent plus longtemps et doivent gérer des classes plus lourdes que leurs confrères des autres pays développés. Que des bonnes nouvelles !

Au collège, c'est à peu près pareil, à un détail près : les professeurs assurent beaucoup moins d'heures de cours. La France est 22e sur 30. « Le coût salarial par élève (2 392 dollars) reste encore inférieur à la moyenne de l'OCDE, indique la Cour des comptes. Ici encore, ce coût moins élevé (écart de – 526 dollars) s'explique par un salaire des enseignants plus faible (– 347 dollars) et par une taille des classes plus importante (– 803 dollars) ; en revanche, le temps d'instruction des élèves est plus élevé que dans la moyenne de l'OCDE (+ 315 euros) et le temps d'enseignement des enseignants est moins élevé (+ 310 euros). »

C'est au lycée que la France consacre le plus de ressource humaine par élève, avec un coût salarial par élève (3 498 euros) un peu supérieur à la moyenne de l'OCDE. La raison de ce score, selon la Cour des comptes ? Ce n'est pas le salaire des enseignants, à nouveau plus faible (– 654 dollars), mais le temps que les élèves passent en cours.

Plus mal rémunérés que les autres fonctionnaires dans leur propre pays, les enseignants français sont donc, aussi, moins bien traités qu'ailleurs. La crise, pourtant, a frappé partout. Les mesures d'austérité nécessaires ne s'imposent pas seulement à la France. Alors ? Alors, l'écart risque tout simplement de se creuser encore un peu plus. Deux pays dont les résultats révélés par les enquêtes Pisa ne sont pas excellents non plus ont décidé d'investir massivement dans l'éducation. « L'exemple des Allemands et des Américains tend à prouver qu'on peut poser l'éducation comme un facteur de croissance, même avec des finances à assainir[1] », analyse Maryline Baumard dans les colonnes du *Monde*. Pour l'année 2011, le ministère allemand de l'Éducation bénéficie d'un budget en hausse de 7,2 % par rapport à 2010. « L'Éducation et la recherche, assurait en septembre 2010 la ministre en charge de l'enseignement pour la République fédérale, sont la priorité absolue du gouvernement. » Un air connu. À ceci près qu'à Berlin, on ne se contente pas de belles paroles. Évoquant sa volonté de créer une « République de l'éducation », la chancelière Angela Merkel s'est engagée à y consacrer 10 % du revenu national à partir de 2013, alors que la France patine autour de 6,5 %. À Washington, comme le rappelle Maryline Baumard, Barack Obama a sorti deux secteurs du gel des dépenses budgétaires fédérales : la sécurité nationale et l'éducation. Le saut quantitatif est important : une augmentation de… 31 % ! On attend qu'un président français, quel qu'il soit, joigne le geste à la parole au lieu de se répandre sans fin sur la « priorité des priorités ».

Avec un peu de courage et d'imagination, sa tâche ne serait pas si difficile, puisque l'aspect financier de

---

1. *Le Monde*, 1er octobre 2010.

leur condition n'est pas celui qui suscite le désenchantement collectif des professeurs.

Le fameux « malaise »

En mai 2010, la Société des agrégés de l'Université, institution presque centenaire, publie une enquête sur le moral des professeurs du second degré[1]. Ce qui motive cette initiative ? « Un nombre d'appels anormalement élevé de professeurs qui ne voient à leur situation aucune autre issue que la démission », explique ce document. La démission ! Pour un fonctionnaire, en cette période de crise et de chômage, ce n'est pas ordinaire.

Le résultat de l'enquête, en effet, est saisissant : près de la moitié des professeurs interrogés ont été tentés, une ou plusieurs fois, de démissionner. Et près des trois quarts d'entre eux (73,6 % exactement) envisagent, à plus ou moins long terme, une reconversion. Pourquoi ? « Les raisons matérielles arrivent loin derrière les facteurs symboliques, psychologiques et moraux[2] », explique Blanche Schmitt-Lochmann, agrégée de lettres classiques et responsable de cette étude. Premier motif invoqué : le manque de reconnaissance. Les témoignages sont anonymes, c'est la règle du jeu. Pour l'un, ce sont « des conditions d'exercice déplorables : trois établissements, des trajets épuisants, à cheval entre collège et lycée. Le stress n'est pas une impression, je le subis en permanence.

---

1. Jean-Michel Léost, Blanche Schmitt-Lochmann, « Y a-t-il un malaise enseignant ? », enquête de la Société des agrégés de l'Université sur le moral des enseignants du second degré, 2009-2010.
2. Entretien le 24 juin 2010.

La solitude n'arrange rien : on me demande de travailler en équipe, mais comment faire quand on est de passage ? Emploi du temps surchargé, travail en "flux tendu", impression d'être un numéro dont on se moque et qu'on affecte au gré d'humeurs. » Un autre emploie un style télégraphique : « Travail comme TZR[1] dans trois établissements. Absence de perspectives du fait d'un système de mutation aberrant. Mépris des services rectoraux qui nous prennent pour des pions. » Un autre encore : « TZR pendant sept ans, je n'ai jamais obtenu de poste fixe dans un lycée malgré les demandes. C'est surtout cette lassitude de ne pas se sentir reconnu en tant que professeur agrégé et de ne pas avoir pu enseigner en lycée que je souhaite souligner ici. »

Pour d'anciens étudiants brillants, qui ont réussi un concours difficile, l'agrégation, le retour au réel est traumatisant. « Mes débuts d'enseignante en collège de banlieue n'ont absolument pas correspondu à mes attentes, au sens où je n'imaginais pas être affectée en collège contre mon gré, explique cette jeune femme. D'autant moins que j'ai effectué un parcours d'excellence (École normale supérieure, doctorat, agrégation externe). J'ai vécu comme une violence mon affectation comme TZR dans un collège du 93. »

Dans le tableau brossé par ces témoignages, l'administration apparaît parfois en majesté : « Le plus difficile est de travailler avec un corps d'inspection méprisant et suffisant et des équipes de direction

---

1. TZR, dans le sabir de la rue de Grenelle, si friand d'antiphrases et d'acronymes abscons, signifie « titulaire sur zone de remplacement ». En français normal, cela s'appelle un remplaçant. Le plus terrible est que les intéressés eux-mêmes, atteints d'une sorte de syndrome de Stockholm, finissent par employer machinalement ce langage désincarné.

pas toujours compétentes, l'ensemble de la hiérarchie persistant à infantiliser le corps professoral. »

Interrogés sur les éléments qui pourraient modifier leur décision de démissionner, les 400 enseignants retenus dans le panel de la Société des agrégés situent en première place l'évolution de carrière, au deuxième rang une meilleure reconnaissance, tandis que l'augmentation de salaire n'arrive qu'en troisième position, loin derrière.

Le livre vert sur la condition enseignante demandé par Nicolas Sarkozy et Xavier Darcos, rendu public en janvier 2008, dévoilait un tableau tout aussi sombre : « 95 % des enseignants du premier et du second degré estiment qu'ils ont moins de prestige qu'autrefois. 86 % ressentent un alourdissement de leur charge de travail, et les deux tiers éprouvent un sentiment de découragement dans leur travail (contre 40 % des cadres français en moyenne). 60 % des enseignants ont le sentiment que les élèves s'intéressent de moins en moins à leur enseignement (contre 49 % en 1972). » Un état d'esprit corroboré par une étude interne au ministère de l'Éducation nationale[1], selon laquelle 95 % des enseignants de collège confirment l'existence d'un « malaise », dont 72 % s'estiment affectés personnellement. Un chiffre en augmentation de 14 points par rapport à 2005. D'humeur bien sombre, les professeurs sont toutefois minoritaires (51 % à l'école, 45 % au collège et au lycée), selon le livre vert, à se plaindre de leur niveau de vie. Un résultat presque miraculeux.

---

1. Ministère de l'Éducation nationale, direction de l'évaluation, de la prospective et de la performance, MEN-DEPP, « Enseigner en collège et en lycée en 2008 », octobre 2009.

Dans les classes, mais aussi dans les bureaux de la rue de Grenelle, ils sont nombreux à continuer à « y croire », à vouloir regarder la bouteille à moitié pleine, à trouver, au quotidien, des solutions aux obstacles qui se dressent devant eux. À l'école, au collège et au lycée, les professeurs doivent lutter contre un ennemi invisible véhiculé par les nouvelles technologies, qui rendent la lecture ennuyeuse et l'investissement intellectuel ringard. Comment donner le goût de l'effort dans un univers gouverné par la satisfaction passive et immédiate que procurent les jeux vidéo, Facebook ou la consultation d'une notice de Wikipedia pour torcher à la va-vite un exposé ? Comment lutter contre le déterminisme social qui fait de l'école un catalyseur, et non un correcteur, des inégalités ?

À part quelques solutions « officielles », comme les internats d'excellence destinés à mettre les élèves défavorisés dans un contexte de curiosité culturelle et de travail scolaire introuvable dans leur milieu familial, beaucoup de ce qui marche, de ce qui fait progresser les élèves est inventé, appliqué en dehors des dogmes fixés par l'institution, voire parfois contre elle.

Atterrés par les programmes de français qui réduisaient la transmission à une série de consignes techniques et mécanistes sur l'étude de la langue, de nombreux professeurs ont continué, contre les instructions officielles et en cachette de leur inspecteur, à replacer les œuvres littéraires qu'ils faisaient étudier dans leur contexte historique et intellectuel, à s'intéresser à la psychologie des personnages. Des instituteurs ont continué à faire apprendre et réciter des poésies, à proposer des dictées très régulières quand la mode était à l'observation réfléchie de la langue (ORL), cette aberration promue par le ministère de l'Éducation nationale à partir de 2002.

Toutes ces personnes qui n'écoutent plus le ministère et appliquent avec de bons résultats leurs propres méthodes sont, en quelque sorte, entrées en résistance. Quelques-unes, tel Marc Le Bris, ont témoigné à visage découvert, pour l'édification du plus grand nombre. L'immense majorité a préféré ne pas encourir frontalement les foudres du clergé. Il fallait néanmoins du courage pour aller à contre-courant, en étant certain de n'avoir d'autre récompense que des élèves épargnés par la déferlante idéologique.

Les élites ne peuvent pas ignorer que si l'école tient encore à peu près debout, elle le doit à ces missionnaires et à tous ces indépendants d'esprit. C'est un travers bien français que de préférer la notion de mission à celle de contrat. En France, on doit entrer en enseignement comme on entre en religion. Mal payé, mais serviteur du bien commun, de l'intérêt général, de l'avenir collectif. Cet état d'esprit arrange bien hauts fonctionnaires et dirigeants politiques. Il permet de tenir les soldats – ceux qui résistent à l'absurde sont potentiellement des contrevenants, mais que l'on choisit délibérément de ne pas verbaliser – et aussi de déverser en cas de besoin une démagogie de circonstance invoquant le dévouement des « personnels enseignants ».

Malgré ces hommages répétés, les héros sont fatigués. Toujours selon le rapport Pochard, 80 % d'entre eux (contre 58 % en 1972) ne croient pas, ou plus, à l'idée que l'enseignement puisse continuer à se démocratiser et accroître l'égalité des chances. À qui la faute ?

Avantages acquis

Tandis que l'on sert aux intouchables des lycées professionnels une sous-culture indigeste, les brahmanes de l'inspection générale se préoccupent des vrais enjeux. Ils veillent jalousement à la préservation de leur périmètre, pour s'assurer que rien ne risque d'en réduire le territoire et repérer d'éventuelles occasions de grignoter celui des autres. Si le ministre annonce, par exemple, qu'une demi-heure par semaine, dans le secondaire, sera allouée aux nouvelles technologies, Diafoirus se pose une question prioritaire : au détriment de quelle chapelle ?

L'enseignement de l'économie a été un de ces bastions menacés du temps de Xavier Darcos, qui n'aimait pas cette discipline et entendait dire de toutes parts qu'elle était mal enseignée. Un rapport de l'Académie des Sciences morales et politiques[1], remis au ministre en juillet 2008, se montre particulièrement sévère. L'un de ses auteurs, Pierre-André Chiappori, en faisait cette synthèse au moment de sa publication : « L'enseignement des sciences économiques et sociales dans le secondaire français est gravement défectueux. En l'état, le contenu des enseignements n'a qu'un rapport lointain avec la science économique, telle qu'elle est pratiquée non seulement dans les universités et les centres de recherche, mais aussi dans les organisations gou-

---

1. Académie des Sciences morales et politiques, « L'enseignement de l'économie dans les lycées », juillet 2008.

vernementales et internationales, et (a fortiori) dans les entreprises. L'enseignement, sous sa forme présente, tend probablement à répandre le sentiment qu'un tel savoir est soit inexistant, soit inutile, et qu'il est possible de discuter de problèmes complexes sans avoir recours à autre chose qu'une analyse superficielle ; en bref, que l'analyse économique se résume à la régurgitation de discours convenus. S'agissant de l'objectif d'éducation générale de futurs citoyens, il est à craindre que ce message soit franchement nocif[1]. »

Ce réquisitoire a beaucoup inquiété les inspecteurs généraux du groupe Sciences économiques et sociales. Non parce qu'ils ont été ébranlés sur le fond, mais parce qu'ils redoutaient de voir leurs prérogatives grignotées, voire gravement amputées. Dès la rentrée suivante, l'Association des professeurs de sciences économiques et sociales (Apses) monte au créneau en publiant un communiqué digne des plus riches heures de la CGT : « Nous craignons un démantèlement de notre enseignement. En seconde, celui-ci pourrait chuter de 40 %. C'est inacceptable... » Pour qui ? Pour les élèves ou pour leurs professeurs ?

Les responsables de l'Apses sont reçus le 29 septembre 2008 par Jean-Paul de Gaudemar, recteur chargé de la réforme du lycée. Il est question de fusionner la matière avec les sciences et techniques de gestion. Inacceptable, une fois encore. Diafoirus a l'esprit large, il aime le relativisme, mais pas au point de mélanger ses belles serviettes généralistes avec des torchons technologiques. Pourquoi se gêner, d'ailleurs ? L'Apses a réussi à sauver les

---

1. Canalacadémie, 8 juillet 2008.

meubles. Et même plus, puisque, dans la réforme portée par Luc Chatel, l'enseignement de l'économie devient obligatoire en seconde. À côté, il est vrai, d'un module sur les « principes fondamentaux de l'économie et de la gestion ».

Si le niveau baisse, les avantages acquis, eux, demeurent intacts. Pour le ministre, l'essentiel est de se distinguer à peu de frais. On supprime complètement l'enseignement de l'économie en seconde un jour ? On le rend obligatoire pour tous le lendemain ? Peu importe, l'essentiel est d'avoir l'air de maîtriser la situation.

12

Tous inégaux en droits

« Telle est l'inévitable loi : les inégalités sociales sont toujours en proportion inverse de la force de l'autorité publique. »

Denis Fustel DE COULANGES

Réduire les inégalités ! Que de discours prononcés, que de promesses distribuées, que de réformes promulguées au nom de cette intention ! Un objectif louable et nécessaire : que devient la méritocratie si le mérite est en trompe-l'œil ? Condorcet, en 1791, a posé dans ses *Cinq mémoires sur l'instruction publique*[1] les principes de cette ardente obligation : « Quand la loi a rendu tous les hommes égaux, la seule distinction qui les partage en plusieurs classes est celle qui naît de leur éducation [...]. Le fils du riche ne sera point de la même classe que le fils du pauvre, si aucune institution publique ne les rapproche par l'instruction, et la classe qui en recevra une plus soignée aura nécessairement des mœurs plus douces, une probité plus délicate, une honnêteté

---

1. Condorcet, *Cinq mémoires sur l'instruction publique*, Garnier-Flammarion, 1994.

plus scrupuleuse [...]. Il existera donc une distinction réelle, qu'il ne sera point au pouvoir des lois de détruire, et qui, établissant une séparation véritable entre ceux qui ont des lumières et ceux qui en sont privés, en fera nécessairement un instrument de pouvoir pour les uns, et non un moyen de bonheur pour tous. »

De Napoléon à Haby

Avoir été la patrie de quelques philosophes visionnaires n'aide pas forcément. Car, si l'on en croit l'OCDE, qui procède à des mesures de l'équité[1] des différents systèmes éducatifs, l'école française est une des plus inégalitaires – sinon la plus inégalitaire – des pays développés, « ce qui fait de notre pays le champion de la prédestination scolaire en fonction de l'origine sociale[2] », selon un rapport du Haut Conseil de l'Éducation sur le collège.

Il est vrai que la France, de ce point de vue, revient de loin. Jusqu'au milieu des années soixante-dix, le tri s'effectue à la fin de l'école primaire. Les meilleurs élèves, ceux qui peuvent pousser plus loin leurs études, ont le choix entre la voie royale du « petit lycée », qui accueille majoritairement les

---

1. OCDE, « En finir avec l'échec scolaire : dix mesures pour une éducation équitable », 2007. L'équité en matière d'éducation, selon les critères de l'OCDE, comporte deux dimensions : « La première est l'égalité des chances, qui implique de veiller à ce que la situation personnelle et sociale ne soit pas un obstacle à la réalisation du potentiel éducatif. La seconde est l'inclusion, qui implique un niveau minimal d'instruction pour tous, par exemple que chacun sache lire, écrire, compter. »
2. Haut Conseil de l'Éducation, « Le collège, bilan des résultats de l'école », 2010.

enfants de la bourgeoisie, et les filières secondaires plus courtes. C'est là l'héritage d'un système scolaire bâti en commençant par la fin. Créé par Napoléon, le lycée impérial est conçu comme une préparation à l'Université. Puis apparaissent les petites classes du lycée, accueillant très majoritairement des enfants de la bourgeoisie, qui assurent une reproduction silencieuse. Enfin, comme l'analphabétisme devient un problème national, la loi Guizot de 1833 fait obligation aux maires d'entretenir une école, peu importe qu'elle soit publique ou privée. Puis les lois Ferry introduisent la laïcité et l'universalité. Mais un double système continue de perdurer très longtemps. Dès le cours préparatoire, les enfants sont orientés vers des écoles primaires qui doivent soit préparer au lycée, soit conduire à une fin d'études, les meilleurs allant ensuite au cours complémentaire. L'avenir de chacun est donc déterminé dès son entrée à l'école.

C'est au cours des Trente Glorieuses qu'ont lieu des bouleversements plus radicaux que durant le siècle qui a précédé. L'école primaire devient la même pour tous, la scolarité est rendue obligatoire jusqu'à seize ans en 1959. Et surtout, le collège unique est créé en 1975. Une belle idée : il s'agit de garantir à chaque futur citoyen une sorte de smic éducatif et culturel. En 1959, apparaissent les collèges d'enseignement général (CEG) qui remplacent les cours complémentaires, voués jusqu'alors, comme leur nom l'indique, à améliorer l'ordinaire de l'enseignement primaire pour ceux que le destin social n'a pas favorisés. Quatre ans plus tard sont créés les CES (collèges d'enseignement secondaire). Le premier cycle de l'enseignement secondaire est encore organisé en filières, triant dès la sixième ceux qui accéderont au lycée, à l'enseignement technique ou à l'entrée précoce dans la vie professionnelle. En 1975, la loi Haby crée le fameux collège unique, cible, depuis, de tant de polémiques.

Que penser, plus de trente ans après, de ce collège unique ? La vérité oblige à dire qu'il a réussi sa démocratisation. « Le taux d'accès en troisième est passé de 70 % d'une génération en 1985 à 97 % aujourd'hui, écrit en septembre 2010 le Haut Conseil de l'Éducation. Ce résultat, rendu possible notamment par la suppression du palier d'orientation en fin de cinquième, est identique quelle que soit l'origine sociale des élèves : ainsi 96,5 % des enfants d'ouvriers entrés en sixième en 1997 parviennent en classe de troisième, contre 58 % pour ceux entrés en sixième en 1980. » Il a failli, en revanche, dans sa mission de réduction des inégalités, puisque les scores réalisés par les élèves issus de milieux défavorisés en cinquième sont en plus net décrochage qu'ils ne l'étaient en fin de CE2[1]. Et en fin de troisième, selon les évaluations nationales réalisées en 2008 sur les mathématiques, 15 % des collégiens éprouvent des difficultés sévères ou très sévères et 25 % ont des acquis fragiles.

Injustices à la chaîne

Or la fabrique de l'inégalité scolaire répond à une mécanique connue, étudiée et validée. Marie Duru-Bellat, sociologue à l'université de Bourgogne, la décrit ainsi : « Dès la maternelle, les inégalités sociales sont visibles, particulièrement marquées dans le

---

1. *Ibid.*

domaine de la logique verbale ; mais les écarts sociaux sont également significatifs dans les autres dimensions cognitives (aisance graphique, structuration spatiale, organisation temporelle). Même si d'autres facteurs (telle la nationalité d'origine) sont également importants, c'est la profession du père, en ce qu'elle résume un ensemble de caractéristiques du milieu familial, qui explique le mieux les performances des élèves. La fréquentation de la maternelle ne réduit pas ces écarts sociaux ; ils s'accroissent même légèrement, ce qui suggère que certains enfants "profitent" plus que d'autres des pédagogies à l'œuvre à ce niveau d'enseignement[1]. »

Marie Duru-Bellat décrit ensuite l'effet boule de neige qui se met en place tout au long de l'école primaire. Mieux préparés aux apprentissages, les élèves issus de milieux favorisés en profitent plus que les autres. Le fossé se creuse insensiblement au fil des ans.

Puis vient le temps des choix scolaires. Celui où les familles décident du collège qui sera fréquenté, des options qui seront retenues et enfin de l'orientation. C'est alors que se manifeste un phénomène encore mal connu mais bien réel : l'auto-limitation des ambitions.

La croyance et le désir de diplôme sont d'autant plus vifs, en effet, que les parents sont eux-mêmes diplômés. La différence est surtout criante pour les élèves moyens, dont le destin peut pencher dans un sens ou dans l'autre. Marie Duru-Bellat cite une étude du ministère de l'Éducation nationale : « En fin de troisième, avec moins de 9 de moyenne au

---

1. Marie Duru-Bellat, « Les inégalités sociales à l'école », *Comprendre*, n° 4, PUF, 2003.

contrôle continu du brevet, 66 % des familles de cadres, contre 18 % des familles ouvrières, demandent une orientation en second cycle long […]. Face à ces demandes socialement typées, les conseils de classe prennent leurs décisions de manière essentiellement réactive, se contentant de contester les choix qui leur paraissent irréalistes vu le niveau scolaire, et sans chercher à tirer "vers le haut" les choix prudents de certains jeunes. L'autosélection dont font montre les familles de milieu populaire n'est donc pas corrigée, ou très rarement. »

Le résultat ? Pierre Tapie, directeur général de l'Essec, le décrit ainsi, au terme d'une étude sur les parcours scolaires commandée par la Conférence des grandes écoles, dont il est président : « En sixième, les enfants dont les parents sont cadres ou exercent des professions libérales représentent 16 % des effectifs, ceux qui ont des parents ouvriers ou inactifs, 38 %. À la fin du secondaire, les bacheliers qui obtiennent une mention bien ou très bien sont pour 11 % des enfants d'ouvriers et pour 51 % des enfants de cadres… Or, dans les écoles les plus prestigieuses, vous n'avez quasiment que ces bacheliers-là[1]. »

La conséquence désastreuse

Ce constat est établi en 2010, soit plus de trente ans après le début de la massification scolaire. Celle-ci constituait une nécessité, qui a été mise en œuvre, d'une manière ou d'une autre, dans la plupart des pays développés. « La quête d'une cité libre, composée d'individus à la fois égaux et autonomes, ne peut

---

1. *Le Monde*, 6 octobre 2010.

s'accommoder bien longtemps de destins sociaux tracés d'avance, d'un jeu où l'égalité formelle des droits dissimule mal la formidable puissance de l'hérédité et de la richesse, écrit l'économiste et sociologue Éric Maurin dans un livre comparant les systèmes scolaires de plusieurs pays. En ce sens, les politiques de démocratisation scolaire constituent une étape décisive de l'histoire des démocraties en général. Mais l'entreprise égalisatrice se heurte immanquablement aux résistances des sceptiques et des conservateurs[1]. »

Il est certain que les réflexes de classe, les « délits d'initiés » des mieux informés viennent contrecarrer les objectifs de mixité sociale et d'abolition des handicaps culturels. Toutefois, en France, ces freins sont non seulement égalés mais surpassés par une mystification de grande ampleur. En même temps que s'opérait la massification, le clergé pédagogiste, de façon quasiment clandestine, s'est emparé du pouvoir que lui ont abandonné les ministres successifs. Ses évangélistes ont décrété qu'il n'était plus possible d'enseigner de la même manière aux « nouveaux publics » qu'aux enfants des classes moyennes et supérieures qui fréquentaient, jusqu'alors, l'enseignement secondaire.

Un pur sophisme, puisque la liturgie nouvelle s'est aussi imposée, dans le même temps, à l'école primaire, obligatoire pour tous depuis longtemps. Ce lien de causalité – puisqu'il y a de nouveaux publics, changeons les contenus et les méthodes – non seulement n'a aucune justification mais empeste le mépris social : les grandes œuvres littéraires ou

---

1. Éric Maurin, *La Nouvelle Question scolaire. Les bénéfices de la démocratisation*, Le Seuil, 2007.

l'histoire chronologique ne seraient donc pas transmissibles aux plus modestes ? Au nom de quoi ? En vertu de quelles expériences ? De quelles certitudes ?

Dans un livre prémonitoire publié en 1984, le philosophe et essayiste Jean-Claude Milner avait des mots terribles pour décrire cette démagogie pavée de bonnes intentions : « Les bougnoules sont comme des chiens, s'écrie le raciste ordinaire ; mais le pieux et sentimental antiraciste pense et dit exactement la même chose, surtout quand il s'occupe d'enseignement : comme pour les chiens, il faut apprendre à vivre avec les immigrés ("vivre ensemble", n'est-ce pas ?), et, pour y parvenir, il faut, comme pour les chiens, les aimer très fort. Comme pour les chiens, enfin, il ne faut leur apprendre que ce qui les concerne : disons, pour être bref, le caniveau. Transformer l'école en caniveau pour immigrés, tel est le programme populiste, auquel concourent les réformateurs pieux : c'est abominable[1]. »

Après ce réquisitoire abrasif, Jean-Claude Milner répond par avance aux récriminations effarées : « Sans doute, il faudrait bien de la naïveté pour croire que les masses demandent à s'instruire, pour croire que tout baignera dans l'huile, que des adolescents à qui tout répète que la délinquance les attend accepteront aisément de s'intéresser à quoi que ce soit qui se révèle inutile pour commettre un délit ou éviter une sanction judiciaire. Mais enfin ces évidences ne suffisent pas ; elles ne sont que partielles : ou faut-il croire, comme les dames du XIXᵉ siècle, que les classes populaires sont les classes dangereuses et ne connaissent que la force brutale et le crime ? N'en déplaise aux modernes patronnesses, le peuple – et les immigrés – ont, eux aussi, quelque

---

1. Jean-Claude Milner, *De l'école*, Verdier, 1984.

rapport au langage et à l'entendement. C'est dire qu'ils ont quelque rapport aux savoirs et à l'école : rapport peut-être difficile et sinueux, mais qui ne saurait être nié sans honte. »

Pourtant, le discours implicite sur les « nouveaux publics » qui ne sauraient être réceptifs aux savoirs se retrouve dans la production de nombreux experts et décideurs. C'est Claude Allègre, ancien ministre de l'Éducation, qui déclarait en 2007 : « Le programme de français est le même à Bobigny et à Henri-IV : quand j'étais ministre, on y étudiait *La Princesse de Clèves* en troisième ! Tout cela sous prétexte d'égalité. Eh bien, je préfère qu'en banlieue les élèves lisent *Astérix* plutôt que rien du tout[1]. » Marie Duru-Bellat, pour expliquer le renforcement des inégalités par l'école, cite notamment « les contenus qu'elle propose », allusion à l'exigence de transmission censée décourager les plus fragiles socialement. Philippe Meirieu n'est pas en reste : « De transmetteur, le maître doit devenir entraîneur. Le transmetteur délivre un savoir en supposant que la bonne volonté de chacun permettra de l'assimiler. L'entraîneur, évidemment aussi compétent dans son domaine que le transmetteur, doit, en plus, préparer et surveiller le travail individuel et collectif[2]. »

Peu suspect de défiance vis-à-vis des pédagogies dites « nouvelles », le sociologue Bernard Lahire décrit ainsi les dégâts provoqués par « les excès de la pédagogie antiautoritaire » : « On fait désormais comme si on pouvait se passer de l'intervention du maître, qui

---

1. *Le Point*, 17 janvier 2007. Il est à noter que *La Princesse de Clèves* est un objet de fixation chez certains nomenklaturistes, de Claude Allègre à Nicolas Sarkozy.
2. Philippe Meirieu et Marc Guiraud, *L'École ou la guerre civile*, Plon, 1997.

serait plutôt un guide ou un animateur, qui ne ferait pas de cours magistral, n'imposerait pas d'exercices, etc. Mais pour une partie de la population scolaire, il serait bien plus efficace de faire des leçons, de donner des exercices, de fournir des règles explicites. Dans l'école primaire, on a tendance aujourd'hui à penser que ce sont des choses un peu bêtes. On a abandonné l'apprentissage par cœur parce qu'on trouvait que c'était idiot ; on a jugé qu'appliquer des règles était trop mécanique. Pour les enfants des classes moyennes ou supérieures, cela peut très bien se passer puisqu'on s'appuie sur des préacquis scolaires d'origine familiale. Mais ceux qui n'ont pas cette connaissance des codes auraient besoin d'une pédagogie explicite[1]. »

Ce n'est donc pas la démocratisation en soi qui provoque une baisse du niveau général ou un accroissement des inégalités, mais bien l'ensemble de doctrines imposées par le clergé pédagogiste. Plus le contenu des enseignements est pauvre, plus l'autonomie prévaut sur l'apprentissage de la règle, plus les inégalités culturelles se creusent. C'est ce qui se produit depuis plus de vingt ans.

L'hypocrisie suprême consiste à nier que l'école serve aussi à sélectionner. Le raisonnement est simple : puisque le système éducatif se montre incapable de réduire les inégalités, puisqu'il a même tendance à les aggraver, il est disqualifié pour choisir et promouvoir les meilleurs. Car ceux-ci sont des imposteurs, des petits vernis nés du bon côté de la frontière sociale. L'école, donc, doit se contenter de fournir à chacun un niveau minimal d'éducation. C'est toute la mystique du fameux « socle commun de connaissan-

---

1. Bernard Lahire, « Pour une pédagogie explicite », *Le Monde de l'éducation*, octobre 2006.

ces » imaginé par la loi Fillon, en 2005, défiguré par une série d'apparatchiks et d'idéologues, péniblement mis en place, au compte-gouttes et avec plusieurs années de retard, dans les écoles et les collèges.

La doxa assure que la sélection précoce est inégalitaire. On peut le comprendre aisément. Mais que dire de l'attitude qui consiste à promettre à tous un avenir scolaire et universitaire radieux, avant que les rêves du plus grand nombre s'écrasent contre le mur des réalités ?

La sociologue Marie Duru-Bellat appelle « démocratisation ségrégative » le mélange entre l'allongement des études et l'inflation des diplômes, d'une part, et le maintien sinon l'accroissement des inégalités sociales d'autre part. « L'accroissement général des taux d'accès au bac coexiste avec le maintien, voire parfois l'accroissement, des écarts entre groupes pour ce qui est de l'accès aux différentes séries. En d'autres termes, c'est de moins en moins le fait d'être bachelier qui fait la différence, mais bien plus la nature du bac obtenu[1]. » Or, selon le Haut Conseil de l'évaluation de l'école, 71 % des enfants de cadres obtiennent aujourd'hui un baccalauréat général, contre... 16 % des enfants d'ouvriers[2].

Mais les apparences sont sauves. Les enfants qui ne savent pas lire à la sortie du CE1 ont quatre chances sur cinq de ne jamais maîtriser la lecture. « On s'est focalisé sur 80 % d'une classe d'âge au bac sans se préoccuper des soldes intermédiaires, déplore l'un des principaux rédacteurs du programme présidentiel de Nicolas Sarkozy sur l'Éducation. 20 % des élèves

1. Marie Duru-Bellat, *L'Inflation scolaire, les désillusions de la méritocratie, op. cit.*
2. Dans son rapport annuel 2003.

sortent du primaire sans savoir lire correctement. Ce résultat est très connoté socialement puisque le "risque d'illettrisme" est sept à huit fois plus grand pour un enfant d'ouvrier que la moyenne. Or, l'illettrisme ne se répare pas et expose à la précarité sociale pour toute une vie. » Et alors ? Alors rien. Gageons que les professions de foi des candidats aux futures élections regorgeront des mêmes formules sur la lutte contre l'illettrisme, l'égalité des chances ou encore la nécessaire sanctuarisation de l'école.

Ségrégations multiples

Derrière le constat global, encore faudrait-il tracer des nuances. Car il y a aussi les inégalités dont on ne parle jamais, parce qu'elles ne sont pas dans l'air du temps. La banlieue, les quartiers difficiles sont autant de sujets médiatiques qui peuvent faire de la « reprise », comme on dit dans les médias. Mais qui s'intéresse, par exemple, au destin scolaire fragile des élèves des collèges ruraux ?

Philippe Séguin a osé le faire lorsqu'il était premier président de la Cour des comptes. Lors d'une conférence de presse, il présentait en décembre 2008 un rapport thématique de la Cour sur « Les communes et l'école de la République[1] » : « Alors qu'elle devrait corriger les inégalités géographiques, les inégalités socioculturelles et financières, l'organisation actuelle de l'école les laisse souvent subsister lorsqu'elle ne contribue pas à les accroître [...] », déplorait-il avant de pointer plusieurs formes d'inégalités.

1. Cour des comptes, « Les communes et l'école de la République », rapport public thématique, décembre 2008.

L'inégalité par omission tient au caractère kaf-kaïen de la réglementation : « L'État, accusait-il, n'a notamment pas tranché sur le caractère obligatoire ou non de l'acquisition par les communes de matériel informatique à usage pédagogique. Mais on retrouve là un des effets d'une décentralisation à la française : les communes sont en effet censées financer le mobi-lier scolaire et l'État les outils pédagogiques... Dans quelle catégorie classer l'ordinateur ? Ses logiciels ? Sa connexion au réseau ? »

L'inégalité par action relève de la désinvolture parisienne. Elle engendre « de nouvelles disparités qui touchent le cœur même de la politique éduca-tive ». Ce que dénonçait le tonitruant Philippe Seguin ? La possibilité pour les communes de finan-cer – ou non – des activités culturelles, sportives et éducatives après l'école. « Cette problématique est particulièrement préoccupante concernant l'accom-pagnement scolaire : certains élèves pourront en bénéficier, d'autres non... et ce, indépendamment des besoins réels. Il n'est pas rare d'ailleurs de cons-tater que les communes les plus déshéritées sont celles qui financent avec le plus de difficultés les prestations complémentaires... Dans ces conditions, peut-on encore parler d'égalité des chances ? » À quoi sert, en effet, d'annoncer à grand renfort de commu-nication un petit effort budgétaire pour les établis-sements situés en Seine-Saint-Denis, si, dans le même temps, Neuilly-sur-Seine peut prendre en charge, grâce à ses finances florissantes, une aide éducative cent fois supérieure à celle d'une com-mune aux faibles ressources ?

Le handicap de la province, et plus spécialement des zones rurales, n'est jamais l'objet d'aucune mis-sion, commission, d'aucun groupe de travail installé en grande pompe par le ministre. Pourtant, tout le monde sait, en haut lieu, que selon le lieu de naissance, l'école accueille des élèves plus égaux que d'autres. Nicolas Sarkozy sommait, durant l'hiver 2009-2010, les grandes écoles d'admettre dans leurs rangs 30 % de boursiers. C'est facile à dire, c'est très positif en termes d'image et cela ne résout rien, puisque tout se passe en amont. Aucun de ses conseillers n'a indiqué au Président que des données existaient sur ce phénomène et ses origines. En 2001, la direction de l'évaluation, de la prospective et de la performance (Depp) au ministère de l'Éducation nationale a réalisé une étude sur l'origine géographique des bacheliers qui intègrent une classe préparatoire : « La moitié d'entre eux était, en terminale, soit dans l'agglomération parisienne – où l'offre de formation est la plus importante –, soit dans une grande métropole régionale. De fait, les bacheliers généraux scolarisés dans une ville de moins de 50 000 habitants s'orientent 2,3 fois moins dans cette voie que ceux qui étaient scolarisés en Île-de-France[1]. » Ce thème, à l'évidence, n'est pas porteur aux yeux des conseillers en communication des ministres et du Président.

Qui sauver ?

On en est là, comme sur le *Titanic*. Pas assez de canots de sauvetage pour tout le monde. Alors ? Qui choisir ? Les provinciaux égarés dans leurs lycées

---

1. Ministère de l'Éducation nationale, « Profil et devenir des élèves inscrits dans une classe préparatoire aux grandes écoles », note d'information n° 01-31.

isolés semblent perdus pour la cause : pas vendables médiatiquement, pas rentables électoralement.

Depuis 1982, l'éducation prioritaire a pour objectif de « renforcer l'action éducative dans les zones où les conditions sociales sont telles qu'elles constituent un facteur de risque, voire un obstacle, pour la réussite scolaire des enfants et adolescents qui y vivent et donc, à terme, pour leur intégration sociale[1] ». Voilà un noble discours : donner plus à ceux qui ont moins, tel est le but de cette politique plusieurs fois rebaptisée. Les ZEP (zones d'éducation prioritaire) sont devenues en 2006 les Rar (réseaux ambition réussite), appelés à être remplacés par le programme Clair (collèges et lycées pour l'ambition, l'innovation et la réussite), expérimenté à partir de la rentrée 2010 dans 105 collèges et lycées. Que d'antiphrases pour désigner une action, si l'on ose dire, qui mobilise 0,5 % du budget de l'Éducation nationale ! Et qui affectait jusqu'alors pour cette mission les professeurs les plus débutants, donc les plus mal payés. Même en les gratifiant d'une prime de 100 euros par mois, leur coût salarial restait inférieur à celui des agrégés enseignant dans les lycées pépères de centre-ville ! Encore le programme Clair, au milieu d'un magma de belles et bonnes intentions, instaure-t-il une petite révolution : recruter les enseignants des « postes à profil », autrement dit par les proviseurs eux-mêmes, comme dans n'importe quelle entreprise. Mais l'échec de toutes les tentatives depuis trente ans et la façon désordonnée dont cette réforme est mise en œuvre posent question : au-delà des effets d'annonce, les solutions médiatisées sont-elles à la hauteur du problème ?

---

1. Circulaire n° 90-028, Bulletin officiel n° 3, février 2010.

Nicolas Sarkozy, lui, a cru trouver, dès son arrivée à l'Élysée, une mesure plus spectaculaire qui ne coûte pas un centime au budget de l'État : la suppression de la carte scolaire.

On peut voir dans cet assouplissement une manière de se mettre en conformité avec le réel : auparavant, seuls les initiés, grâce à des stratégies fines de choix d'options, ou à une intervention directe auprès du rectorat voire du cabinet du ministre, pouvaient s'affranchir de la règle territoriale du collège d'affectation en fonction du lieu de résidence. Désormais, toutes les familles, si elles sont motivées, peuvent échapper à la sectorisation.

On peut l'interpréter comme une manière de sauver les apparences, en faisant accepter quelques « pauvres » supplémentaires dans les collèges de bon niveau, d'abord fréquentés par les enfants de privilégiés.

On peut enfin la considérer comme un pas vers la liberté de choix des parents. Le sociologue François Dubet formule ce diagnostic nuancé sur la libéralisation de la carte scolaire : « C'est une bonne chose à titre individuel pour les élèves jusqu'ici "piégés" dans des établissements dégradés. Mais c'est une mauvaise réforme collective, car les établissements défavorisés voient leurs conditions se dégrader encore plus. Il y a là une logique d'abandon : on sauve une minorité et on relègue la masse des enfants des quartiers populaires[1]. »

Ce sont en effet les plus faibles qui trinquent. Les établissements convoités voient arriver les bons élèves (et tant mieux pour eux !) qui auraient dû, selon la carte scolaire, fréquenter leurs collèges de secteur.

---

1. François Dubet, « La réforme Darcos : un remède pire que le mal », Fondation Terra Nova, 30 septembre 2008.

Mais ceux-ci se trouvent de ce fait un peu plus enfoncés dans leur rôle de fabriques d'échec scolaire.

Cette situation, toutefois, ne date pas d'hier. Le rapport 2010 du Haut Conseil de l'Éducation sur le collège indique qu'une fracture scolaire d'origine sociale apparaît dès 2003 : « En effet, 6,5 % des collèges ont une population scolaire très défavorisée à plus de 65 %, alors qu'environ 8 % des collèges ont une population scolaire favorisée pour plus de 45 % de leur effectif [...]. » Conclusion de cette instance : « Dans la mesure où les collèges accueillent les élèves des écoles voisines et puisque la carte scolaire ne parvient pas à organiser un certain degré de mixité sociale, la fracture scolaire ne fait que refléter une autre fracture territoriale qui a conduit à la constitution de quasi-ghettos : dans certains collèges, ce n'est plus l'hétérogénéité qui pose problème, mais bien plutôt l'homogénéité sociale et/ou ethnique de la population scolaire. »

Un constat terrible ! De la création de l'éducation dite prioritaire pour les plus défavorisés, en 1982, à la réforme de la carte scolaire de 2008, il s'agit, pour l'État, de choisir qui il décide de sauver du marasme général. Un dilemme cornélien, mais qui ne concerne pas personnellement nos dirigeants. Leurs enfants, eux, sont à l'abri.

13

Égoïsme de caste

« Toute classe dominante vise à transmettre ses privilèges à ses enfants, c'est-à-dire à s'autoreproduire et à empêcher par tous les moyens l'afflux de nouveaux venus. »

Michael Voslenski

Chez les Sarkozy, les garçons allaient à Sainte-Croix de Neuilly. Cette institution huppée accueille garçons et filles de bonne famille de la maternelle aux classes préparatoires. L'échec scolaire ? Connaît pas. Sainte-Croix affiche fièrement 100 % de réussite au baccalauréat 2010.

La gauche « éclairée », elle, place volontiers ses enfants à l'école alsacienne. Rien d'étonnant. Situé rue Notre-Dame-des-Champs, en plein Saint-Germain-des-Prés, cet établissement a un profil progressiste, qui plaît aux artistes et aux intellectuels pour son ouverture au monde et ses méthodes axées sur l'épanouissement personnel.

Nos dirigeants considèrent que le lieu de scolarisation de leurs enfants relève du secret-défense. Sans porter atteinte à ce qu'ils estiment appartenir à leur vie privée, on peut dire qu'outre quelques lycées publics de premier plan, moins de dix écoles privées scolarisent la quasi-totalité des filles et fils de ministres, ex-ministres et responsables politiques de premier plan : Saint-Louis-de-Gonzague (Franklin pour les intimes, en raison de son adresse dans le XVIe arrondissement de Paris), Saint-Jean-de-Passy, toujours dans le XVIe, La Rochefoucauld, dans le VIIe, Fénelon-Sainte-Marie, dans le VIIIe, l'École alsacienne, Sainte-Croix et Sainte-Marie, à Neuilly...

Le respect de la vie privée est-il seul en cause ? Est-ce seulement pour protéger la tranquillité de leur progéniture que les décideurs se montrent à ce point susceptibles sur cette question ? N'y a-t-il pas aussi, dans ce réflexe d'autodéfense, le souci de ne pas reconnaître ce que tout le monde soupçonne ? L'Éducation nationale, ses problèmes, ses échecs, sa faillite ne sont finalement pas leur problème. Pas leur problème de parents en tout cas.

Pour eux, la violence dans les établissements, l'illettrisme, la sélection précoce, les réformes pas appliquées, l'angoisse de sortir sans diplôme d'un parcours chaotique restent des sujets très abstraits. Cela se passe quelque part, en France, loin de leur vie quotidienne. Bien sûr, il convient de lutter contre les inégalités, de se battre pour que l'ascenseur social fonctionne. Mais à condition que les privilèges de la reproduction demeurent intacts.

La République des « fils de... »

Le 13 octobre 2009, Nicolas Sarkozy reçoit à l'Élysée pour présenter, avec un vibrant réquisitoire contre les privilèges de naissance, la réforme du lycée.

Le ministre de l'Éducation nationale qui signe ce texte est aux côtés du Président lorsqu'il prononce son discours. Le lendemain, Luc Chatel, qui est aussi porte-parole du gouvernement, est assailli de questions à la sortie du Conseil des ministres. À propos de quoi, de qui ? De « Prince Jean », bien entendu. « Monsieur Fils » qui veut, à vingt-trois ans et sans le moindre diplôme, devenir le patron du plus grand quartier d'affaires d'Europe. Et que répond le porte-parole ? « Cette affaire commence à suffire ! On a vraiment le sentiment d'une chasse à l'homme. Tous ceux qui interviennent sur cette question, que veulent-ils ? Ils veulent interdire l'élection à un candidat de par son origine sociale, son nom, son faciès ? C'est ça la République ? » Pour ceux qui n'auraient pas compris, il ajoute : « Je ne sais pas ce qu'on trouvera la prochaine fois. Ce sera [...] peut-être la race ou autre chose. » Quelques jours plus tard, c'est Fadela Amara, ancienne présidente de Ni putes ni soumises devenue secrétaire d'État à la Politique de la ville, qui déraille (Jean Sarkozy, face au tollé national, vient de déclarer forfait) : « Moi, j'aurais été sa conseillère, je vous le dis très franchement, je lui aurais conseillé de saisir la Halde, parce qu'il nous a inventé une nouvelle discrimination, la discrimination au patronyme[1]. »

Voilà enfin une inégalité criante qui provoque l'indignation de deux membres du gouvernement ! Inspirées par un esprit de cour qui, comme l'amour, rend aveugle, ces déclarations sont ridicules, bien sûr. Mais elles en disent long sur l'inconscient de nos dirigeants, pour qui la reproduction n'est pas seulement tolérée. Elle est même une sorte de norme.

---

1. France 5, 24 octobre 2009.

À tout seigneur tout honneur : les présidents de la République. De Gaulle a suscité des vocations filiales. Son fils, l'amiral Philippe de Gaulle, a été sénateur RPR puis UMP de 1986 à 2004 ; deux de ses petits-fils ont remporté des succès mitigés dans l'arène électorale : Charles, l'aîné, avocat, a été un éphémère député européen de droite avant de sombrer dans le sillage de Jean-Marie Le Pen, tandis que son cadet Jean, député RPR puis UMP des Deux-Sèvres entre 1986 et 2007, a été nommé au tour extérieur à la Cour des comptes.

Le deuxième président de la Ve République, Georges Pompidou, ne pouvait pas être taxé de « fils de… » : grand-père agriculteur, père enseignant… L'ascension sociale de la modèle IIIe République. Son fils unique, Alain, est devenu médecin, professeur d'embryologie et de cytogénétique à la faculté de Paris, expert auprès de l'OMS, de l'Unesco et de la Commission européenne. Même avec un parcours aussi respectable et indépendant de l'hérédité sociale, la force d'attraction des palais a été la plus forte. Alain Pompidou est devenu le conseiller spécial de plusieurs Premiers ministres de droite entre 1986 et 1997.

Giscard ? On sait dans quelles conditions son troisième enfant, Louis, a pris sa succession dans sa circonscription du Puy-de-Dôme puis à la mairie de Chamalières. Le jeune héritier, jusqu'alors fantomatique, s'est fait un prénom grâce à cette réponse – spontanée ? – à une énième question qui lui était posée sur son père : « Lui c'est lui et moi c'est Louis[1]… »

---

1. Citation qui fait écho à celle de Laurent Fabius, Premier ministre de François Mitterrand, qui avait voulu marquer sa différence d'avec son mentor, lors d'une émission de télévision, par un : « Lui c'est lui et moi c'est moi. »

François Mitterrand est élu en 1981. Son fils aîné, Jean-Christophe, modeste journaliste à l'AFP, entre à l'Élysée comme conseiller aux affaires africaines, où il acquiert vite le sobriquet de « Papa m'a dit ». Son cadet, Gilbert, devient député de la Gironde dans la vague rose suivant la présidentielle. Il perd son siège en 1993, le reconquiert en 1997 à la faveur de la dissolution chiraquienne et est battu en 2002. Mais il reste maire de Libourne, président de la communauté de communes et conseiller général. Qui a parlé de « discrimination au patronyme » ? Personne.

Puis, en 1995, Jacques Chirac appelle à ses côtés sa fille Claude pour gérer sa communication. Là encore, il est bien difficile d'invoquer la méritocratie française pour justifier cet itinéraire.

Nicolas Sarkozy, lui, commet l'un des faux pas les plus dommageables de son quinquennat en soutenant la candidature de son cadet, Jean, vingt-trois ans, à la tête de l'Epad. Il franchit alors le seuil de tolérance national, pourtant très élevé, sur la composante monarchique de la démocratie française.

Même si l'exemple vient d'en haut, les présidents ne sont pas les seuls à pratiquer une forme de coup de pouce familial ou de transmission de droit divin.

Un jeune avocat fiscaliste au destin ordinaire a connu une carrière brève mais intense dans les cabinets ministériels à partir de 2005. Il a conseillé successivement Brice Hortefeux, Rachida Dati et Alain Marleix. À l'UMP, même destin précoce, puisqu'il a été bombardé « président des jeunes actifs ». François Guéant a la chance d'avoir un père puissant, qui gère le cerveau de Nicolas Sarkozy.

Alain Marleix ? Le secrétaire d'État aux Collectivités territoriales du gouvernement Fillon II sait donner leur chance aux jeunes : il a accueilli à bras ouverts le petit Guéant. Lui aussi a un fils, Olivier, que Michèle Alliot-Marie a hébergé dans son cabinet, au ministère de la Jeunesse et des Sports. Un poste approprié. Le fils du secrétaire d'État venait de fêter son vingt-deuxième anniversaire ! Un petit tour chez Brice Hortefeux, un autre à l'Élysée, et le voici lancé en politique, comme maire d'Anet et vice-président du conseil général d'Eure-et-Loir.

Michèle Alliot-Marie a repris le fief politique de son père et emploie aujourd'hui sa nièce comme chef de cabinet. Marie-Luce Penchard, ministre de l'Outre-Mer, occupe le poste jadis dévolu à sa mère Lucette Michaud-Chevry.

Jean-Louis Debré, président du Conseil constitutionnel, et son frère Bernard, ancien ministre et député de Paris, ont eu un père Premier ministre. Deux des fils de Michel Poniatowski, ancien ministre de Valéry Giscard d'Estaing, sont député et sénateur. Joëlle Ceccaldi-Raynaud a repris le fief de son père dans les Hauts-de-Seine. Jean-Michel Baylet, Dominique Baudis, Bernard Bosson, Françoise de Panafieu et son frère Alain Missoffe, sans oublier Pierre Joxe et Martine Aubry, sont tous des héritiers politiques.

Certains ont fait des études et tracé leur chemin, d'autres ont bénéficié du réseau familial. Simplement, bien des responsables politiques, dans leur parcours et leur vie quotidienne, sont des habitués de l'héritage social.

Comment faire autrement ? Pierre Bourdieu, dénonciateur infatigable de la reproduction au sein de la « noblesse d'État », a eu trois fils. Deux d'entre eux ont fréquenté, comme lui, l'École normale supérieure. Leur mérite n'est pas en cause : ils ont franchi le barrage d'un concours extrêmement sélectif. Mais leur destin scolaire montre combien il est difficile d'échapper à sa condition.

Délits d'initiés

Devinette : combien de personnes sont chargées, à temps complet, au cabinet du ministre, de gérer les « interventions », autrement dit les demandes émanant d'élus, mais aussi directement de parents, afin que leurs enfants échappent au lot scolaire commun ? Dix-sept. Dix-sept fonctionnaires de la rue de Grenelle qui ne s'occupent évidemment pas des doléances de monsieur et madame Tout-le-monde. Car dans un univers devenu impitoyable – pas de diplôme, pas de débouchés –, seuls les parents « motivés » tentent de favoriser le destin de leurs enfants, en les aiguillant vers les bonnes filières, les établissements réputés et contribuent ainsi, individuellement, à renforcer les inégalités.

Luc Chatel, comme ses prédécesseurs, doit gérer l'afflux de doléances. Un phénomène qui ne l'a pas surpris. « Lorsque j'étais député, c'était déjà le cas, car c'est un sujet qui touche tout le monde, dit-il. Avant, les demandes d'intervention que recevaient les parlementaires concernaient principalement le service militaire et les contraventions. Aujourd'hui, l'école arrive largement en tête[1]. » La règle qu'il s'est fixée ? Intervenir le moins possible, même si, avoue-t-il, il existe des exceptions. Les dénonciateurs de l'Éducation nationale comme machine à reproduire les inégalités ne sont pas les derniers à deman-

1. Entretien le 4 novembre 2010.

der des passe-droits. Ainsi de quelques journalistes spécialisés, qui dénoncent régulièrement l'école qui sélectionne, qui sanctionne et qui exclut, mais qui n'hésitent pas à téléphoner au ministre, au début de l'été, pour s'indigner que leur enfant ait été affecté à un lycée parisien du « mauvais XVIIe arrondissement », et tenter de le réorienter vers un établissement des beaux quartiers. Une façon de forcer un peu plus le mécanisme de reproduction, aujourd'hui bien documenté.

« Quelle que soit la position sociale du père, plus il est diplômé, plus son fils l'est. Et cela est vrai, que l'on regarde cette liaison en haut de la hiérarchie scolaire ou qu'on la regarde en bas », écrit Claude Thélot, ancien directeur de l'évaluation et de la prospective au ministère de l'Éducation nationale dans *Tel père, tel fils*[1]. Une enquête de l'Insee réalisée en 2003 montre que, parmi les personnes actives, moins de 20 % de celles dont le père est sans diplôme ont obtenu au minimum le baccalauréat, contre plus de 75 % de celles dont le père est lui-même bachelier[2].

Tous les sociologues s'accordent sur ce point : plus les parents sont éduqués et influents, plus ils tentent de favoriser, dans les collèges fréquentés par leurs enfants, la constitution de classes de niveaux, de manière à échapper à l'hétérogénéité. L'assouplissement de la carte scolaire a rebattu les cartes dans deux sens contradictoires. Il contribue à paupériser un peu plus, en termes de fréquentation, les collèges les moins désirés. Il offre aussi la possibilité à certains

1. Claude Thélot, *Tel père, tel fils*, Bordas, 1982, rééd. revue, Hachette Littératures, 2004.

2. Insee, Enquête formation et qualification professionnelle de 2003.

élèves de sortir du ghetto qui était jusqu'alors leur seul horizon scolaire. Mais les demandes de dérogation émanent, là encore, de parents « motivés », creusant ainsi un fossé supplémentaire.

Illustration ultime, on l'a vu : le « débranchement » de Louis-le-Grand et d'Henri-IV du système informatique d'affectation dans les lycées parisiens. Nulle sélection sociale affichée dans cette procédure. Mais, pour s'y soumettre, encore faut-il le savoir, et croire en ses chances !

Le syndrome de Dracula

Tout comme le célèbre vampire avait besoin de sang neuf pour perdurer, les élites ne peuvent vivre en totale consanguinité. La caste doit, à chaque génération, se régénérer par l'apport d'éléments extérieurs. Nécessité économique, d'abord : les Trente Glorieuses ont ainsi été avides de cadres et d'ingénieurs pour nourrir la croissance ; ce besoin mécanique a favorisé le fonctionnement de l'ascenseur social. Nécessité politique et sociale aussi : impossible de désespérer non seulement Billancourt, mais aussi tous ceux qui, issus de milieux modestes, espèrent un avenir meilleur pour leur descendance.

En période de faible expansion économique, l'appel d'air est évidemment moins fort. Mais ce n'est pas tout. La crise ne peut expliquer à elle seule la panne de l'ascenseur social. L'Insee calcule régulièrement ce qu'on appelle la « mobilité nette ». De quoi s'agit-il ? Des changements de catégories socioprofessionnelles qui ne sont pas liés à des modifications de structures (il y a moins d'agriculteurs, moins d'ouvriers que par le passé, par exemple ; les enfants qui en sont issus doivent donc changer de statut...), mais qui résultent de la méritocratie. Cette mobilité-là, après avoir augmenté continûment depuis 1953, a commencé à baisser après 1993[1]. C'est la traduction, dans la société, du dévoiement de l'école.

Puisque celle-ci n'est plus capable de promouvoir les meilleurs parmi les plus modestes, les initiatives se sont multipliées pour créer une aspiration artificielle. Les élites doivent entrouvrir les portes de leurs cénacles pour éviter la sclérose. Heureuse coïncidence, les directeurs de grandes écoles les plus astucieux ont bien compris qu'à l'ère de la communication, il est vital de casser l'image d'endogamie qui risque d'entacher leur réputation d'excellence.

Richard Descoings, le directeur de Sciences-Po Paris, crée l'événement en 2001. Il propose un concours parallèle pour les lycéens issus d'établissements défavorisés. Les plus sourcilleux des « républicains » hurlent à la rupture de l'égalité des chances, parce que ces candidats ne sont pas soumis aux mêmes épreuves d'admission que les autres. C'est exact. Richard Descoings rétorque qu'à la sortie, ils ont passé les examens communs pour obtenir leur diplôme. C'est vrai aussi. « 130 élèves au total avaient été sélectionnés entre 2001 et 2004, plaide-t-il dans les colonnes du *Figaro*. Y a-t-il eu des échecs ? Oui, bien sûr, mais très peu : 2 à 3 par an. Et ceux-là ont tout simplement changé d'orientation. Y a-t-il eu des redoublements ? Oui, mais très peu : là aussi, 3 ou 4 par an. Plus de

---

1. Le taux de mobilité nette est passé de 37 % en 1977 à 43 % en 1993 pour redescendre à 40 % en 2003, selon l'Insee.

90 % d'entre eux ont réussi à Sciences-Po [...]. Après avoir pendant cinq ans participé aux mêmes cours que les autres, travaillé dur les mêmes examens, ces diplômés d'origine modeste ont gagné un droit à l'indifférence[1]. »

C'est une très bonne nouvelle pour ces 116 personnes. Mais c'est aussi le symptôme d'un grave dysfonctionnement, en amont, de la « machine » Éducation nationale.

L'Essec, un an après Sciences-Po, lance le programme « Une grande école, pourquoi pas moi ? ». Sur la base du volontariat, ses étudiants exercent un tutorat auprès de 160 lycéens de milieu modeste. Très vite, ceux-ci expliquent à leurs tuteurs qu'il faut agir plus tôt, dès le collège, à l'issue duquel des élèves prometteurs sont aiguillés vers des voies professionnelles[2]. Outre des séances de soutien, ce dispositif prévoit des sorties culturelles dans les musées ou au théâtre, mais aussi des séances d'acquisition des « codes sociaux ». L'objectif ? Contribuer à diversifier le recrutement des grandes écoles et plus généralement des filières d'excellence.

L'initiative a été reprise par plusieurs membres de la Conférence des grandes écoles. À Polytechnique, par exemple, des élèves s'exercent aussi au tutorat de lycéens, tandis que trente-quatre bourses de 1 000 à 4 000 euros sont attribuées chaque année.

« Une grande école, pourquoi pas moi ? » s'oppose, dans son principe, au modèle initié par Richard Descoings à Sciences-Po Paris. Ce dispositif rejette en effet toute discrimination positive, consi-

---

1. *Le Figaro*, 6 mars 2010.
2. 94 % des enfants de cadres sont orientés en lycée général ou technologique, contre 67 % des enfants d'ouvriers.

dérant qu'il vaut mieux hisser les moins favorisés vers un niveau d'excellence, en passant les mêmes concours que les autres, plutôt que leur réserver une voie parallèle, au risque de faire baisser le niveau général des études et du diplôme.

Un débat justifié qui occulte pourtant l'essentiel. Toutes ces initiatives ne touchent qu'une portion infime des lycéens, si on la compare aux 20 % d'une génération qui sortent du système scolaire sans diplôme ni qualification et aux autres 20 % qui n'ont qu'un baccalauréat en poche. Au total, plus de 300 000 jeunes chaque année.

C'est en s'appuyant sur le même constat que le directeur général de l'Enseignement scolaire, Jean-Michel Blanquer, a lancé à marche forcée, dès la rentrée 2009, le premier « internat d'excellence », dans l'ancienne caserne de Sourdun, en Seine-et-Marne. Douze autres établissements du même type ont ouvert leurs portes à la rentrée 2010[1]. L'initiative est innovante, les premiers résultats encourageants. Elle s'adresse aux bons élèves de milieux défavorisés et vise à restaurer un peu de méritocratie dans l'enseignement. Le ministre de l'Éducation nationale a promis que 20 000 places d'internat de ce type seraient disponibles dès 2012 pour les élèves qui ne peuvent pas étudier de manière fructueuse dans leur milieu familial. Grâce au « grand emprunt » lancé en 2008, ce financement devrait résister aux changements de cap en tous genres. Bravo !

---

1. En tout, 2 744 places étaient disponibles en internat d'excellence pour l'année scolaire 2010-2011. Mais 4 000 autres ont été ouvertes dans les internats classiques pour accélérer l'avancement du programme.

Il y a tout de même un petit problème. Ces 20 000 places ne concernent pas toutes des internats d'excellence au sens strict du terme. Seuls 8 000 adolescents pourront être accueillis, en 2012, dans les établissements comme Sourdun et ses douze semblables. Les 12 000 autres ? Ils iront dans les internats normaux. Comme il est impossible d'édifier, en si peu de temps, assez d'établissements, le ministère triche un peu. Il a créé un « label » internat d'excellence. Tout établissement accueillant des internes peut mettre un certain nombre de lits, comme dans l'hôtellerie, dans la gamme « excellence ». Pour cela, il suffit de signer une charte de qualité en sept points, portant sur le tutorat ainsi que sur les activités sportives et culturelles proposées.

Supercherie ? Le ministère a trouvé une explication présentable : les places d'excellence dans les internats traditionnels sont censées tirer ceux-ci vers le haut. Qui vivra verra…

« C'est un truc de bourgeois.
Ce n'est pas fait pour vous. »

Le grand mérite des internats d'excellence, s'il advenait qu'ils voient le jour en nombre suffisant, est de prendre le mal par la racine. Ces établissements accueillent en effet les élèves à partir de la sixième. Pour certains, les 40 % qui, selon le Haut Conseil de l'Éducation, « sortent du CM2 avec de graves lacunes[1] », c'est déjà trop tard. Mais, parmi les 60 % qui sortent à peu près indemnes de l'enseignement pri-

---

1. Haut Conseil de l'Éducation, « L'école primaire », bilan des résultats de l'école, 2007.

maire, c'est un message d'espoir et de considération. C'est rare.

Toujours dans le but de permettre aux plus modestes de pouvoir prétendre à des études supérieures de qualité, des classes préparatoires aux études supérieures ont été créées dans une poignée de lycées[1]. Il s'agit, en quelque sorte, de « prépas à la prépa », censées combler le fossé grandissant entre les exigences en baisse du lycée et le niveau toujours élevé des classes préparatoires. Ceux qui n'ont pas eu la possibilité de bénéficier d'études secondaires de bon niveau peuvent y tenter leur chance. Pour cela, ils doivent être boursiers, ou avoir été scolarisés en ZEP. Et, bien entendu, être très motivés. Car ils vont – enfin ! – apprendre à travailler.

J'ai visité une de ces classes où des bacheliers, en effectifs réduits, tentent de rattraper le temps perdu. Ces élèves – en majorité des filles – ont bien du mérite. Non seulement le milieu socioculturel dans lequel ils ont baigné ne les incitait pas, spontanément, à s'orienter vers les concours des grandes écoles, mais sur leurs trois lycées d'origine, tous classés en zone d'éducation prioritaire, un seul les a encouragés dans cette démarche. Dans un autre, un professeur de mathématiques qui enseigne dans toutes les terminales S – et qui y exerce donc une influence majeure – dit à ceux qui viennent lui demander conseil : « Je vous interdis d'aller en prépa. C'est un truc de bourgeois. Ce n'est pas fait pour vous. » Des propos socialement criminels, qui montrent combien le clergé a fait de ravages dans les esprits. Dans un

---

1. Henri-IV à Paris, Thiers à Marseille, Camille-Jullian à Bordeaux, Jacques-Feyder à Épinay-sur-Seine, Jean-Moulin à Torcy, Clemenceau à Nantes, ainsi que dans six lycées militaires.

troisième établissement, l'ambiance n'est pas non plus au fol encouragement : « Je suis allé à l'administration demander un dossier d'inscription en janvier, raconte un jeune bachelier. On m'a répondu qu'ils n'étaient pas arrivés. Je ne me suis pas découragé, j'y suis repassé une fois par semaine. Au bout de nombreuses visites, on m'a fourni le document. Mais la date d'inscription était dépassée. Il a fallu que je me démène pour obtenir une dérogation. »

Un comportement inouï de la part de fonctionnaires de l'Éducation nationale qui déplorent, par ailleurs, que l'égalité des chances n'existe pas. Ces destructeurs d'avenir sont soit de grands pervers, soit des faibles d'esprit.

Les classes préparatoires, en effet, sont le lieu d'instruction dans lequel la collectivité dépense le plus d'argent par élève : 13 880 euros par an, contre 10 500 au lycée, 7 930 au collège et 5 440 à l'école primaire[1]. Et… 8 970 euros en moyenne à l'université. C'est justement ce havre épargné par l'érosion budgétaire – qui, ironie du sort, prépare la plupart du temps à intégrer des écoles privées – qu'ils déconseillent à leurs élèves des classes moyennes et modestes ! Comme si la « discrimination de fait[2] » n'était pas assez déplorable…

Selon un rapport sénatorial de 2007, « compte tenu de leur importance respective dans la société française, les jeunes d'origine populaire des années

1. Ministère de l'Éducation nationale, « Repères et références statistiques », 2009.
2. Expression employée par Louis Schweitzer, alors président de la Haute Autorité de lutte contre les discriminations et pour l'égalité (Halde), lors de son audition devant la mission d'information sénatoriale sur la diversité sociale dans les classes préparatoires aux grandes écoles, rapport d'information de Yannick Bodin, septembre 2007.

1950-1955 avaient vingt-quatre fois moins de chances que les autres d'être dans l'une de ces quatre grandes écoles. Aujourd'hui ils en ont vingt-trois fois moins[1]... ». Qui osera parler de progrès ?

---

1. *Ibid.*

14

« Sinon, il y a le privé... »

> « Ma grande objection à l'argent, c'est que l'argent est bête. »
>
> ALAIN

Le 28 mai 2010, la Fondation Nestlé annonce le palmarès de la deuxième édition du concours national « Les enfants à table ! ». Parmi la cinquantaine de classes participantes, essentiellement des CM1 et CM2, cinq ont été primées. Enseignants et élèves sont invités à passer une journée à l'ancienne chocolaterie Meunier de Noisiel, en Seine-et-Marne, pour participer à de nombreux « ateliers ludopédagogiques », à un déjeuner et un grand quizz en présence du chef cuisinier Cyril Lignac, mais aussi du P-DG de Nestlé France. L'objet du concours ? Créer des dessins, poèmes, contes, BD ou chansons autour du thème « passer à table ». Nestlé enrobe sa communication autour du « ludique » et de l'« éducatif » : le repas partagé n'est-il pas un moment d'échange et de convivialité ?

La même semaine de ce printemps 2010, LeWeb-Pédagogique, un site qui se présente comme « la première communauté de blogueurs éducatifs », annonce qu'il ouvre une Webschool pour Danone. Une quoi ? Une sorte d'école en ligne, qui fournit aux enseignants des vidéos qu'ils peuvent utiliser autant qu'ils veulent pour « éduquer » leurs élèves. Un mailing est organisé auprès des professeurs. Savent-ils la chance qu'ils ont ? Il existe désormais, grâce à Danone, un « espace de partage pédagogique de connaissances et d'expériences par des professionnels » ? Le partage, en l'espèce, se fait surtout à sens unique. Et c'est Danone qui régale. Exemples de vidéos en libre-service : « Le buzz baby rollers, tu connais ? », « Le Web marketeur, tu connais ? », ou encore « Le rôle et l'évolution du packaging ». Voilà ce qu'on appelle sûrement l'apprentissage « sympa » dès le plus jeune âge !

Mallettes d'éveil

Depuis les années quatre-vingt-dix, l'école est devenue perméable. Une vraie passoire, qui a ouvert ses portes aux entreprises et aux groupes de pression. Est-ce faire preuve de mauvais esprit que d'imaginer que leur objectif n'est pas seulement l'instruction et l'élévation mentale des générations futures ? L'industrie pharmaceutique a ouvert le bal, au début des années quatre-vingt-dix, avec un programme appelé « Du bon usage du médicament ». Dans les classes primaires, on apprenait aux enfants, grâce à des fiches, à de jolis livrets colorés bien plus attrayants qu'un manuel de conjugaison, que les gélules ne doivent pas être confondues avec des friandises. Des médecins se sont toutefois insurgés contre cette intrusion, qui banalisait la prise d'un traitement. Objection judicieuse, dans un pays qui se distingue déjà par sa consommation record de psychotropes, entre autres.

Aujourd'hui, les « mallettes pédagogiques » mises à la disposition des écoles fourmillent. Toujours pour la bonne cause, bien entendu. Veolia propose « la découverte de l'eau », et distribue un matériel sophistiqué aux classes de CM1 et CM2 durant la « semaine du développement durable ». Colgate a inventé le « kit pédagogique Dr Quenottes » comprenant DVD, posters, fiches d'expériences et d'exercices, mais aussi, comme cadeau, trente échantillons de dentifrice à distribuer à chacun des élèves ainsi que des stickers à afficher dans la salle de bains. Apprendre à bien se brosser les dents, c'est important ! Et pour commander tout ce matériel gratuit, c'est simple comme un clic de souris.

La « semaine du goût », qui a lieu chaque année en octobre, mobilise toutes les écoles. C'est l'occasion, pour les industriels de l'agroalimentaire, de mettre un pied dans la porte. Comme l'annonce avec candeur le communiqué de presse du ministre de l'Éducation Luc Chatel, le 11 octobre 2010, « dans les écoles, des chefs réputés et des professionnels des métiers de bouche dispensent des leçons de goût à des élèves de CM1 et de CM2 ». Qu'en termes choisis ces choses-là sont dites ! Car l'auteur de cette « initiative citoyenne », qui fêtait en 2010 sa vingtième édition, n'est pas le ministère ou une association désintéressée, mais la Collective du sucre. Cette structure assure, pour le compte des sociétés sucrières françaises, la défense de l'image de leur produit. Distribution de dépliants dans les écoles, animations sur les desserts, mobilisation de figures médiatiques tel le chroniqueur Jean-Luc Petitrenaud : l'opération coûte chaque année plus d'un million d'euros au lobby sucrier, camouflé derrière le Cedus (Centre d'études et de documentation du sucre).

La rue de Grenelle n'est pas riche. C'est toujours cela de moins à dépenser. Un raisonnement purement comptable qui fait peur.

Interrogé sur la manière dont il contrôle cette offensive, le ministère de l'Éducation nationale répond de façon on ne peut plus évasive. La liste des partenariats avec des entreprises ou fondations d'entreprises qui fournissent du matériel pédagogique ? Ultrasecret. Dans la langue de bois la plus ciselée, un conseiller de Luc Chatel répond ainsi : « Le ministère de l'Éducation nationale gère une cinquantaine de conventions ou d'accords cadres avec les entreprises, des fédérations professionnelles ou des associations. La première de ces conventions a d'ailleurs été signée en 1949 et en est à son douzième renouvellement ! Il s'agit de la convention avec le CCCA-BTP. » Message subliminal : ce genre de coopération ne date pas d'hier et l'institution en est si satisfaite qu'elle en redemande.

Fort bien, mais la liste ? Il ne faut pas rêver. Le conseiller du ministre préfère délayer : « On peut citer, par exemple, l'organisation conjointe de valorisation des métiers, l'accueil de classes en entreprises. » Oui, mais encore ? « Notre partenariat avec certaines associations permet aujourd'hui de créer des relations durables entre l'école et le monde professionnel. C'est ce qui se passe par exemple avec l'association Entreprendre pour apprendre, avec laquelle ont été mises en place près de 500 mini-entreprises dans les collèges ou les lycées professionnels. Ou encore avec l'association 100 000 Entrepreneurs qui, en Île-de-France, instaure des relations directes de parrainage de classes. » Bien, bien. Cet homme-là ne parlera pas, même sous la torture.

Et la Webschool Danone, il connaît ? Oui. Et qu'en pense le ministère ? La réponse semble avoir été calibrée pour s'adresser aux déficients mentaux : « Une Webschool se veut d'abord un espace de partage pédagogique de connaissances et d'expériences par des professionnels. Sur la Webschool Danone, on trouve des vidéos, des fiches pédagogiques élaborées en collaboration avec des enseignants, ou encore des témoignages issus de l'expérience des professionnels de l'entreprise. » Et à quoi cela sert-il ? « Ces outils se veulent une aide qui peut donner lieu à une exploitation pédagogique en classe, et ce, notamment, dans le cadre du parcours de découverte des métiers et des formations qui a été généralisé à la rentrée 2009. Ce parcours concerne tous les élèves, de la cinquième à la terminale. Il constitue désormais le cadre d'accueil de toutes actions destinées à renforcer chez l'élève sa capacité à s'orienter. » Parcours de découverte, exploitation pédagogique, renforcement de la capacité à s'orienter... Tous les mots clés de la novlangue en vigueur rue de Grenelle sont convoqués pour évoquer des films, où l'on voit des bébés faire du patin à roulettes ou un chef de produit raconter comment faire participer les consommateurs au choix du goût de la nouvelle Danette.

Rien que de très logique. Le nouveau clergé a imposé les activités d'éveil au détriment de l'apprentissage « frontal ». Il a, dès lors, ouvert une brèche pour tous ceux qui ont intérêt à « éveiller » les élèves... à leur message promotionnel. Le médicament, l'eau, le sucre, le yaourt, la voiture électrique... Tout peut être assaisonné à la mode du « parcours de découverte » et de « l'ouverture au monde ». Avec, comme alibi suprême, la nécessité de familiariser les jeunes générations le plus tôt possible avec le monde de l'entreprise. Il faut bien encourager leur « autonomie » et faciliter leur « orientation ». N'est-ce pas un des sept « piliers » du « socle commun » de connaissances et de compétences ?

Pendant le temps qu'ils passent à découvrir les mallettes éducatives et autres kits pédagogiques, les élèves ne font pas autre chose. Lire, écrire, compter... par exemple. Lorsque les parents – en tout cas, ceux que la scolarité de leurs enfants intéresse – découvrent la situation, ils sont plus qu'inquiets : prêts à tout pour limiter les dégâts.

Privatisation de la réussite

Le marché de l'angoisse parentale est l'un des plus florissants qui soit. Dès le collège, les cours particuliers après la classe battent leur plein. Une activité qui est demeurée longtemps artisanale : des professeurs et des étudiants, pour améliorer leur ordinaire, donnaient quelques heures de leçons par semaine. Aujourd'hui, des entreprises florissantes se sont lancées avec succès dans le soutien scolaire. La plus célèbre, Acadomia, se targue de « suivre » plus de 100 000 élèves chaque année : 25 000 enseignants dispensent près de trois millions d'heures de cours. « 400 conseillers pédagogiques à votre écoute dans quatre-vingt-quinze agences, partout en France », annonce le site Internet de l'entreprise.

Au total, ce marché représente entre 800 000 et 2 millions d'euros par an, selon les estimations. Sans compter la part de travail au noir – l'artisanat d'antan. Ces chiffres donnent la mesure de l'abandon dans lequel l'Éducation nationale laisse les élèves. Car nos élites ont favorisé cette privatisation de la réussite. Elles ont même décidé de la subventionner. Comment ? En créant un crédit d'impôt de 50 % sur les sommes consacrées par les familles au soutien scolaire privé. Une déduction fiscale qui coûte 400 millions par an à l'État. Le ministre de l'Éducation lui-même ne conteste pas ce chiffre. Interrogé en mars 2010 par le sénateur socialiste du Finistère Jean-Luc Fichet sur cette étrange défausse, qui crée une évidente ségrégation sociale et financière, Luc Chatel reconnaît que le soutien scolaire « est passé en quelque sorte du stade artisanal au stade industriel ». Et cela ne l'ébranle-t-il pas une seconde ? Il semble que non. « La meilleure réponse, c'est le soutien scolaire public, c'est l'école devenant son propre recours. Une aide personnalisée de deux heures par semaine, assurée par de vrais professeurs, a été instaurée dans le primaire ; de même qu'un accompagnement éducatif au collège pour les élèves qui y restent entre 16 heures et 18 heures. Un accompagnement personnalisé de deux heures par semaine sera mis en place dans les lycées à la rentrée prochaine, sur le temps scolaire, pour préparer les meilleurs à aller plus loin et aider les moins bons à rattraper leur retard. Vous le voyez, le système éducatif public apporte une réponse interne à cette question. »

Mais pourquoi, alors, maintenir le fameux crédit d'impôt, si le problème est réglé ? Quelques semaines avant cette déclaration, alors même que toutes les dispositions dans le cadre de l'école, du collège et du lycée énumérées par le ministre existaient déjà, le sénateur UMP Lionel Tardy avait déposé un amendement pour supprimer cette niche fiscale. Amendement rejeté. En refusant de supprimer cette niche fiscale, le pouvoir admettait-il implicitement qu'il n'est pas capable d'apporter « une réponse interne à cette question » ?

La fausse gratuité

Après le bac, l'hypocrisie continue. Depuis des années, syndicats étudiants et enseignants s'insurgent à chaque rentrée contre l'augmentation des droits d'inscription à l'université. Pour l'année scolaire 2010-2011, ils sont en hausse de 1,7 % pour la licence et de 2,5 % pour les masters. « Les droits d'inscription pour un diplôme national vont augmenter à un taux qui est bien supérieur à celui de l'inflation, accuse Jean-Baptiste Prévost, le président de l'Unef. Cela va contribuer à la dégradation du pouvoir d'achat des étudiants. La poursuite d'études longues devient financièrement discriminante[1]. » Précisons que lesdits frais d'inscription s'élèvent à 174 euros pour les années de licence et 237 euros pour le master. Soit les moins élevés de toute l'Europe.

Pour ce tarif-là, le service rendu n'est pas mirobolant. Mais le statu quo, d'une certaine façon, arrange tout le monde. Les étudiants ont l'illusion de pouvoir suivre des études supérieures pour un prix modique, les syndicats peuvent hurler contre une augmentation de… 3 euros par an et les responsables d'université ont toujours le recours de se réfugier derrière la clochardisation obligée de leurs établissements. Chacun est bien dans son rôle.

---

1. Public Sénat, 22 juillet 2010.

Personne, en revanche, parmi les syndicalistes, ne dénonce le vrai scandale. Celui de la sélection furtive par l'argent. Qui s'insurge que la réussite, à l'issue de la première année de médecine, soit très différente selon que l'on travaille avec les seuls moyens dispensés par le service public, ou que l'on soit inscrit en parallèle à une prépa privée, avec travail en petits groupes, polycopiés pour tout le monde et concours blancs sur mesure ? Parmi les étudiants en médecine, personne n'ignore cette effrayante injustice, puisque les établissements privés qui offrent leurs services sont installés au pied des facultés, afin que leurs jeunes clients perdent le moins de temps possible. Les tarifs ? Entre 2 000 et 5 000 euros par an, selon la formule choisie, soit quinze à vingt fois plus que les frais d'inscription qui retiennent tant l'attention des camarades syndicalistes.

Medisup Sciences, très en pointe sur la première année de médecine, détaille ses résultats pour 2009 : entre 50 et 54 % de réussite pour ses clients selon les facultés parisiennes, alors que le taux d'admission global y est inférieur à 20 %. Cette « boîte à colles », comme ses concurrentes, affiche le nombre de majors qu'elles ont formés au cours des années précédentes comme argument promotionnel. C'est sûrement ce que le clergé de la rue de Grenelle appelle la « démocratisation de l'enseignement supérieur ».

À Sciences-Po Paris, la direction a décidé, à partir de 2008, de ne plus recruter que les bacheliers de l'année. Jusqu'alors, les candidats pouvaient se présenter à trois reprises, si bien que les étudiants de classes préparatoires littéraires déferlaient sur ce concours convoité et très sélectif. Un grand pas vers l'égalité... sur le papier seulement ! Richard Descoings ignorait-il, quand il a pris cette décision, le coup de fouet qu'il allait donner aux prépas privées, qui organisent désormais des stages coûteux durant l'année du bac ? Ipesup, une référence en la matière, demande 2 280 euros pour des séances de quatre heures par semaine durant l'année de terminale, et 900 euros pour un stage de quarante heures pendant les vacances scolaires.

Sciences-Po Paris vante sa procédure d'admission parallèle pour les élèves des lycées défavorisés, mais ne s'étend pas sur l'évidente éviction de ceux qui n'ont ni la « chance » de fréquenter un des établissements de ZEP avec lesquels Sciences-Po Paris a passé une convention, ni celle d'avoir des parents suffisamment aisés pour pouvoir débourser plus de 2 000 euros pour financer une préparation sur mesure.

« Sinon, il y a le privé... »

La popularité croissante de l'enseignement privé auprès des familles, toutes catégories sociales confondues, est un symptôme criant de la défiance à l'égard de l'Éducation nationale. Chaque année, le nombre de postulants à une école, un collège ou un lycée catholiques[1] ne cesse de croître. Les effectifs ont encore augmenté de 8 000 élèves à la rentrée 2010, mais 30 000 à 40 000 demandes n'ont pu être satisfaites, faute de places disponibles. L'enseignement privé sous contrat est en effet soumis aux mêmes règles de rigueur budgétaire que l'école publique. Plus de 2 000 postes d'enseignants ont ainsi été

---

1. L'enseignement catholique représente 98,5 % de l'enseignement privé en France.

supprimés en 2010. Rien que de très normal, puisque les professeurs sont payés par l'État. Mais cette pression de la demande devrait faire réfléchir ceux qui nous gouvernent. Si 17 % des élèves sont scolarisés dans le privé, ils sont 40 % qui y suivent, ont suivi ou suivront une partie de leurs études.

Un tel choix n'est pas gratuit. Qu'est-ce qui fait ainsi consentir un sacrifice financier aux parents ? « Les deux raisons les plus fréquemment jugées comme très importantes (par plus de six familles sur dix, voire deux sur trois) relèvent directement de la notion d'efficacité : des enseignants compétents et une meilleure réussite de l'enfant, explique Alain Léger, professeur à l'université de Caen et auteur de nombreuses études sur ce sujet[1]. La "bonne école" est donc définie comme l'école efficace, efficiente, en raison des performances qu'elle produit chez l'enfant et du professionnalisme des enseignants qui permet ce bon "rendement scolaire". » Personne, rue de Grenelle, pour s'étonner que l'école efficace soit celle des autres ?

Une étude conduite par l'institut CSA pour le journal *La Croix* et l'Association des parents d'élèves de l'enseignement privé (Apel) donne une interprétation encore plus préoccupante de la situation. « C'est chez les enfants d'ouvriers et d'employés que la demande est le plus forte, car ils n'ont pas d'alternative. Les cadres et professions libérales peuvent se débrouiller pour mettre leurs enfants dans le bon lycée public, offrir des cours particuliers pour compléter, ou accompagner eux-mêmes leurs enfants,

1. Alain Léger, « Public ou privé ? Les raisons du choix des familles », dans *Public ou privé, élèves, parents, enseignants*, Fabert, 2002.

explique Julien Goarant, responsable d'études de CSA. Ces catégories, plus que les milieux favorisés, nourrissent leurs enfants de l'idée que l'école va permettre l'ascenseur social[1]. »

Selon l'institut CSA, les parents les moins diplômés sont ceux qui souhaitent le plus inscrire leur enfant dans le privé, parce qu'ils estiment pouvoir ainsi réduire les inégalités socioculturelles plus efficacement.

Leur perception est d'ailleurs partagée par des enseignants du public. Durant l'été 2010, un professeur qui part à la retraite après quarante ans de bons et loyaux services publie un témoignage intitulé « Le vaisseau que je quitte n'a pas de cap ». Il n'est pas amer, il n'est pas nostalgique, il est inquiet. Pas tellement d'avoir vu l'orthographe se dégrader, mais de constater une progression de la mauvaise volonté des élèves face à l'apprentissage. Et d'observer, surtout, la complaisance de l'institution face à ce mauvais pli : « Retirer de l'"offre" d'instruction ce qui n'a pas le bonheur d'agréer immédiatement aux élèves comme s'il s'agissait d'un marché duquel on retire ce qui ne trouve pas preneur[2]. »

Le rapport avec l'enseignement privé ? C'est la démission de l'institution publique que déplore ce professeur : « Depuis le début de ma carrière, je vois les réputations s'inverser. Il y a quarante ans, ce sont les candidats de l'école privée qui faisaient sourire, dans les jurys de bac, car les études qu'on y faisait alors n'étaient pas toujours sérieuses. Or c'est aujourd'hui l'école publique qui est devenue

---

1. *Le Monde*, 16 décembre 2009.
2. Jean-Bernard Mauduit, « Le vaisseau que je quitte n'a pas de cap », lemonde.fr, le 20 août 2010.

suspecte, par sa faute. Beaucoup de mes jeunes collègues inscrivent leurs enfants dans l'enseignement privé. Mon père, sorti d'une école privée, devenu agrégé de l'université, a fait toute sa carrière de professeur dans l'enseignement public ; ses enfants ont fait leurs classes dans des établissements publics, mais la moitié d'entre eux ont inscrit leurs propres enfants dans des établissements privés ; je ne fais pas partie de cette moitié et il m'arrive de le regretter. »

Certains, dans la « communauté éducative », prennent les choses avec davantage de décontraction. Qui a écrit : « Vous faites peut-être partie des 49 % de familles françaises qui mettent leurs enfants dans l'enseignement privé à un moment ou à un autre de leur parcours scolaire. Ce que j'ai fait jadis[1] » ? C'est Philippe Meirieu qui poursuivait ainsi : « Il serait donc particulièrement inconvenant pour moi de jeter la pierre à ceux et celles qui font de même aujourd'hui (...). Observant les évolutions de ces quinze dernières années, j'en suis venu à considérer que la concurrence qui existe aujourd'hui entre tous les établissements, privés et publics, comme mortifère pour l'avenir de notre démocratie. J'en suis venu à considérer le choix de l'école par les parents comme un danger majeur pour la cohésion de notre société[2]. »

Celui qui a prôné la révolution pédagogique, qui a inventé les IUFM, qui a présidé l'Institut national de recherche pédagogique, qui a été le conseiller de Claude Allègre rue de Grenelle, se réveille en 2005

---

1. Philippe Meirieu, *Nous mettrons nos enfants à l'école publique*, 1001 Nuits, 2005.
2. *Ibid.*

pour lancer un cri d'alarme. Il fait référence aux « évolutions des quinze dernières années ». Quinze ans ? 2005 – 15 = 1990. 1990, le moment même où entrait en vigueur la loi Jospin sur l'éducation et où étaient créés les IUFM. Le moment où a été signé le pacte immoral.

Mais qu'en conclut Philippe Meirieu, expert, conseiller, acteur, promoteur du système ? Qu'il ne faut laisser aucun choix aux parents ! Qu'il faut les contraindre à faire passer leurs enfants par la machine infernale qu'il a contribué à fabriquer. Terrible aveu d'échec implicite, qui reconnaît que les familles ont bien compris. Et qu'elles veulent échapper à la moulinette ! Scandaleuse injonction totalitaire, aussi : pour masquer la déroute, il faut supprimer toute liberté et imposer une filière bureaucratique unique : un matricule – une affectation. Rompez !

Dans les bureaux de la rue de Grenelle, les conseillers du ministre, eux, sont plus philosophes. Assaillis à longueur de temps par les demandes d'intervention, ils se démènent pour aiguiller les nomenklaturistes en herbe vers les bons lycées – parisiens notamment. Les parents, angoissés, leur demandent parfois s'ils sont sûrs que le passe-droit va fonctionner. L'un des conseillers de Luc Chatel a ainsi répondu à une mère d'élève : « Ne vous inquiétez pas, sinon, il y a le privé… »

15

Le vrai patron est à Bercy

> « Il n'y a rien d'aussi dégradant que le constant souci des moyens d'existence. »
>
> Somerset MAUGHAM

Ce jour de 2008, le directeur de cabinet de Xavier Darcos, Philippe Court, un polytechnicien un peu raide qui fait la pluie et le beau temps rue de Grenelle, passe une tête dans le bureau du conseiller aux affaires pédagogiques du ministre, Mark Sherringham. Ce dernier, normalien, agrégé de philosophie, a déjà occupé les mêmes fonctions auprès de François Fillon. Le directeur de cabinet a un vrai service à demander au très lettré conseiller : « Écoute, il y a un type du Budget qui veut te voir, pour te présenter ses idées de réforme… »

Son interlocuteur réprime difficilement un sourire : encore un énarque arrogant qui croit avoir inventé la formule magique. Philippe Court ne se démonte pas : « Tu connais les problèmes avec le Budget, alors, s'il te plaît, accueille-le bien, écoute-le gentiment et ne te moque pas de lui. »

Puisque c'est pour la bonne cause… De la gentillesse, il en faudra pour regarder aimablement la présentation du jeune arrogant qui croit avoir tout compris. Mais Mark Sherringham accomplira cette mission jusqu'au bout. C'est nécessaire, c'est indispensable.

En effet, réserver bon accueil à l'envoyé spécial de Bercy est une priorité absolue, une nécessité vitale pour un haut responsable de la rue de Grenelle. Philippe Court le sait bien. Avant de rejoindre Xavier Darcos, qu'il a connu quand il était secrétaire général de la préfecture de Dordogne, à Périgueux, cet X-Ponts est passé par la direction du Budget, puis les cabinets d'Alain Lambert et de Francis Mer. Il mesure chaque jour l'emprise que le moindre chef de bureau du ministère de l'Économie et des Finances exerce sur la politique de l'Éducation nationale. Le vrai patron de la rue de Grenelle, ce n'est pas le titulaire du portefeuille, mais l'énarque qui, à Bercy, est en charge du budget de l'Éducation nationale.

Le vrai patron

Le pouvoir occulte de ce fonctionnaire inconnu est considérable. Il règne sur les 60 milliards d'euros distribués chaque année au ministère le plus coûteux de la République. Poste principal : la rémunération d'un million de fonctionnaires, dont 730 000 enseignants.

Alors, le ministre de l'Éducation nationale apprend plus ou moins vite cette règle incontournable : les réformes qu'il entreprendra devront avant tout se couler dans le moule budgétaire. L'idéal consiste à maquiller les mesures d'économies en géniales trouvailles pédagogiques, pour ne pas sauter sur le champ de mines posées par les syndicats.

Avec l'objectif de non-remplacement d'un fonctionnaire sur deux partant à la retraite, l'Éducation, de loin le premier employeur de l'État, se retrouve plus que jamais dans la ligne de mire des Finances. Ses responsables doivent redoubler de créativité pour habiller le plus richement possible la disette organisée.

L'ancien patron de la FSU, Gérard Aschiéri, champion toutes catégories des revendications catégorielles, le confirme : « Rares sont les ministres qui ont réussi à desserrer l'étau. Si l'on veut résumer, on peut dire que le vrai patron est au ministère du Budget[1]. »

C'est le refrain connu d'un syndicaliste blanchi sous le harnais, qui entonne la sempiternelle ritournelle des moyens insuffisants... et qui provoque ainsi les dégâts qu'il passe son temps à dénoncer.

Explication. Si l'on en croit l'OCDE[2], qui pilote de nombreuses études sur les systèmes éducatifs de ses pays membres, les gouvernements qui obtiennent les moins bons résultats en matière d'éducation ne sont pas ceux qui dépensent le moins, mais ceux qui financent sans discernement de nouveaux postes, de merveilleuses salles informatiques, bref, qui jettent de la poudre aux yeux des syndicats et de l'opinion publique sans oser certaines réformes de fond.

On ne saurait mieux décrire le mal français. Toute réforme est porteuse de risques de contestation et de chahut du ministre. Le titulaire du poste hésite donc à opérer des changements en profondeur susceptibles de mécontenter et dont les – éventuels – effets

---

1. Entretien le 14 avril 2010.
2. Andreas Schleicher, « Rapport sur les performances des systèmes d'éducation », OCDE, avril 2009.

bénéfiques ne se manifesteront, de toute façon, que bien après son départ. Puisqu'il ne peut dire la vérité au malade, il lui reste à gérer la pénurie, en donnant l'impression d'entreprendre des modifications fondamentales.

Jamais, dans aucun discours, il n'est question de la meilleure gestion des deniers publics, un vrai sujet pourtant quand on gère 60 milliards d'euros par an. Quand le président de la République, le Premier ministre, le ministre de l'Éducation nationale font de beaux discours, ils nient la réalité. Ils érigent l'éducation en priorité des priorités mais laissent, en réalité, le pilotage de cet immense bâtiment à quelques technocrates maniaques de la calculette. La maîtrise des coûts devient alors une obsession qui dévore les projets de réforme les mieux pensés et l'alibi d'une pseudo-rigueur de gestion. Alibi est un mot faible : le Parlement s'est aperçu, fin 2010, que le ministère de l'Éducation nationale comptait en fait… 20 000 fonctionnaires de plus que ce qu'il annonçait jusqu'alors ! Une marge d'erreur plutôt élevée, que Bercy n'avait pas détectée.

Les instituteurs en auto-stop

L'un des ministres qui a le plus souffert de la férule budgétaire est sans doute Luc Ferry. « Quand la France se bat avec les déficits et la dette, Bercy vous prie de réaliser un certain pourcentage d'économies. Rapportée en termes réels, la somme est forcément très importante, alors que les marges de manœuvre sont faibles, explique-t-il. On comprend très vite qu'il est presque impossible de mettre en œuvre une réforme qui mobilise des moyens. Si bien que les syndicats comme les fédérations de parents d'élèves vous soupçonnent immédiatement de présenter des mesures alibis dont le but final est de réduire les coûts[1]. »

La semaine de quatre jours à l'école élémentaire instaurée par Xavier Darcos ? Pour Luc Ferry, il s'agit d'une double opération de séduction des parents et de révérence aux injonctions de Bercy : « Supprimer l'école le samedi matin arrange tout le monde, c'est donc forcément une réforme populaire. Ensuite, cela crée un différentiel entre les horaires des élèves et ceux des enseignants, puisque ceux-ci doivent toujours les trois heures par semaine (moins quelques samedis libérés) qui font partie de leur service. Cela permet donc de créer des heures de soutien scolaire sans débourser un centime. Grâce à cet accompagnement personnalisé, on peut supprimer des milliers de postes de Rased[2]. C'est l'archétype de la réforme d'inspiration budgétaire déguisée en réforme pédagogique ».

Pourquoi pas, après tout ? Il y aurait beaucoup à dire sur ces Rased, si défendus par les syndicats, mais éreintés dans un rapport de l'Inspection générale de l'Éducation nationale. De quoi s'agit-il ? D'instituteurs itinérants qui sont spécialisés dans la psychologie de l'enfant, dans les difficultés de comportement ou dans les problèmes d'apprentissage. Ils portent des noms dignes d'une série de science-fiction, « maîtres E » ou « maîtres G », initiale dont plus personne ne connaît la signification d'origine.

---

1. Entretien le 17 février 2010.
2. Réseau d'aide spécialisée pour les élèves en difficulté, constitué de psychologues scolaires et d'enseignants spécialisés appelés « maîtres E » pour ceux qui doivent travailler sur les déficits de l'élève, « maîtres G » pour les « troubles du comportement face au statut d'élève ».

Leur mission ? Intervenir, à la demande des enseignants, pour assister les élèves en difficulté. Dans la novlangue de la rue de Grenelle, où les néologismes fleurissent, on appelle cela de la « remédiation ».

Au cabinet de Xavier Darcos, on a décidé de le remplacer par l'aide personnalisée, dispensée par les enseignants eux-mêmes grâce aux trois heures de différence entre leur horaire hebdomadaire (vingt-sept heures) et celui des élèves (vingt-quatre heures). Exit, donc, les Rased. Pour le dire dans le sabir grenellien, les enseignants vont assurer eux-mêmes la « remédiation ».

Mais, très vite, les syndicats s'échauffent, expliquant aux parents d'élèves que l'on va supprimer l'aide à laquelle leurs enfants ont eu droit jusqu'à présent. Et le ministre, lui, n'ose pas annoncer ouvertement son dessein : en finir avec le « tourisme pédagogique » des intermittents de l'aide scolaire – pour reprendre l'expression d'un éminent membre de l'inspection générale de l'Éducation nationale –, et sédentariser les 6 000 professeurs de Rased itinérants dans les classes les plus difficiles.

Devant le tollé, il doit revenir en arrière : sur les 3 000 postes qu'il a prévu de supprimer en 2008, il doit en réintégrer 1 500. Et il n'est plus question, ensuite, des 3 000 suppressions programmées pour l'année suivante. L'économie de 6 000 postes est donc divisée par quatre.

Les « maîtres E », à la rentrée 2009, continuent à sillonner les villes et les campagnes de France. Mais, puisqu'ils devaient être supprimés, aucune ligne budgétaire n'est prévue, désormais, pour financer leur activité. Ils se voient signifier par les inspecteurs d'académie, début 2010, que leurs frais de déplacement ne seront plus remboursés. Or certains d'entre eux, affectés en province, parcourent des centaines de kilomètres chaque semaine. Comme ces fonctionnaires ne sont pas disposés à flamber une bonne partie de leur traitement en pleins d'essence, la plupart choisissent de rester dans leur école de rattachement ou de ne se rendre que dans les établissements les plus proches – un critère pédagogique comme un autre, bien éloigné toutefois des belles paroles sur la nécessaire égalité des chances.

Les plus créatifs, en région, font le bonheur des journaux locaux, qui relatent leurs déplacements… en auto-stop pour remplir leur mission. Une mission contestée, peut-être, mais que la lâcheté politico-administrative a réduite à sa dimension la plus absurde : celle de maîtres sans élèves.

Le moins-disant éducatif

Pourquoi Xavier Darcos a-t-il décidé de réformer le lycée ? Après l'école primaire, tout le monde s'attendait, logiquement, à ce que le ministre s'attaque au chantier du collège, objet depuis des années de mille critiques. Mais non, l'étape de la sixième à la troisième est sautée, pour passer directement à celle de la seconde. Et le ministre, à chacune de ses interventions, présente ce choix comme une évidence pédagogique. « Je veux d'abord répondre à une interrogation qui revient très souvent lorsqu'on évoque la réforme du lycée. Pourquoi réformer le lycée, alors même qu'il a permis à des millions de Français d'accéder au baccalauréat et aux études supérieures ? En quoi a-t-il particulièrement démérité ? » déclare le ministre de l'Éducation nationale lors d'un point de presse, le

21 octobre 2008. Problème : il ne répond pas aux questions qu'il se pose. Et pour cause. Il n'y a pas vraiment de réponse. La seule justification, c'est la pression de Bercy.

La réforme du collège, pour l'équipe Darcos, ressemblait pourtant à une nécessité. Au mois de novembre 2007, le cabinet cogite sur les résultats de l'enquête Pisa de 2006 que l'OCDE doit présenter officiellement, à Paris, dans ses locaux, le 4 décembre. Le verdict est mauvais. La France régresse en mathématiques comme en lecture, pour se situer un peu en dessous de la moyenne des pays de l'OCDE, précédant seulement, au sein de l'Union européenne, l'Italie, le Portugal, la Grèce et le Luxembourg. Le ministre est alerté par ses collaborateurs : devant des résultats inquiétants pour la compréhension de l'écrit et catastrophiques en mathématiques, il sera bien difficile de prétendre que « tout va très bien, Madame la marquise ».

Or les élèves dont les performances sont mesurées par Pisa sont âgés de quinze ans et se trouvent donc, pour la majorité d'entre eux, en classe de troisième. C'est clairement le collège qui risque, à juste titre, de se trouver en ligne de mire.

Des voix s'élèvent, autour du ministre, pour lui conseiller de reconnaître la gravité de la situation et d'en profiter pour annoncer une grande refonte du collège, dont tout le monde s'accorde à considérer qu'il fonctionne mal. Le dispositif est prêt : soutien scolaire après la classe et organisation de stages de rattrapage pour les élèves en difficulté ; aménagement de l'emploi du temps de la sixième pour renforcer les heures de français et de mathématiques ; refonte des programmes dans ces deux matières fondamentales ; mise en place d'évaluations nationales en sixième et en quatrième sur le modèle de ce qui se pratique déjà à l'école primaire... Xavier Darcos semble convaincu. Il s'apprête à tenir un langage de vérité, pour apparaître comme un ministre lucide, transparent, courageux et responsable.

Pourtant, quelques semaines plus tard, c'est le lycée qu'il sort de son chapeau. Du collège, il n'est plus question. Quel cataclysme s'est abattu sur la rue de Grenelle ? Le tsunami budgétaire, qui emporte les meilleures réformes sur son passage. Dès que les calculettes ont été sorties, il est apparu qu'il n'y avait pas d'économies à réaliser sur le collège, tandis que le lycée représentait un gisement prometteur, comme le souligne le rapport de la Cour des comptes publié en mai 2010 : « La France se situe légèrement au-dessus de la moyenne de l'OCDE en ce qui concerne le financement de l'école maternelle et du lycée, et à un niveau inférieur pour l'ensemble de l'école primaire et du collège, c'est-à-dire les années d'apprentissage du socle commun de connaissances et de compétences. Sur vingt-sept pays, la France occupe, en cumulant les dépenses publiques et privées, le 14e rang pour le total du primaire et du collège, mais le 6e rang pour le lycée[1]. »

À la lecture de ce constat, on pourrait puiser dans les ressources allouées au lycée pour les affecter à une réforme du collège. Mais c'est politiquement trop risqué et il n'y a rien à y gagner financièrement. Or il faut réaliser quelques économies.

Dès le début 2008, c'est parti, donc, pour le lycée. Le travail par petits groupes comme la multiplicité des options, notamment en langues, mettent de

1. Cour des comptes, « L'éducation nationale face à l'objectif de la réussite de tous les élèves », rapport cité.

nombreux professeurs face à un faible nombre d'élèves. L'équation fait tilt. Il suffit de raboter.

Il faut savoir que, rue de Grenelle, l'unité de mesure n'est pas l'euro, mais « l'heure d'enseignement », comme le pointe le rapport de la Cour de comptes publié au printemps 2010. En sabrant dans les langues rares, dans les dédoublements de classe, il est donc possible de dégraisser le mammouth sans trop en avoir l'air. Voilà comment un agrégé de lettres classiques – le ministre en personne – a failli réserver l'enseignement du latin et du grec à quelques lycées desservant des « bassins d'établissements ». Une étrange conception de l'égalité républicaine, notamment dans les zones rurales, où pour traduire Tacite, il eût fallu être drôlement motivé.

Entre-temps, la situation du collège ne s'est pas améliorée, comme en témoigne la dernière enquête Pisa de l'OCDE dévoilée en décembre 2010. Mais, vue des palais nationaux, qu'importe la réalité. Le ministre fait semblant de réformer. Les citoyens élèves font semblant d'apprendre. Et Bercy fait semblant de maîtriser la dépense publique...

Le redoublement et les « idiots utiles »

Le maquillage pédagogique est un art exigeant. Il réclame la contribution de nombreux figurants. Prenons le redoublement. Globalement, il coûte 2 milliards d'euros par an. De quoi exciter les appétits de la direction du Budget. Laquelle n'a même pas à se fatiguer : le clergé de la rue de Grenelle fait le travail à sa place.

Tous les temples de la pensée progressiste en matière éducative le claironnent sur tous les tons : le redoublement est non seulement inutile, mais nocif pour les élèves les plus défavorisés. L'institut de recherche sur l'éducation (Iredu) de Bourgogne a été pionnier dans cette dénonciation, tout comme les *Cahiers pédagogiques*, sorte de *Journal officiel* de la doctrine pédagogiste. Mieux encore, des services du ministère lui-même ont fini par officialiser ce dogme !

Alors, en 2007, le Haut Conseil de l'Éducation en a fait une vérité révélée : le redoublement est ontologiquement mauvais. Cette institution, dont le mathématicien Laurent Lafforgue a démissionné, considérant qu'elle peut se comparer à une commission des Droits de l'homme qui auditionnerait les Khmers rouges comme personnalités qualifiées, est donc catégorique dans son rapport sur l'école primaire : « Le suivi de plus de mille élèves scolarisés en CP en 1979 a fait apparaître que le redoublement ne conduit pas, en moyenne, à des évolutions aussi favorables pour les élèves redoublant le CP que pour les élèves faibles pourtant passés en CE1 de justesse, en particulier en français. Vingt-cinq ans après, en 2004, l'Iredu [...] aboutit à des constats semblables en comparant dans quatorze exercices les performances de redoublants de CP et de "promus de justesse" de CE1. » Des études souvent remises en cause par les enseignants eux-mêmes, qui considèrent d'une part qu'il est très difficile de réécrire l'histoire (que serait-il arrivé si... ?), d'autre part que laisser passer dans la classe supérieure un enfant qui ne sait pas lire revient à compromettre son avenir scolaire. »

Le Haut Conseil, lui, poursuit par cette réflexion extravagante : « La corrélation forte qui existe entre le redoublement précoce et l'origine sociale suggère en outre qu'il est contraire à l'égalité des chances des enfants devant l'école. Alors que 3 % des enfants d'enseignants et 7 % des enfants de cadres entrés au CP en 1997 ont redoublé à l'école primaire, les taux s'élèvent à 25 % pour les enfants d'ouvriers et à 41 % pour les enfants d'inactifs. Sept ans après l'entrée au CP, 93 % des enfants de cadres et d'enseignants accèdent en classe de quatrième sans avoir redoublé, mais seulement 64 % des enfants d'ouvriers, et moins d'un enfant d'inactifs sur deux. Le redoublement précoce entérine donc largement des disparités sociales[1]. »

Voilà un exemple chimiquement pur de confusion entre les causes et les effets. Oui, les élèves venant de familles défavorisées souffrent dès l'entrée à l'école primaire d'un handicap manifeste. Le redoublement n'est rien d'autre qu'une réponse – dont on peut discuter – à une difficulté qui le précède, mais en aucun cas une manœuvre sournoise de renforcement des inégalités, comme le suggère ce texte insensé et pourtant repris sans discussion dans de nombreuses publications.

Cette inversion de la cause et de l'effet est fréquente dans les rangs du clergé de la rue de Grenelle. « Les enquêtes internationales Pisa analysées par la Depp sont très révélatrices de l'impact global du retard scolaire sur les performances des élèves : en fin de troisième, ce sont les élèves en retard qui abaissent très significativement la moyenne

---

1. Haut Conseil de l'Éducation, *L'École primaire, bilan des résultats de l'école, op. cit.*

générale[1] », peut-on lire dans la transcription d'une audition au Haut Conseil de l'Éducation. Là encore, est-ce le fait que ces élèves soient en retard, ou celui qu'ils soient structurellement très faibles, qui explique leurs mauvaises performances ?

Lorsqu'on leur fait remarquer que leurs démonstrations ne font rien d'autre qu'enfoncer des portes ouvertes – ceux qui sont les moins forts obtiendront finalement les moins bons résultats –, les experts dégainent ce qu'ils considèrent comme l'arme fatale : la-Fin-lan-de. Un petit paradis pédagogique toujours cité en exemple pour ses performances affichées par la fameuse enquête Pisa de l'OCDE. La Finlande est ce merveilleux pays où l'on ne redouble pas et où l'on sait lire, écrire et compter à la sortie de l'école.

Tous les finlandophiles oublient de préciser que l'on parle là-bas une langue très phonétique, permettant un apprentissage initial assez facile. Ils passent surtout sous silence l'investissement considérable qui y est consenti pour que personne ne soit illettré. 30 % des élèves de primaire y reçoivent un enseignement spécial en petits groupes, dans les matières où ils rencontrent des difficultés. Un type de Rased qui fonctionnerait, en quelque sorte... Résultat : il n'y a pas, en Finlande, plus de bons élèves qu'en France, mais il n'y en a pas de mauvais. Et c'est ce qui fait la différence dans les études comparatives internationales.

Mais une telle politique coûte cher. Et aucun gouvernement, en France, n'est prêt à mettre le prix qu'il

---

1. Claude Seibel, Jacqueline Levasseur, « Les effets nocifs du redoublement précoce », audition devant le Haut Conseil de l'Éducation, 27 janvier 2007.

convient pour prendre à bras-le-corps l'échec précoce. Bien entendu, on fait semblant. La loi Fillon, en 2005, a inventé les PPRE, pour projets personnalisés de réussite éducative[1]. Une trouvaille à la mode finlandaise mais à la sauce budgétaire française. C'est à chaque enseignant de constituer un dossier, en liaison avec le chef d'établissement, dès qu'il repère une difficulté chez un élève. Tout le monde – famille, élève, professeur – signe alors un contrat de réussite. Du finlandais au rabais, en somme, puisque tout repose sur la bonne volonté de l'enseignant. Ceux qui multiplient consciencieusement les PPRE déchantent souvent : « Les familles que l'on doit contacter, convaincre, associer sont en général celles qui sont déjà le plus désinvesties dans l'école, donc peu motivées. Et puis, quand un élève arrive au collège sans savoir lire, l'expérience prouve qu'il est un peu tard pour inverser la tendance, explique ce professeur de français dans un collège de province. Simplement, multiplier les dossiers de PPRE est très bien vu par l'inspection, parce que cela fait joli dans le tableau et ne coûte pas un centime. »

C'est cette rustine pédagogique qui est donc censée remplacer le coûteux redoublement, particulièrement dénigré dans les petites classes. Ceux qui l'ont créée avaient-ils en tête ce chiffre terrible : 80 % des élèves qui quittent le CE1 en ne maîtrisant pas la lecture sortiront du système scolaire sans

---

1. La loi du 23 avril 2005 prévoit dans son article 16 qu'« à tout moment de la scolarité obligatoire, lorsqu'il apparaît qu'un élève risque de ne pas maîtriser les connaissances et les compétences indispensables à la fin d'un cycle, le directeur d'école ou le chef d'établissement propose aux parents ou au responsable légal de l'élève de mettre en place un programme personnalisé de réussite éducative ». Elle est applicable à l'école et au collège.

diplôme ni formation ? Réponse dans les *Cahiers péda-gogiques* : « Il ne s'agit peut-être que d'un faux bon sens, assez répandu, qui traduit une conception linéaire de l'acquisition du savoir, alors que celui-ci s'acquiert plutôt de façon spiralaire[1]. » On se pince pour éviter de pleurer : tout le mal viendrait du fait qu'on ne pense pas assez « spiralaire » !

Tous ces esprits savants et bien intentionnés s'aperçoivent-ils qu'ils sont les meilleurs collabora-teurs du ministère du Budget et de ses préoccupa-tions gestionnaires ? Savent-ils, par exemple, qu'au moment de la mise en place de la révision générale des politiques publiques (RGPP), en 2007-2008, sorte de chasse au gaspi généralisée, Bercy ciblait les redoublements de manière explicite pour réaliser des économies ? Les énarques du ministère des Finances fixaient même des objectifs précis. Par exemple, de faire passer le taux de redoublement en classe de seconde de 15 % à 5 %. Ils chiffraient même précisément l'économie réalisée à cette occasion : environ 3 000 postes. On n'imagine pas que la moin-dre intention pédagogique ait pu les animer... et qu'ils aient songé à redéployer les crédits équivalents pour s'attaquer, comme en Finlande, à l'échec sco-laire précoce.

Il est un fait que les experts de l'université de Bourgogne, des *Cahiers pédagogiques* ou du Haut Conseil de l'Éducation ne mentionnent jamais. Les redoublements ont considérablement diminué en un demi-siècle. En 1960, 52 % des élèves avaient un an

---

1. Jacques Georges, « Une régression : le redoublement », *Cahiers pédagogiques*, mai 2005.

de retard à la fin du CM2, puis 37 % en 1986, 21 % en 1995, 19 % en 2000. Le niveau général, dans le même temps, ne s'est pas accru dans des proportions équivalentes. Alors ?

Alors, sur le terrain, les enseignants les plus cons- ciencieux sont atterrés. À la fin de l'année scolaire 2009-2010, dans de nombreuses écoles, les équipes pédagogiques se sont vu refuser les redoublements par l'inspection académique, notamment en fin de CM2. « Nous envoyons des dossiers après avoir dis- cuté ensemble au sein de l'école, raconte cet institu- teur. Il faut bien voir qu'aucun enseignant n'a envie de multiplier les redoublements, qui sont aussi une forme de désaveu pour lui. Donc, quand nous le pro- posons, nous sommes à peu près sûrs de notre coup. Et nous découvrons que notre avis ne compte pour rien. Cette année, tous les dossiers nous sont revenus avec instruction de faire passer les enfants en classe supérieure d'une part, et de faire des PPRE d'autre part ! » Le plan « rustine » est donc en marche.

Cet anathème jeté sur le redoublement, sans pour autant proposer une réelle solution alternative, ne va pas sans conséquences concrètes, qui nuisent à la crédibilité de l'école tout entière. Au collège, les conseils de classe donnent parfois lieu à des scènes que ne renierait pas le théâtre de l'absurde, comme le raconte sur son blog Marc Le Bris, l'auteur de *Et vos enfants ne sauront pas lire... ni compter !* : « Les conseils de classe ne font plus redoubler que les élè- ves méritants, ceux qui, malgré des difficultés, tra- vaillent, font des efforts, se maintiennent. Les autres, ceux qui ont abdiqué, ou qui ne travaillent pas du tout, passent, puisque le redoublement est inutile. Une structure qui récompense le non-travail devant le mérite est une structure de déclin. Elle traumatise les méritants et organise ainsi sa propre disparition[1]. » On ne saurait mieux dire...

Comment faire disparaître 16 000 fonctionnaires...

Juste avant de quitter la rue de Grenelle, Xavier Darcos annonce, en juin 2009, qu'il prévoit, conformément à la règle du non-remplacement d'un fonctionnaire sur deux partant à la retraite, de ne pas renouveler 16 000 postes en 2010. Mis à part 600 emplois d'agents administratifs, c'est le résultat d'un tour de prestidigitation. L'astuce, malheureusement pour les ministres, n'est utilisable qu'une seule fois. C'est la réforme du recrutement des professeurs, un bel exemple de manipulation budgétaire maquillée, une fois de plus, en réforme éducative. Depuis 2010, en effet, les étudiants reçus au concours ne passent plus par la case formation pendant un an, mais sont directement affectés dans les classes, sous l'égide d'un tuteur et moyennant quelques plages de formation complémentaire, soit une économie de 15 400 « équivalents temps plein », pour employer ce délicieux langage technocratique.

Dès les premières réflexions sur la réforme du recrutement, il n'a pas échappé à Philippe Court, le directeur de cabinet de Xavier Darcos, qu'il y avait là un « gisement » prometteur. En effet, au titre de la révision générale des politiques publiques (RGPP), le ministère de l'Économie et des Finances a fixé des objectifs écrits, sur cinq ans, à tous les ministères. À l'Éducation nationale, il faut suppri-

---

1. http://marc.le.bris.free.fr.

mer entre 80 000 et 90 000 postes sur cinq ans, dont 25 000 dans le seul premier degré.

Au cabinet de Xavier Darcos, les calculs sont vite faits : 90 000, c'est à peu près le nombre de fonctionnaires de trop que l'on a recrutés, par faiblesse ou clientélisme, entre 1989 et 2002. Lionel Jospin, puis Jack Lang, François Bayrou par deux fois, Claude Allègre dans une moindre mesure, mais surtout Jack Lang, pour sa seconde apparition, ont tous apporté leur concours à cette inflation inutile. Inutile ? Pendant qu'ils créaient des postes pour ne pas contrarier les syndicats et s'attirer les bonnes grâces des parents, les résultats de la France aux enquêtes Pisa de l'OCDE ne cessaient de se détériorer. Pendant qu'ils recrutaient, en effet, ils ne s'occupaient ni des contenus ni de la manière d'enseigner, seulement du quantitatif. Et tout le monde était content...

Une solution... la grève !

Luc Ferry, lorsqu'il était à l'Éducation nationale, a pris, avec l'appui du Premier ministre Jean-Pierre Raffarin, une décision très courageuse : ne plus payer les jours de grève. Le résultat, depuis, est spectaculaire. Au plus fort de la mobilisation contre les retraites, à l'automne 2010, le taux de grévistes à l'Éducation nationale a plafonné à 12 %. Ne pas assurer ses cours revient en effet... à faire un cadeau à l'État. Sous le couvert de l'anonymat, un haut responsable de la rue de Grenelle se livrait à un calcul politiquement incorrect : « 100 % de grévistes pendant une journée, cela fait 50 millions d'euros d'économie. Il nous manque environ 300 millions d'euros pour terminer l'année. Après tout, cela ne représente que six jours de grève générale. »

Derrière cette équation cynique, une réalité : la machine répond à des injonctions contradictoires de plus en plus absurdes.

La farce des rythmes scolaires

Le 7 juin 2010, le ministre de l'Éducation Luc Chatel installe le comité de pilotage de la conférence nationale sur les rythmes scolaires. Pas de précipitation : celle-ci a un an pour rendre ses conclusions et ses préconisations ne prendront pas effet avant 2013. D'ici là, il y a toutes les chances pour que M. Chatel ne soit plus en fonction. On peut donc innover à pleins tuyaux, sous la houlette de l'insubmersible Christian Forestier. Peu auparavant, Luc Chatel avait donné quelques pistes de réflexion, et encouragé la multiplication, au collège et au lycée, d'expérimentations : on étudie le matin pour réserver l'après-midi au sport et aux activités culturelles. Une initiative essentiellement dictée par des impératifs de communication qui a beaucoup fait rire outre-Rhin, où l'on constate que les élèves, l'après-midi, rentrent surtout chez eux se connecter à Facebook ou se perfectionner en jeux vidéo.

Beaucoup d'enseignants ont ri jaune à cette annonce. D'après eux, la France est un des pays où les collèges et les lycées sont les plus laids, les plus incommodes. Sans vouloir se situer au niveau de l'Allemagne, où les Gymnasiums sont dotés de préaux pavés de marbre, ou même de l'Italie, où la plupart des établissements témoignent d'une intention architecturale, la France se situe, en moyenne, au-dessous du niveau de décence. Voilà un point sur lequel tous les professeurs s'accordent : le petit enfer de la salle des profs. J'en ai, au cours de cette enquête, visité plusieurs. Dans des lycées de centre-ville (traduire : favorisés et bien fréquentés), ou dans de paisibles villes de province. La topographie est toujours la même : quelques tables, un casier pour chacun et, lieu hautement stratégique, des toilettes réservées. Mais aucune possibilité de s'isoler, encore moins de rencontrer tranquillement un élève. « Lorsque les textes produits par le ministère énoncent doctement "la possibilité pour l'élève d'interpeller l'équipe éducative", cela tient du cynisme ou de l'aveuglement, remarque ce professeur de lettres. Où peut avoir lieu cette "interpellation" ? Entre les toilettes et la machine à café ? »

Certains se laissent aller à une forme de paranoïa : « Nous sommes plusieurs à penser qu'il existe depuis des années une forme de sadisme de la part des décideurs de l'administration pour nous cantonner dans des endroits laids et dénués de toute forme de commodité, soupire cette enseignante en histoire. Comment expliquer autrement une telle paupérisation à budget constant ? Les lycées doivent être refaits tous les quinze ans parce que les constructions bon marché ne tiennent pas. »

Sous couvert du plus strict anonymat, un acteur important du ministère émet une hypothèse terrifiante : « Tout le monde est favorable à des rythmes scolaires où, comme dans presque tous les pays européens, les cours se terminent à 14 ou 15 heures. Pourquoi, alors, fait-on l'inverse, avec des journées de lycée qui comprennent sept voire huit heures de cours dont les deux dernières sont par exemple consacrées aux mathématiques ? Il est évident qu'on ne peut demander à des adolescents, et même à des adultes, de rester concentrés et attentifs de 8 heures à 17 heures. » Alors ? « Simplement, beaucoup d'établissements sont trop petits et trop mal équipés pour se permettre ce luxe. Il faut donc faire les 3 x 8, avec un taux maximal d'utilisation des salles de sport, des laboratoires de langues, etc. En fait, il existe dans certains lieux une surpopulation lycéenne comme il existe une surpopulation carcérale. Mais cela, personne ne vous le dira. »

Luc Chatel, qui a fait ses classes chez L'Oréal – il n'y a pas de sot métier ! –, connaît tout du jargon technocratique propre à séduire les tortionnaires de Bercy. Dans la novlangue gestionnaire la plus pure, ses services ont adressé aux recteurs, en mai 2010, un document qui n'était pas destiné à être divulgué. Mais le Snuipp, syndicat du primaire affilié à la FSU, s'en est emparé et s'est empressé de le mettre en ligne sur son site Internet. De quoi s'agit-il ? De « quantifier, à partir de leviers d'efficience identifiés, les marges de manœuvre par académie [...] sans dégrader les performances globales ». Qu'en termes choisis... Treize fiches invitent donc à « mobiliser les gisements d'efficience », autrement dit à faire des économies, notamment en réduisant le nombre de professeurs. Comment ? En augmentant le nombre d'élèves par classe ou en faisant appel à des non-titulaires pour les remplacements.

Ah ! les remplacements. Voilà un domaine où les faits précèdent les textes. Durant l'année scolaire 2009-2010, de nombreux établissements sont restés plusieurs semaines sans professeurs, parfois dans des matières essentielles comme le français ou les mathématiques. Parce que le titulaire du poste avait eu un accident ? Pas forcément. Dans un collège de

Normandie, par exemple, c'était un congé de maternité – prévisible, donc, de longue date – qui a laissé pendant plusieurs semaines des classes sans professeur de français. Le principal, qui n'en pouvait plus, a fini par demander aux parents s'ils ne connaîtraient pas un licencié en lettres qui ferait l'affaire.

C'est beau, un pays dont l'Éducation est la grande priorité…

Conclusion

« Il ne faudrait pas grand-chose pour que ça marche. » Au cours de mon enquête, j'ai maintes fois entendu cette réflexion, mélange de dépit et d'espérance, de fierté et d'exaspération.

Il est vrai qu'en apparence, l'école fonctionne. Elle accueille au quotidien des millions d'élèves partout en France, dans les beaux quartiers comme dans les banlieues les plus délaissées. Dans les classes, dans les bureaux de la rue de Grenelle parfois, quelques fonctionnaires font preuve d'une grande ingéniosité pour maintenir le cap d'un bateau qui prend l'eau chaque jour un peu plus.

Le ministère lui-même est de temps en temps capable de prouesses techniques : organiser, chaque année, la rentrée scolaire dans des conditions acceptables, au cours de laquelle des millions d'usagers, et près d'un million d'enseignants, convergent au même instant vers les salles de cours, n'est ainsi pas un mince exploit.

Il ne faudrait donc pas grand-chose, en effet. C'est ce qui rend plus scandaleux encore l'état des lieux. Pour le dissimuler, le rituel est bien rodé, et pratiqué par tous les acteurs de cette triste pièce. Hommes politiques, syndicalistes, associations (de professeurs, de parents) n'ont qu'un mot à la bouche : les moyens ! Ah, si les primes étaient plus consistantes, si les crédits progressaient, les problèmes seraient enfin résolus comme par miracle. Il s'agit évidemment d'un jeu de rôles auquel les principaux protagonistes n'entendent pas renoncer.

La question centrale, en vérité, ne consiste pas à savoir s'il faut ajouter trois remplaçants dans l'Aveyron ou si la présence d'ordinateurs supplémentaires dans le Val-d'Oise changerait la situation.

Malheureusement, le sauvetage de l'Éducation nationale réclame autre chose, une denrée beaucoup plus rare que l'argent : le courage. Le courage de transmettre aux élèves le sens de l'effort, de rendre aux enseignants le goût de leur métier, de faire preuve à la fois d'exigence et de transparence. Exigence dans les programmes, la tenue générale des lycées, mais aussi dans l'application des réformes décidées en haut lieu. Transparence quant aux performances de l'école : niveau général des connaissances, illettrisme, équité sociale. Voilà trois bons indicateurs qui font l'objet, depuis plus de vingt ans, de manipulations en tous genres pour travestir la vérité. Comme si les Français ne savaient pas ! Comment expliquer, sinon, leur engouement croissant pour l'enseignement privé, y compris et surtout parmi les parents les plus modestes ? Dans la débâcle générale, l'ambiance est au sauve-qui-peut. Les familles motivées tentent d'épargner à leurs enfants ce sacrifice humain collectif qui s'installe sournoisement depuis deux décennies. Les autres se contentent de subir. L'intérêt général s'est noyé dans le cynisme, l'égoïsme et la lâcheté des élites.

Une priorité absolue, l'Éducation nationale ? Quel président aura l'audace de prendre au sérieux ces belles – et vaines – paroles ?

Remerciements

Je tiens tout d'abord à exprimer ma sincère gratitude aux ministres et anciens ministres de l'Éducation nationale ou de l'Enseignement supérieur qui, malgré leurs emplois du temps chargés, ont bien voulu consacrer du temps pour nourrir cette enquête et répondre aux nombreuses questions qu'elle pose : François Bayrou, Luc Chatel, Jean-Pierre Chevènement, Luc Ferry, François Goulard, Jack Lang, Valérie Pécresse, Gilles de Robien.

Après deux rendez-vous finalement reportés, Xavier Darcos n'a pas donné suite à mes demandes d'entretien.

Claude Allègre et Lionel Jospin n'ont pas répondu à mes sollicitations.

Ma reconnaissance va aussi à ceux qui ont accepté de me recevoir ou de s'entretenir avec moi, comme Gérard Aschiéri, François d'Aubert, Marie-Christine Bellosta, Jean-Michel Blanquer, Yannick Bodin, Pascal Bouchard, Jean-François Bourdon, Jean-Paul Brighelli, Thierry Cadart, Philippe Claus, Philippe Court, Philippe Freydefont, Martin Hirsch, Denis Kambouchner, Marc Le Bris, Bernard Lecherbonnier, Philippe Le Guillou, Jean-Michel Léost, Philippe

Manière, Claire Mazeron, Philippe Meirieu, Jean-Jacques Moine, Pascal Morand, Florence Noiville, Marcel Pochard, Frédéric Prat, Andreas Schleicher, Blanche Schmitt-Lochmann, Alain Seksig, Mark Sherringham, Pierre Tapie, David Teillet, Julien Veyrier, Romain Vignest, Katherine Weinland, Jean-Michel Zarkatchouk.

Nombre de mes interlocuteurs m'ont demandé de bien vouloir préserver leur anonymat, ce que j'ai naturellement respecté. Je les remercie du temps qu'ils ont bien voulu m'accorder. C'est le cas, notamment, des nombreux professeurs des écoles, de collège, de lycée, de classes préparatoires et d'université qui m'ont raconté avec passion et précision leur quotidien, leurs difficultés, leurs interrogations. Je leur dois beaucoup et tiens à leur rendre hommage : ils sont debout, chaque jour, devant les élèves ; leur mérite est grand et la reconnaissance dont ils sont l'objet beaucoup plus faible, hélas.

Merci aussi à Nathalie Combaz et Thibaut Derruder qui m'ont prêté main-forte avec une grande efficacité dans certaines de mes recherches.

Ce livre, enfin, doit beaucoup aux encouragements de Richard Ducousset. Il n'existerait pas sans le soutien indéfectible et précieux de mon éditeur et ami Alexandre Wickham.

Table

9701

Composition
NORD COMPO

Achevé d'imprimer en Espagne
par BLACKPRINT CPI IBERICA
le 14 août 2011.

Dépôt légal : août 2011
EAN 9782290036938

ÉDITIONS J'AI LU
87, quai Panhard-et-Levassor, 75013 Paris

Diffusion France et étranger : Flammarion